KB264168

토익 스피킹
고득점을 위한
두 가지 필수 요소

〈TOEIC Speaking 실전 유형 훈련〉은 고득점을 위해 필요한 두 가지 필수 요소인, '시험 출제 유형 파악'과 '스피킹 기본기 확립'을 모두 충족시켜주는 TOEIC Speaking 집중 말하기 훈련서입니다. 파트별 문제 유형을 한번에 정리할 수 있는 [머리로 익히는 유형북]과 실전 문제로 입 여는 훈련을 하는 [입으로 익히는 훈련북]으로 분리되어 있어 간편하게 휴대하면서 학습할 수 있습니다.

TOEIC
SPEAKING
실전유형훈련

사람in
saram
in.com

TOEIC Speaking 실전 유형 훈련

저자 하미진
초판 1쇄 인쇄 2013년 5월 1일 **초판 1쇄 발행** 2013년 5월 8일

발행인 박효상 **책임 편집** 강성실 **편집** 박운희 **디자인·조판** the PAGE 박성미 **영업** 이종선, 이태호, 이전희

출판등록 제10-1835호 **발행처** 사람in **주소** 121-839 서울시 마포구 양화로 11길 378-16번지 4F
전화 02) 338-3555(代) **팩스** 02) 338-3545 **E-mail** saramin@netsgo.com **Homepage** www.saramin.com

책값은 뒤표지에 있습니다.
파본은 바꾸어 드립니다.

© 하미진 2013

ISBN 978-89-6049-345-2 18740

사람이 중심이 되는 세상, 세상과 소통하는 책
기획편집팀 강성실, 박운희 **디자인팀** 손정수 **마케팅** 이종선, 이태호, 이전희 **디지털사업팀** 이지호 **관리** 남채윤

TOEIC

SPEAKING

실전유형훈련

READ a text aloud 

DESCRIBE a picture

RESPOND to Questions

INPUT

RESPOND TO QUESTIONS
USING INFORMATION PROVIDED

PROPOSE a solution

EXPRESS an Opinion

머리로 익히는 유형북

사람in
saram in com

PREFACE

오래 전 처음 학생들 앞에 섰던 때가 생각납니다. 처음 제 수업은 영어 회화였습니다. 많이 긴장한 탓인지 준비해 왔던 수업 자료를 그냥 읽어 내려가듯 그렇게 한 시간을 보냈었죠. 지금 생각해도 얼굴이 화끈거리는 시간이었습니다.

시간이 지나면서 제 앞에 앉아 있는 학생들의 고민이 하나 둘씩 보이고 또 들리기 시작했습니다. 그들이 어떤 생각과 기대를 가지고 제 앞에 앉아 있다는 걸 알았을 때 책임감이 어깨를 짓누르던 순간이 떠오릅니다. 짧지 않은 유학 기간 동안 영어 말하기의 중요성과 필요성을 나 스스로가 잘 알고 있었기 때문에 '어떻게 하면 좀 너 효율석으로 영어 말하기 수업을 진행할 수 있을까?'라는 고민을 하던 중 마침 TOEIC Speaking이라는 과목을 만나게 되었습니다.

TOEIC이라는 단어가 주는 친근함과 제가 원하는 분야인, '영어 스피킹'은 그야말로 완벽한 combination(조합)이었죠. 또한, 영어 회화에서 가장 아쉬웠던 부분인 가시적인 결과, 즉 점수(토익 스피킹의 경우는 Level)를 확인할 수 있는 시험 영어라는 점이 큰 매력으로 다가오는 분야였습니다.

물론 시행착오도 있었습니다. 처음 시작할 때만 하더라도 TOEIC Speaking이 뭔지도 모르는 사람들이 더 많았고 저 또한 관련 자료나 참고할 서적이 없어 주구장창 시험만 봤던 때도 있었습니다. 의욕만 앞서서 제 뜻대로 학생들을 움직이려 했었던 적도 있었고, 제가 원하는 방향으로 이끌기 위해 말도 안 되는 양의 과제와 무조건 외우기 등의 설득력 없는 훈련으로 학생들을 괴롭게 한 적도 있었습니다.

이 책은 그러한 고전 끝에 나온 저의 짧지 않은 TOEIC Speaking 강사로서의 결과물입니다. 오랜 시간 수업을 진행하며 생긴 노하우와 팁들을 정리해서 한눈에 볼 수 있도록 하기 위해 노력했습니다. 또한 책의 진행이 저의 강의 진행의 그것과 흐름을 비슷하게 하기 위해 이론 부분과 훈련 부분을 따로 구성해서 여러 이유로 학원에서 강의를 듣지 못하는 분들이나 독학으로 TOEIC

Speaking을 마스터하고자 하는 분들이 마치 강의에 참석하는 것과 같은 효과를 내는 데 초점을 맞췄습니다. 최신 TOEIC Speaking 출제 경향을 바탕으로 TOEIC Speaking 시험 준비에 꼭 필요한 답변 템플릿(template)과 어휘, 논리적 영어 말하기 flow 등을 반복적인 훈련을 통해 입과 머리로 익히는 방법을 제시했습니다.

결과적으로, TOEIC Speaking 시험을 준비하는 수험생은 물론, 논리적 영어 말하기나 비즈니스 영어 말하기에 도전하는 분들 또한 이 책에서 많은 것을 얻을 수 있을 것이라 확신합니다.

TOEIC Speaking을 필두로 영어 스피킹은 취업과 승진, 입학을 얘기할 때 언제나 중요 토픽으로 등장하는 소재입니다. 이제 영어 듣기나 문법 실력이 개인의 역량을 증명하는 것이 아니라 말로 하는communication skill이 한 사람을 평가하는 데 중요한 역할을 하게 되었습니다. 영어 말하기 시험인 TOEIC Speaking이 새롭고 두려운 것이 아닌 오랜 시간 해 왔었던 영어 공부의 연장선이라고 생각하고 도전한다면 분명 만족스러운 결과를 얻게 될 것입니다.
새로운 것에 도전하는 여러분의 앞날에 건투를 빕니다.

마지막으로, 집필하는 데 정말 많은 도움과 아이디어를 주신 사람in 임직원 여러분과 강성실 편집장님께 깊은 감사의 말씀을 드립니다. 또한 가장 가까운 곳에서 조언과 격려를 아끼지 않았던 저의 사랑하는 가족들에게 고맙다는 말을 전합니다.

2013년 봄, 하미진

CONTENTS

머 리 로 익 히 는 

입 으 로 익 히 는 

입으로 익히는 훈련북으로 준비하라!

시험이라고 하면 모두들 출제 유형을 샅샅이 파악해서 이것에 익숙해질 수 있는 연습 문제를 최대한 많이 풀고 시험에 매번 나오는 족집게 포인트를 암기하곤 합니다. 지금까지 그냥 머리로 공부해온 문법이나 어휘, 독해까지는 이렇게 공부해도 시험에서 고득점이 가능했지요. 하지만 앞으로 그 비중이 훨씬 높아지는 말하기와 쓰기도 그런 방식의 시험 공부가 가능할까요?

말하기와 쓰기는 출제 유형과 이론도 알아야 하지만 알고 있는 것을 실제로 말하고 쓰는 것까지 연결이 되어야 평가 받을 수 있는 output 영역입니다. 그러기 위해서는 무엇보다 말하고 쓰는 훈련이 중요합니다. 입을 열고 싶다면 입 여는 훈련을 해야 하는 건 두 말하면 잔소리죠!

시중에서 볼 수 있는 TOEIC Speaking 교재는 크게 시험을 처음 접하는 학습자를 위한 기본서와 시험에 대해 어느 정도 이해하고 있거나 비교적 영어로 말하기가 수월한 학습자를 위한 모의고사 문제 풀이 교재로 나뉩니다. 그러나 TOEIC Speaking은 객관식 문제가 주를 이루는 여타의 다른 영어 시험과는 달리 하나의 정답만이 존재하는 것이 아니라서 이론만 학습하거나 모의고사 문제 풀이만 한다면 특히나 혼자서 공부하는 학습자들에게는 자칫 모범 답안만을 외우게 하는 공부가 될 위험이 있습니다.

이 책은 한 권이 아닌, [유형북+훈련북] 두 권입니다.

TOEIC Speaking의 파트별 문제 유형을 한번에 정리할 수 있는 [머리로 익히는 유형북]과 실전 토익 스피킹 문제로 입 여는 훈련을 하는 [입으로 익히는 훈련북]으로 나누어져 있습니다. 이 책의 중심은 '유형북'이 아닌 '훈련북'이라 할 수 있습니다. [머리로 익히는 유형북]으로 TOEIC Speaking의 문제 유형을 숙지한 후, [입으로 익히는 훈련북]을 MP3 음원과 함께 가지고 다니면서 주구장창 쉼 없이 훈련하시기 바랍니다.

머 리 로 익 히 는
유형북 

TOEIC Speaking을 처음 접하는 분들이 본 시험에 대해 큰 그림을 그리는 데 도움을 줄 것입니다. 각 파트별로 문제 출제 유형 분식, 시험 보기 전 꼭 알아두어야 할 채점 포인트, 답변 템플릿, 연습 문제 등이 수록되어 있어, 이미 TOEIC Speaking을 접해본 학습자들에게도 예전에 봤던 시험 내용을 한번에 총정리할 수 있는 기회가 될 것입니다.

+

입 으 로 익 히 는
훈련북 

각 파트별 10세트의 실전 문제를 가지고 집중적으로 말하기 훈련을 합니다. 파트별 문제 유형 파악이 용이하도록 하였으며, 단계별로 스스로 모범 답변을 만들어볼 수 있도록 유도하여 훈련을 충분히 한 뒤에는 자신의 상황에 맞는 자신의 답변을 만들 수 있도록 하는 데 그 목표를 두고 있습니다.

토익 스피킹은
하나의 정답이 존재하지 않습니다.

하나의 같은 문제를 10명의 수험자들이 대답했다고 했을 때 10개의 100점 답안이 나올 수도 있는 시험이 토익 스피킹입니다. 특히, 혼자서 독학을 하는 학습자의 경우에는 한 개의 모범 답안만으로는 본인의 실력이 어느 정도인지 확인하기가 힘든 것이 사실입니다. 본 교재는 개개인의 영어 말하기 능력의 차이를 인정하고 본인의 수준에서 최고점을 끌어내자는 취지 하에 여러 개의 템플릿과 활용 어휘를 제공하여 보다 개별적이고 완성도 높은 답변을 만들 수 있도록 하는 데 초점을 맞추어 구성되었습니다.

학습 구성 돋보기

🧠 머 리 로 익 히 는 **유형북**

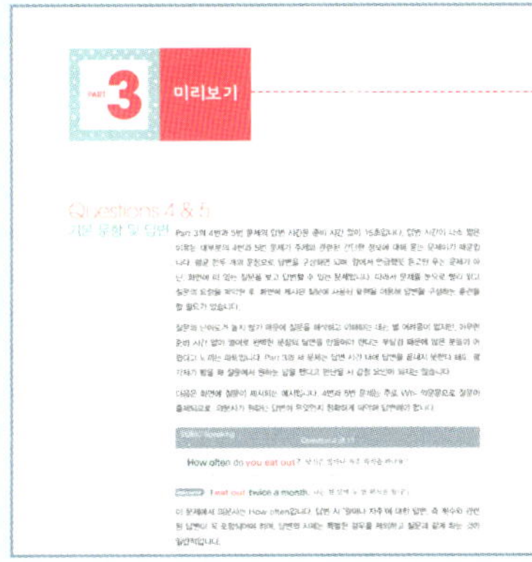

Part 미리보기

해당 파트의 시험 형식과 내용, 답변 방법 등 시험을 보기에
앞서 기본적으로 알아두어야 할 사항들을 중심으로 알아봅
니다.

출제 유형 알아 두기

해당 파트의 시험 출제 유형을 일목요연하게 정리해주고, 유
형별 예시 문항을 제시하여 답변 완성하기를 연습하도록 합
니다.

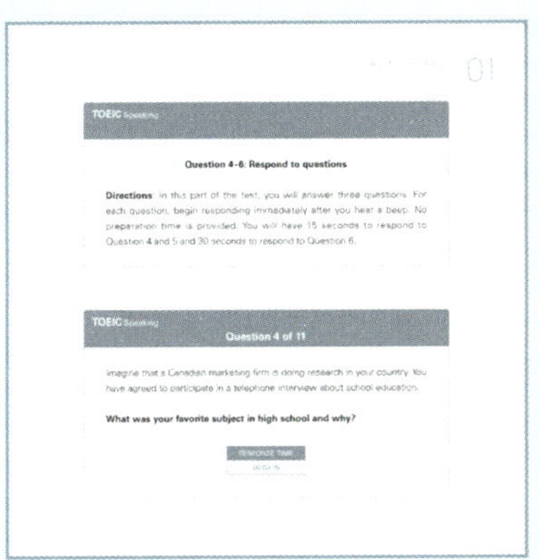

Actual Test 실력 점검 실전 모의고사

10회분의 Actual Test를 풀어보고 자신의 실력을 스스로 점검해봅니다. 너
무 어렵다고 좌절할 필요는 없습니다. [입으로 익히는 훈련북]에서 이 실전
문제들을 여러분의 것으로 만들 수 있으니까요!

입 으 로 익 히 는 **훈련북**

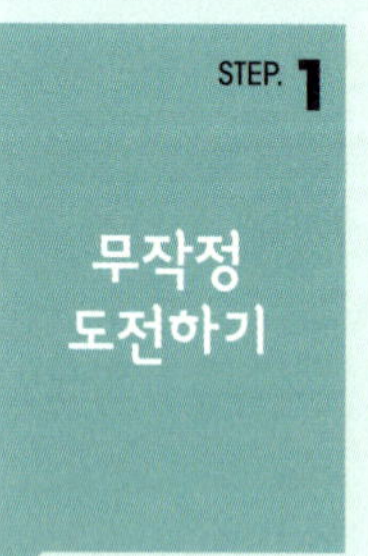

실전 문제가 제시되고, 많은 힌트가 주어지지 않은 상태에서 실전을 상상하며 스스로 답변 만들기에 무작정 도전해 봅니다. 무작정 도전하기가 너무 어려운 학습자는 빨리 Step 2 답변 마법사 활용하기로 넘어가는 것이 좋습니다.

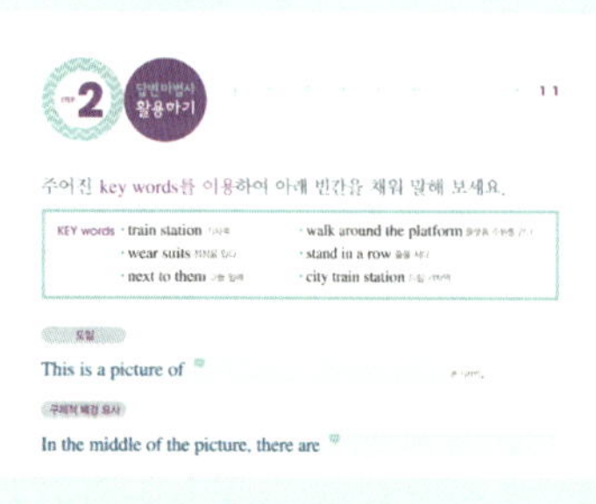

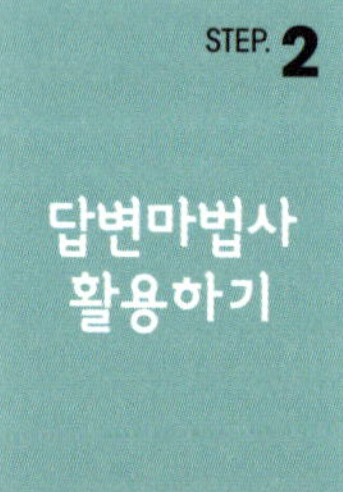

답변 마법사 활용하기에서는 문제의 해석, 영어 어순의 의미 단위 모범 답변 해석 등 학습자가 모범 답변을 스스로 만들어볼 수 있도록 여러 가지 장치를 마련해 놓았습니다. 주어진 clue들을 최대한 활용하여 답변을 만들어 보세요.

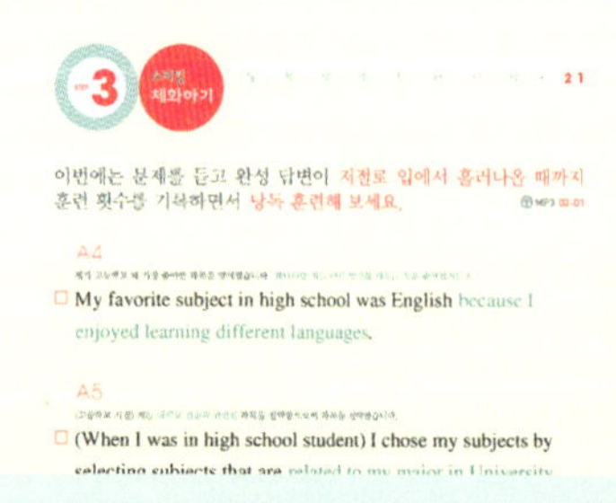

Step 2에서 답변을 만들어보았다면 Step 3에서는 그 답변이 잘 만들어졌는지 모범 답변을 확인할 수 있습니다. 모범 답변을 확인한 후, 훈련용 MP3를 들으면서 문장 단위로 따라 읽기 훈련을 하여 모범 답변들이 확실히 내 것이 될 수 있도록 체화시킵니다. 훈련 횟수를 기록하면서 훈련하세요.

실전 상상 MP3 CD TOEIC Speaking 훈련이니까 당연히 듣고 따라할 수 있는 오디오가 책의 짝꿍이 되어야겠죠? MP3 음원을 MP3 플레이어나 휴대폰에 담아 가지고 다니면서 끊임없이 반복 청취와 따라 읽기 훈련을 해보세요! 이때 중요한 것은 실제 시험장을 상상하면서 말하기 훈련을 해보는 것입니다. 실전에 돌입하는 그날을 위해 꾸준히 훈련하세요!

유형북 폴더	훈련북 폴더	**Actual Test** 실전용 폴더
유형북에 담겨 있는 Try it yourself 와 파트별 답변 완성하기, Actual Test 10회분이 파트별로 녹음되어 있습니다.	훈련북에 담겨 있는 실전 상상 훈련 60의 모범 답변이 전체 음원과 문장 단위 훈련용 음원으로 나뉘어져 있습니다.	실제 시험과 같이 편집된 Actual Test 10회분의 통파일 음원입니다.

추천 학습 플랜

자신의 수준과 필요에 따라 다음과 같이 교재를 활용해 보세요.

COURSE **A** *TOEIC Speaking* 시험을 본 적이 없으며 처음으로 공부를 시작하는 *A*군

1 [머리로 익히는 유형북]을 통해 전반적으로 TOEIC Speaking이 어떤 시험인지를 정확히 이해한 후, 각 파트 별 출제 유형과 답변 요령을 익힙니다.

2 앞에서 익힌 내용을 토대로 [입으로 익히는 훈련북]에서 파트 별 실전 문제를 가지고 입 여는 훈련을 합니다. 파트 별 10세트씩 답변 훈련을 하는 동안 자연스럽게 출제 유형과 답변 템플릿이 체화될 것입니다.

3 [머리로 익히는 유형북]으로 다시 돌아가서 말미에 있는 실력 점검 테스트의 Actual Test에 하나씩 도전해 봅니다. [입으로 익히는 훈련북]에서 이미 훈련한 문제들로 구성되어 있어 훈련이 체화되었는지 점검하는 테스트로 활용할 수 있습니다. Actual Test에 답변하기 어렵다면 다시 [입으로 익히는 훈련북]으로 돌아가서 모델 답변 문장들이 체화될 때까지 큰 소리로 따라 말하는 훈련을 하세요.

COURSE **B** *TOEIC Speaking* 시험을 본 적은 있지만 출제 유형을 정리하고 레벨을 업그레이드하기를 원하는 *B*양

1 [머리로 익히는 유형북]을 통해 전반적으로 TOEIC Speaking이 어떤 시험인지를 정확히 이해한 후, 각 파트 별 출제 유형과 답변 요령을 익힙니다.

2 [머리로 익히는 유형북] 말미에 있는 실력 점검 테스트(Actual Test 10세트)에 도전해 봅니다. 10세트 모두 풀기 어렵다면 1~2세트라도 도전한 후 자신의 취약점을 스스로 진단해 봅니다.

3 앞에서 익힌 내용을 토대로 [입으로 익히는 훈련북]에서 파트별 실전 문제를 가지고 입에 익히는 훈련을 합니다. 파트별 10세트씩 답변 훈련을 하는 동안 자연스럽게 출제 유형과 답변 템플릿이 체화될 것입니다. 실력 점검 테스트에서 진단한 특히 취약한 파트를 [입으로 익히는 훈련북]에서 집중적으로 훈련할 수 있습니다.

4 훈련을 마친 후, [머리로 익히는 유형북]으로 가서 10세트의 Actual Test 중 무작위로 골라서 다시 도전해 봅니다. [입으로 익히는 훈련북]에서 이미 훈련한 문제들로 구성되어 있으니 훈련이 체화되었는지 확인하는 테스트로 활용하세요!

TOEIC Speaking
한눈에 미리보기

TOEIC Speaking은 미국 ETS(Educational Testing Service)에서 개발하고 한국토익위
원회가 주관하는 국제 공인 시험으로, 개개인의 영어 말하기 능력을 측정하는 시험입니다.
업무와 관련된 상황 혹은 문화를 초월한 친숙한 일상 생활에서 수행해야 할 과제를 포함하
고 있으며, 인터넷을 이용하여 컴퓨터로 시험을 치르는 iBT 방식으로 진행됩니다.

접수 방법

TOEIC Speaking 시험은 인터넷으로만 접수 가능하며, 한국토익위원회 토익 스피킹 홈페
이지(www.toeicspeaking.co.kr)에서 접수 일정 및 시험에 관한 자세한 정보를 확인할
수 있습니다. 일반 토익 시험과 같이 지역별로 지정되어 있는 시험장을 선택하여 접수하며,
정기시험은 월 1회 시행됩니다. 응시료는 부가세 포함 77,000원.

시험 당일 준비 사항 및 성적 확인 방법

1. 신분증(주민등록증, 여권, 운전면허 등)을 꼭 준비하세요.
2. 문제를 받아쓰거나 답변을 미리 적어놓을 수 없기 때문에 필기도구는 필요하지 않습니다.
3. 시험 시작 전 오리엔테이션이 진행됩니다. 이때 사용할 컴퓨터의 상태와 헤드셋의 상태
  를 꼼꼼히 점검합니다.
4. 토익 스피킹 시험은 아무런 대답을 하지 않으면 0점 처리됩니다. 답변을 할 수 없다면,
  침묵하고 있기 보다는 "I am sorry. I cannot answer this question."이라고 대답하
  면 아주 기본적인 점수는 받을 수 있습니다.
5. 성적은 응시일로부터 10일 후 인터넷 홈페이지(www.toeicspeaking.co.kr)을 통해 확
  인 가능하며 우편으로 성적표를 수령하는 학습자의 경우 수령일은 성적 발표 후 7~10
  일 정도 소요되며 온라인 성적표를 신청했을 경우 성적 발표 직후 성적표를 수령할 수 있
  습니다.

시험 구성

파트	과제	답변 준비 시간	답변 시간	평가 요소
Part 1 (Questions 1-2)	지문 소리 내어 읽기 Read a Text Aloud	각 45초	각 45초	발음, 억양, 강세
Part 2 (Question 3)	사진 묘사하기 Describe a Picture	30초	45초	발음, 억양, 강세, 문법, 어휘, 일관성
Part3 (Questions 4~6)	전화 설문조사에 답하기 Respond to Questions	없음	Question 4 and 5: 15초 Question 6: 30초	발음, 억양, 강세, 문법, 어휘, 일관성, 내용의 연관성, 내용의 완성도
Part 4 (Questions 7~9)	주어진 표 보고 질문에 답하기 Respond to Questions Using Information Provided	없음 (단, 문제 시작 전 표 읽는 시간 30초 주어짐)	Question 7and 8: 15초 Question 9: 30초	
Part 5 (Question 10)	음성 메시지 듣고 해결책 제시하기 Propose a Solution	30초	60초	
Part 6 (Question 11)	의견 제시하기 Express an Opinion	15초	60초	

평가 기준

파트	점수	평가 기준
Part 1	3점 만점	발음 – 단어에 초점을 두고 평가 억양/강세 – 문장에 초점을 두고 평가
Part 2	3점 만점	답변과 사진 간에 연관성이 있으며 세부사항이 비교적 정확하게 묘사되어 있음. 또한, 정확하게 사진과 연관 있는 어휘를 사용하여 평가자가 이해하는 데 거의 어려움이 없음.

TOEIC Speaking
한눈에 미리보기

파트	점수	평가 기준
Part 3	3점 만점	각 문제의 질문에 적절하게 응답함. 질문에 적합한 정확한 어휘를 사용하여 평가자가 이해하는 데 어려움이 없으며 과제가 요구하는 것을 충족시킴.
Part 4	3점 만점	질문에 대해 적절하게 응답하며 표에서 얻어낸 정보가 정확함. 질문과 과제에 적절한 어휘와 구문을 사용하여 평가자가 이해하는 데 거의 어려움이 없음
Part 5	5점 만점	답변의 전개가 명확하고 과제가 요구하는 관련 정보를 담고 있음. 말하는 속도가 적절하며 답변에 일관성이 있으며 완성두가 높음. 사소한 문법이나 발음 등의 실수가 있지만 평가자가 전체적으로 알아듣는 데 지장이 없음.
Part 6	5점 만점	의사 전달 방식이 효과적이며 응답 내용이 일관성이 있고 과제에 대해 충분한 답변을 함. 적절한 구문 사용 능력이 나타나며 발음이나 억양 등에 사소한 실수가 있을 수 있으나 적절하고 정확한 어휘를 사용하여 평가자가 알아 듣는 데 지장은 없음.

★ 각 파트 평가에서 무응답이거나 과제간의 연관성이 전혀 없을 경우 0점 처리됩니다.

등급 & 점수 체계

등급	점수	토익 점수로 환산했을 때 점수
Level 8	190 ~ 200	950 이상
Level 7	160 ~ 180	855 ~ 950
Level 6	130 ~ 150	655 ~ 850
Level 5	110 ~ 120	500 ~ 650
Level 4	80 ~ 100	300 ~ 495
Level 3 이하	70점 이하	300점 이하

★ 토익 스피킹 레벨과 점수를 토익 점수로 환산한 점수는 상황에 따라 차이가 있을 수 있으므로 절대적인 수치가 아닙니다. 참고용으로만 활용하세요.

실전 시험에서 꼭 기억해야 할 3계명

하나. 각 파트별 Task를 수행하라

높은 점수를 받으려면 각 파트 문제의 지시문의 내용에 주의를 기울여야 합니다. 영어로 말하는 능력을 조금이라도 더 보이고 싶은 욕심에 지시문에서 요구한 답변을 뒤로 하고 문제와 상관없는 이야기를 늘어놓는다면 높은 점수를 받을 수 없습니다.

둘. 주어진 시간 안에 질문에 답하라

TOEIC Speaking의 각 문제는 정해진 답변 시간과 과제가 아주 정확하게 제시됩니다. 답변은 주어진 답변 시간 내에 질문에서 요구하는 것에 맞추어 답변해야지만 고득점을 기대할 수 있습니다. 유창하게 영어를 구사한다 할지라도 질문과 상관 없는 답변을 하거나 답변 시간 내에 답변하지 못하면 높은 점수를 기대하기는 어렵습니다.

셋. 명확한 어휘를 사용하여 큰 소리로 답하라

TOEIC Speaking 시험장에 한번이라도 들어가 보신 분들은 무슨 말인지 잘 아실 거라 생각합니다. 대부분의 시험장에는 많은 사람들과 컴퓨터로 북적거릴 것이며 시험 중 옆 사람의 답변이 들리는 경우도 많습니다. 평가자에게 보다 정확하게 답변을 전달하기 위해서는 우물거리지 말고 좀 더 큰 소리로 명확한 어휘를 사용하여 분명한 발음으로 답변해야 합니다.

아직도 풀리지 않는
TOEIC Speaking에 관한
궁금증 6

궁금증 ❶
TOEIC Speaking은 어디에 필요한 시험인가요?

답변 취업이나 이직, 승진을 준비하는 모든 분들께 필요한 시험입니다. 각 분야별로 요구하는 레벨은 상이하지만, 취업 준비생을 기준으로 볼 때, 이공계열은 Level 5~6, 상경계열이나 인문계열은 Level 6~7을 요구합니다.

궁금증 ❷
토익 700점대인데 TOEIC Speaking 시험을 준비하려면 무엇부터 시작해야 할까요?

답변 TOEIC Speaking은 여러 가지 면에서 토익 시험과 비슷합니다. 어휘, 주요 문법 그리고 소재 면에서 유사성을 보이고 있기 때문입니다. 따라서 토익 700점대의 학습자는 먼저 TOEIC Speaking의 기본인 정확한 발음을 사용하여 문장 읽기부터 시작을 하는 것이 좋습니다. TOEIC Speaking Part 1이 바로 '지문을 소리 내어 읽기'이므로 본 교재의 훈련북 Part 1을 활용하여 큰 소리로 읽기 훈련을 해보세요. 자주 등장하는 어휘들이 토익의 LC 부분과 비슷하다는 것을 느낄 수 있을 것입니다. 또한, 토익 700점대의 수험생들 대부분의 어휘 실력은 기본 이상이므로, 본인의 어휘 지식을 바탕으로 주어 동사가 들어간 완벽한 문장으로 자신의 의견을 말하는 연습을 많이 하는 것이 좋습니다.

궁금증 ❸
TOEIC Speaking을 학원에 가지 않고 혼자 공부할 수 있는 방법은 없을까요?

답변 결론부터 말하자면, 학원에 가지 않고도 혼자 TOEIC Speaking을 공부할 수 있는 방법은 있습니다.
학원에서 전문가의 도움을 받으면서 공부하는 것도 나쁜 방법은 아닙니다. 하지만 현실적으로 한 반에 30명, 많게는 40명 이상의 수강생들이 모여 있어 수업 시간에 전문가의 도움은 커녕 영어로 말 한마디 못하고 수업을 마치는 경우도 종종 있을 것입니다.
만약 혼자 공부하기로 마음 먹었다면,

TOEIC Speaking 시험의 개념부터 이해하고 넘어가는 것이 가장 중요합니다. 어떤 시험이라는 것을 이해했다면, 다음에는 각 파트별 과제와 평가 기준을 이해하는 것이 중요합니다. 거기까지 되었다면 그 다음부터는 주구장창 '훈련'을 해야 합니다. 파트 별 답변 말하기 연습을 통해 시험에 자주 등장하는 문제와 답변에 자주 쓸 수 있는 패턴 및 어휘를 익혀 답변 말하기 연습을 해보세요.

이 과정을 훈련하면서 잊지 말아야 할 것은 TOEIC Speaking은 각각의 문제에 정해진 답변 시간이 있다는 것입니다. 답변 연습 시 주어진 시간 내에 답변하는 훈련도 해야 합니다. 또한 본인이 말한 답을 녹음해서 듣고 스스로 고쳐나가는 노력이 매우 중요합니다.

궁금증 ❹

TOEIC Speaking 점수는 어느 정도 받아야 잘하는 건가요?

답변 일반적으로 회사나 학교 등 단체에서 지원자를 뽑을 때 Level 6를 가장 많이 요구합니다. TOEIC Speaking Level 6는 점수로 130~160점 사이입니다. 이를 토익 점수로 환산하면, LC와 RC의 합계 평균 점수가 약 650~850점 사이라고 생각하면 됩니다. 하지만 이는 절대적인 것은 아닙니다.

영어 말하기 습득에는 개인차가 분명 존재하며 영어 말하기는 듣기, 독해와는 차이가 있기 때문에 토익 점수를 650~850점 정도 받았다고 해서 TOEIC Speaking Level 6 이상을 받을 수 있다고 장담할 수는 없습니다. TOEIC Speaking을 오래 강의하면서 학생들을 지켜본 바로는 토익 600점 초반 대 학생들이 Level 6를 받는 것도 자주 있는 일입니다.

궁금증 ❺

TOEIC Speaking에서 좋은 점수를 받으려면 발음이 좋아야 하나요?

답변 TOEIC Speaking Part 1에서는 3~4개의 문장으로 이루어진 지문 읽기를 통해 발음, 강세, 억양 등을 평가합니다. 하지만 Part 1 이외의 다른 파트에서는 발음이 차지하는 비중이 약 10% 정도로 높은 편이 아닙니다. 그러므로 발음에만 치중해서 훈련하기보다는 각 파트 별로 문제에서 원하는 답변을 논리적으로 말하는 것에 중점을 두어 훈련하는 것이 고득점 획득에 훨씬 도움이 됩니다.

궁금증 ❻

TOEIC Speaking 시험을 볼 때 문법에 정확히 맞춰서 말하는 것이 중요한가요?

답변 문법은 발음과 함께 모든 파트에서 중요한 평가 요소 중 하나입니다. 하지만 각 평가 요소들의 비중을 백분율로 환산했을 때 문법은 최고 20% 내외를 차지합니다. 따라서, 완벽한 문법의 문장 만들기에만 집착하다가 해당 파트에서 원하는 답변을 모두 하지 못했을 경우, 고득점을 기대하기는 힘듭니다. 물론 완벽한 문장으로 원하는 답변을 모두 하면 가장 좋겠지만, 각 문제에서 원하는 답변을 논리적인 영어로 답변하는 것이 우선입니다.

PART **1**
Read a Text Aloud

지문 소리 내어 읽기

빠른 요약 정보

문항 수　2문항 (Questions 1~2)

시험 시간　⏱ 준비 시간 **45**초 + 답변[지문 읽는] 시간 **45**초

시험 내용　약 3~4개의 문장으로 이루어진 지문이 주어지면, 그 지문을 소리 내어 읽는 파트입니다. 발음, 억양&강세가 같은 비율로 평가됩니다.

주제 범위　광고문, 안내문, 담화문, 뉴스 등

Tip　각 단어를 하나하나 정확하게 읽는 것도 중요하지만 전반적인 전달력이 더 중요하기 때문에, 연음이나 띄어 읽기 같은 요소들도 놓쳐서는 안됩니다.

Questions 1 & 2
모음/자음 발음 익히기

1 모음의 발음

문장은 단어들의 집합이며 단어들은 알파벳으로 이루어져 있습니다. 알파벳에는 크게 모음과 자음이 있으며, 그 중 모음은 a, e, i, o, u 이렇게 총 5개입니다. 이들의 대표적인 발음은 '아, 에, 이, 오, 우'이지만, 사실 이보다 훨씬 다양한 발음으로 소리가 납니다. 정해진 규칙대로만 소리나지 않기 때문에 단어를 외울 때 각 모음이 어떻게 발음되는지까지 외워야 하지만, 이미 많은 부분을 알고 있는 것도 사실입니다. 특히, 모음을 발음할 때 가장 중요한 것이 입 모양이라는 것을 잊지 말아야 합니다.

2 자음의 빌음

Part 1을 시작하기 전에 가장 먼저 짚고 넘어가야 할 부분이 바로 자음의 발음법입니다. 어학 연수나 유학 경험이 없는 분들은 대개 자신의 영어 발음에 만족하지 못합니다. 요즘 쉽게 접할 수 있는 미국 드라마에 나오는 배우들이나 TOEIC LC 파트의 성우 발음과 너무 다르다는 것을 잘 알고 있기 때문입니다. 결론부터 말하자면 발음은 나아질 수 있습니다. 특히, 영어 알파벳의 자음 발음은 그 소리가 어떻게 나는지 방법만 잘 익히면 충분히 나아질 수 있습니다.

3 혼동하기 쉬운 대표적인 자음 발음 익히기

다음은 우리나라 사람들이 가장 어려워하는 대표적인 알파벳 자음 발음의 예입니다.

l / r 발음의 차이

알파벳 l과 r 발음의 가장 큰 차이는 혀가 입천장에 닿느냐 닿지 않느냐입니다. 입천장에 혀가 닿는 순간, r 발음이 아니라는 것을 반드시 명심하세요.

r 발음법

주위에 영어권 국가로 어학 연수를 다녀온 사람들을 보면서 '영어로 말할 때 진짜 혀를 많이 굴리는구나.'하는 생각을 한 번쯤은 해 봤을 것입니다. r 발음은 말 그대로 혀를 목구멍 뒤 쪽으로 말아 넘기며 내는 발음입니다. 입을 '아' 모양으로 만든 후, 입천장에 혀가 닿지 않은 상태에서 혀 끝을 목구멍 쪽으로 넘긴다는 기분으로 움직이며 동시에 [아—r] 하고 발음합니다.

l 발음법

l 발음은 입천장에 혀가 닿기 때문에 우리말 'ㄹ'의 발음과 비슷하다는 말들을 많이 합니다. 하지만, 혀가 입천장에 닿는 위치가 다릅니다. 'ㄹ'이 입천장 중간에 혀가 닿는다면, l은 혀를 맨 가운데 있는 윗니 바로 뒤에 갖다 대며 [에─ㄹ]이라고 소리 냅니다.

◆ Try it yourself 직접 해보기

다음 단어를 소리 내어 발음해 보고 네이티브 스피커와의 발음 차이를 꼭 확인해 보세요.　　🔊 MP3 01-01

	5회	10회	내 발음 녹음
ríver [rívər] 강	✓		
cólor [kʌlər] 색, 빛깔			
cool [kuːl] 시원한			
love [lʌv] 사랑: 사랑하다			
girl [gəːrl] 소녀			
learn [ləːrn] 배우다			
burn [bəːrn] 태우다			
séller [sélər] 파는 사람, 판매자			

Coaching　river에서 'ri-' 발음은 [뤼]로 발음한다고 생각하고 시도해 보세요.

p, b/ f, v 발음의 차이

f와 v 발음은 p와 b 발음과 자주 비교되곤 합니다. 두 발음의 가장 큰 차이점은 발음 시 입술과 입술이 닿느냐 닿지 않느냐입니다. p와 b의 발음은 윗입술과 아랫입술이 서로 닿지만, f와 v 발음은 절대로 윗입술과 아랫입술이 닿지 않습니다. f와 v의 발음은 윗니와 아랫입술의 뒷 부분 틈에서 바람을 내뿜으며 발음한다는 느낌으로 연습하시면 됩니다.

f 발음법

f 발음을 할 때 자주 하는 실수가 윗니로 아랫입술을 무는 것입니다. 이때 윗니에 닿는 위치는, 쉽게 말해 여성의 경우 립스틱을 바르는 부분이 아니라 아랫니와 닿는 입술의 뒷부분입니다. 윗니를 아랫입술 뒷부분에 갖다 댄다는 느낌으로 입 모양을 만든 뒤 그 틈으로 바람을 내뿜어 보세요. 이때 나는 바람 소리가 바로 f의 발음입니다. 읽을 때 [에─f]라는 느낌을 가지고 읽으시면 됩니다.

v 발음법

v를 발음하는 방법은 f를 발음할 때와 아주 유사합니다. 다만, f발음이 윗니와 아랫입술 뒷 부분 사이에서 나는 바람 소리였다면 v발음은 발음 방법은 같게 하되 바람을 내뿜는 게 아니라 입으로 [브이−] 하고 소리 내면서 발음하면 됩니다.

◈ Try it yourself 직접 해보기

다음 단어를 소리 내어 발음해 보고 네이티브 스피커와의 발음 차이를 꼭 확인해 보세요.　🔊 MP3 01-02

	5회	10회	내 발음 녹음
fáther [fɑ́:ðər] 아버지	✓		
víctory [víktəri] 승리			
prófit [práfit] 수익, 이익			
groove [gru:v] 홈			
fool [fu:l] 바보			

q 발음법

q 발음은 k와 비슷하게 [ㅋ]로 발음되는 경우도 있으나, q로 시작하는 단어를 [쿠이]라고 빨리 읽어주면 q 발음의 느낌을 좀 더 살릴 수 있습니다.

◈ Try it yourself 직접 해보기

다음 단어를 소리 내어 발음해 보고 네이티브 스피커와의 발음 차이를 꼭 확인해 보세요.　🔊 MP3 01-03

	5회	10회	내 발음 녹음
queen [kwi:n] 여왕	✓		
quit [kwit] 그만두다			
quick [kwik] 빠른, 신속한			
quíet [kwáiət] 조용한			

TIP [쿠인], [쿠아이어트], [쿠잇ㅌ−], [쿠일ㅋ−]의 느낌을 살려 읽으면 q 발음을 쉽게 낼 수 있습니다.

틀리기 쉬운 발음

1 연음 현상

연음 현상은 앞자리에 있는 단어의 끝 음이 자음으로 끝나고 뒷자리에 있는 단어의 첫 음이 모음으로 시작될 때 나타나는 현상입니다. 자음과 모음이 만나면서 마치 한 단어처럼 발음이 됩니다.

Try it yourself 직접 해보기

다음 문장을 소리 내어 발음해 보고 네이티브 스피커와의 발음 차이를 꼭 확인해 보세요.　　　　　MP3 01-04

	5회	10회	내 발음 녹음
good at it 그것을 잘하는	✓		
What should I do? 제가 어떻게 해야 하죠?			
Don't look at me. 나를 쳐다보지 마.			
He has it all. 그는 모든 것을 한꺼번에 가지고 있다.			

2 자음 탈락 현상

문장을 읽을 때 자음 세 개가 연속적으로 나오면, 두 자음 사이에 있는 t 또는 d 음은 탈락되어 거의 소리가 나지 않는 경향이 있습니다. 이때 확실히 해야 될 것은, 소리가 잘 안 나는 것일 뿐이지 아예 생략되는 것은 아니라는 것입니다. 영어 지문을 정확하게 읽어야 하는 학습자들은 될 수 있으면 발음도 정확하게 하는 게 바람직합니다. 다만, 영어로 읽기나 말하기에 익숙해지면 그 속도가 빨라지게 되는데 그때 자연스레 자음이 잘 안 들리는 현상이 발생합니다.

Try it yourself 직접 해보기

다음 문장을 소리 내어 발음해 보고 네이티브 스피커와의 발음 차이를 꼭 확인해 보세요.　　　　　MP3 01-05

	5회	10회	내 발음 녹음
She is my best friend. 그녀는 나의 가장 친한 친구이다.	✓		
It was my first date. 그것은 나의 첫 데이트였다.			
You have to attend school. 너는 학교에 가야 한다.			
He is my grandson. 그는 나의 손자이다.			

3 비슷한 발음

다음 단어들은 생김새가 비슷하다는 이유만으로 종종 잘못 발음되는 대표적인 단어들입니다. l/r 발음의 정확한 차이를 구분해서 알아두세요. 먼저, 각 단어의 l/r 발음과 강세에 주의하며 발음한 후 자신이 생각할 때 옳다고 생각되는 곳에 강세 표시를 하고 옆 빈칸에 발음을 한국말로 가장 비슷하게 써 보세요. 그 후 원어민의 음성을 듣고 확인한 뒤, 필요 시 올바른 발음과 강세를 써 놓습니다.

◈ Try it yourself 직접 해보기

다음 단어를 소리 내어 발음해 보고 네이티브 스피커와의 발음 차이를 꼭 확인해 보세요.　🎧 MP3 01-06

	5회	10회	내 발음 녹음
personnél [pə̀ːrsənél] (전)직원	✓		
pérsonal [pə́rsənl] 개인적인			
caréer [kəríər] 직업			
cárrier [kæriər] 운반인			
fámily [fǽməli] 가족			
famíliar [fəmíljər] 익숙한			
15 (fiftéen) [fìftíːn] 15			
50 (fífty) [fífti] 50			
14th (fourtéenth) [fɔ̀ːrtíːnθ] 열네 번째의			
40th (fórtieth) [fɔ́ːrtiəθ] 마흔 번째의			
late [leit] 늦은			
rate [reit] 비율			
row [rou] 열, 줄			
low [lou] 낮은			
raw [rɔː] 날 것의			
law [lɔː] 법			
rise [raiz] 일어서다			
raise [reiz] 일으키다			

4 잘못 읽기 쉬운 발음

토익 스피킹에 자주 등장하지만 종종 잘못 읽는 단어들입니다. 다음 단어들을 큰 소리로 읽은 후, 자신이 옳다고 생각하는 곳에 강세 표시를 하고 옆 빈칸에 발음을 한국말로 가장 비슷하게 써 보세요. 그 후 원어민의 음성을 듣고 확인한 뒤, 필요 시 올바른 발음과 강세를 써 놓습니다.

• 년도 읽기

2009 – two thousand nine

2010 – two thousand ten 또는 twenty ten

Try it yourself 직접 해보기

다음 단어를 소리 내어 발음해 보고 네이티브 스피커와의 발음 차이를 꼭 확인해 보세요.　　🎧 MP3 01-07

	5회	10회	내 발음 녹음	내 발음 적어보기
Fébruary [fébruèri] 2월	✓			
2009				
2010				
séveral [sévərəl] 몇몇의				
exécutive [igzékjutiv] 행정적인				
whóle [houl] 전체의				
lábor [léibər] 노동				
póssible [pásəbl] 가능한				
sérvice [sə́:rvis] 서비스				
specífic [spisífik] 특정한				
sérious [síəriəs] 심각한				
effícient [ifíʃənt] 효율적인				
revéal [riví:l] 드러내다				
sácrifice [sǽkrəfàis] 희생				
consúmer [kənsú:mər] 소비자				
sevére [sivíər] 심한, 엄한				
encóurage [inkə́ridʒ] 용기를 북돋우다, 격려하다				
várious [vέəriəs] 다양한				

ránge [réindʒ] 범위				
líbrary [láibrèri] 도서관				
facílity [fəsíləti] 시설				
buffét [bəféi] 부페				
occúr [əkə́ːr] 일어나다, 발생하다				

5 어려운 발음

다음 발음들은 토익 스피킹에 자주 등장하지만 우리가 알고 있는 발음과 많이 다르게 소리가
나거나 의외의 곳에 강세가 있는 단어들입니다. 단어들을 큰 소리로 읽은 후, 자신이 생각할 때
옳다고 생각되는 곳에 강세 표시를 하고 옆 빈칸에 발음을 한국말로 가장 비슷하게 써 보세요.
그 후 원어민의 음성을 듣고 확인한 뒤, 필요 시 올바른 발음과 강세를 써 놓습니다.

⟡ Try it yourself 직접 해보기

다음 단어를 소리 내어 발음해 보고 네이티브 스피커와의 발음 차이를 꼭 확인해 보세요.　　🔈 MP3 01-08

	5회	10회	내 발음 녹음	내 발음 적어보기
apólogize [əpáledʒàiz] 사과하다	✓			
convénience [kənvíːnjəns] 편의				
préference [préfərəns] 선호, 더 좋아함				
exhíbit [igzíbit] 전시하다				
exhibítion [èksəbíʃən] 전시회				
abóve [əbʌv] ~보다 위에(로)				
exáctly [igzǽktli] 정확하게(는)				
théme [θiːm] 주제				
brochúre [brouʃúər] 안내 소책자				
láundry [lɔ́ːndri] 세탁				
énvelope [invéləp] 봉투				
béverage [bévəridʒ] 음료				

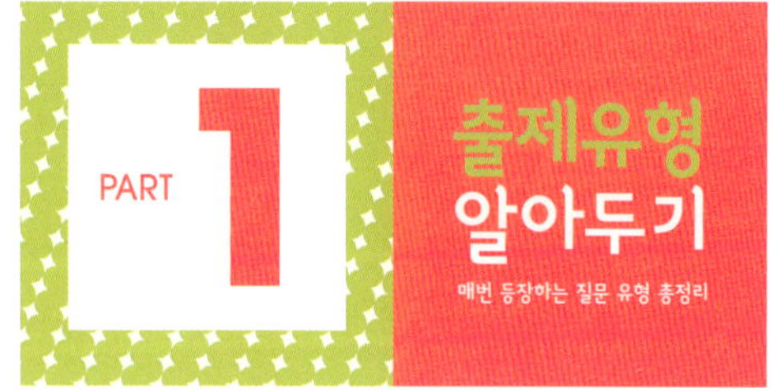

Questions 1 & 2
광고문

Part 1에서 가장 자주 볼 수 있는 지문 유형입니다. 식당이나 회사 또는 다양한 제품들의 광고 내용이 포함되어 있는 지문으로, 의문문 읽기나 숫자, 이메일 주소, 웹사이트 주소 같은 특이 사항 읽기가 지문에 자주 포함됩니다. 지문 유형을 학습하기 전에 명심해야 할 것은 기본적으로 문장을 읽을 때 마침표에서는 끝 음을 완전히 내려주고, 쉼표에서는 음을 올리거나 쉬어간다는 느낌으로 읽어야 자연스럽게 들린다는 것입니다. 또한 의미 전달에 핵심적인 역할을 하는 내용어(명사, 동사, 형용사, 부사, 부정어, 수량어 등)는 강세를 두어 읽어야 합니다.

/ 끊어 읽기, **볼드** 강세를 두어 읽는 부분

> **Example**
>
> Are **you** looking for **someone**/ to **help** you/ organizing your next **holiday**?/ B&C Tours and Travels is **specialized** in **planning**/ and guiding **tour** more **efficiently**/ according to the **budget**/ and **requirements** of the **clients**./ We organize **tours** in **all** over the Southeast Asia **region**./ Wc also provide **wide** range of **hotels**,/ **resort**/ and other **forms** of accommodation.

1 의문문 읽기

의문문은 크게 두 종류, 즉 의문사가 있는 의문문과 일반 의문문(be동사, 조동사로 시작하는 의문문)으로 나뉩니다. 이때 의문사가 있는 의문문은 끝을 내려 읽고, 일반 의문문은 끝을 올려 읽습니다.

◆ Try it yourself 직접 해보기

다음 문장을 소리 내어 발음해 보고 네이티브 스피커와의 발음 차이를 꼭 확인해 보세요. 🔊 MP3 01-09

	5회	10회	내 발음 녹음
Are you looking for a new home?↗ 새 집을 찾고 있습니까?	✓		
Do you feel tired every day?↗ 당신은 매일 피곤한가요?			
Can you see the difference?↗ 차이점을 알겠어요?			
What are you waiting for?↘ 뭘 기다리고 있어요?			
How bad is your eating habit?↘ 당신의 식습관은 얼마나 안 좋은가요?			

2 특이 사항 읽기

숫자나 이메일 주소, 웹사이트 주소 등 특수 정보도 Part 1 지문에 매번 등장합니다.

• **날짜:** January 15 / January 15th
날짜는 보통 월–날짜의 순서로 지문에 표기되며, 표기가 서수로 되어 있든 기수로 되어 있든 관계 없이 모두 서수로 읽습니다.

• **전화번호:** (080) 342-0043
숫자 0은 읽는 방법이 두 가지로, 'zero'와 [ou]가 있습니다. 'zero'는 발음 자체가 어렵기 때문에 [ou]로 읽는 것이 고득점을 얻는 데 더 유리합니다. 또한, 전화번호를 읽을 때 같은 숫자가 두 번 반복되면 그 숫자를 두 번 읽어도 되지만 앞에 'double'을 붙여 한 번 읽을 수도 있다는 것도 기억하세요.
4455 – double four double five, 1322 – one three double two

• **웹사이트 주소:** www.all4u.com
웹 주소는 복합명사의 형태로 이루어진 것이 대부분입니다. 위의 주소는 all four you로 읽으면 되지만 단어가 눈에 들어 오지 않을 경우 A, L, L, 4, U와 같이 한 글자씩 읽어도 됩니다.

• **이메일 주소:** amyking@all4u.com
웹사이트 주소보다 이메일 주소가 읽기 지문에 더 자주 등장하는데, 이메일 주소를 읽을 때 기호 @는 'at'이라고 읽습니다.

◆ Try it yourself 직접 해보기

다음을 소리 내어 발음해 보고 네이티브 스피커와의 발음 차이를 꼭 확인해 보세요.　　🎧 MP3 01-10

	5회	10회	내 발음 녹음
978-4455 / 325-1322	✓		
Sep. 24 / Sep. 24th(September twenty-fourth) 9월 24일			
Oct. 12 (October twelfth) 10월 12일			
Nov. 23rd (November twenty-third) 11월 23일			

- **금액 읽기: $13.24**

  간혹 등장하는 금액 읽기입니다. 대개 큰 단위가 나오지는 않으니, 최대 $100 단위까지 읽는 법을 익혀두면 좋습니다. dollar는 [딸러]라고 읽지 않도록 유의하며, 1달러를 제외한 모든 금액에는 뒤에 -s를 붙여 dollars라고 읽는다는 것 꼭 기억해 두세요. cent의 경우도 마찬가지입니다.

  $20.40 – twenty dollars (and) forty cents
  $6.05 – six dollars (and) five cents
  $154.99 – one hundred fifty-four dollars (and) ninety nine cents

Try it yourself 직접 해보기

다음을 소리 내어 발음해 보고 네이티브 스피커와의 발음 차이를 꼭 확인해 보세요.　　　MP3 01-11

	5회	10회	내 발음 녹음
$23.50(twenty-three dollars (and) fifty cents)	✓		
$9.05(nine dollars (and) five cents)			
$394.99(three hundred ninety-four dollars (and) ninety nine cents)			

3　열거 지문 읽기 (A, B and/or C)

세 개 이상의 대상이 접속사 and 또는 or로 나열되는 지문은 Part 1의 Question 1번과 2번 중 적어도 한 개의 지문에 항상 등장합니다. 접속사 and/or 앞에 있는 대상은 올려 읽고 마지막 대상은 내려 읽습니다. 단, 마지막 열거 대상 뒤에 문장이 끝나지 않고 계속 이어진다면 끝을 내려 읽지 않습니다. 또한, 세 개 이상의 열거 대상이 간단한 단어(명사)만이 아니라 구의 형태로도 열거될 수 있다는 점에 주의하세요.

Try it yourself 직접 해보기

다음 문장을 소리 내어 발음해 보고 네이티브 스피커와의 발음 차이를 꼭 확인해 보세요.　　　MP3 01-12

	5회	10회	내 발음 녹음
I have many kinds of books like novels ↗, essays ↗ and journals ↘. 저는 소설, 에세이, 잡지와 같은 많은 종류의 책을 가지고 있어요.	✓		

	5회	10회	내 발음 녹음
We offer various services such as **room service** ⟋, **laundry service** ⟋ and **pickup service** ⟍. 저희는 룸서비스, 세탁 서비스, 픽업 서비스와 같은 다양한 서비스를 제공합니다.			
The store has a huge selection including **men's clothing** ⟋, **women's clothing** ⟋ and **kitchenware** ⟍, so you can find whatever you are looking for. 그 상점은 남성복, 여성복, 부엌용품을 포함한 매우 다양한 상품을 보유하고 있어 당신이 찾는 것이면 무엇이든 구할 수 있습니다.			

4 구, 절, 부사절 읽기

Part 1의 도입 부분에서 언급한 대로, 지문을 읽을 때 한 단어씩 정확한 발음으로 읽는 것보다 더 중요한 것이 의미를 정확히 전달하는 것입니다. 문장에서 의미의 덩어리가 되는 구와 절은 그 단위로 끊어 읽어 줘야 하며, if나 when 등으로 시작하는 부사절은 그 다음에 한 호흡 쉬면서 끊어 읽어야 합니다.

◆ Try it yourself 직접 해보기

다음 문장을 소리 내어 발음해 보고 네이티브 스피커와의 발음 차이를 꼭 확인해 보세요.　🎧 MP3 01-13

	5회	10회	내 발음 녹음
If you are looking for a new car,/ please visit us/ as soon as possible. 새로운 차를 찾고 있다면 가능한 한 빨리 저희를 방문해 주세요.	✓		
We posted a notice/ on the board/ yesterday. 우리는 어제 게시판에 공지를 올렸어요.			
When I was young,/ my brother used to make breakfast for me. 제가 어렸을 때는 저희 오빠가 저를 위해 아침식사를 만들곤 했어요.			
She was sent to study/ at a prestigious school. 그녀는 학업을 위해 명문 학교에 보내졌다.			

안내문 / 담화문

안내문이나 담화문의 경우, 정보 전달 목적의 성격을 띤 지문들이 자주 출제됩니다. 그리고 안내문이나 담화문에는 지명, 나라 이름, 상호명, 사람 이름 같은 고유명사들이 매우 자주 등장합니다. 고유명사는 열거 지문과 함께 Part 1의 Question 1이나 2에 꼭 등장하는 요소이므로 고유명사 읽는 방법을 다양하게 알아둘 필요가 있습니다.

/ 끊어 읽기, **볼드** 강세를 두어 읽는 부분

The **quarterly** sales **meeting** will be **held**/ on **September** 9th/ at the Radisson **City** Center./ You are **invited** to **participate**/ in the interactive **planning** session/ at 10am./ Your **insights** will be **extremely** valuable./ **Please** confirm your attendance/ by **Friday** by calling **Justin**/ at 233-4533.

1 상호명 및 사람 이름

Part 1에 등장하는 상호명의 경우 복합명사가 대부분이며, 사람 이름이 주어지는 경우 이름보다는 익숙하지 않은 성(last name)을 읽는 데 어려움이 있을 수 있습니다. 세상의 모든 고유명사를 다 아는 사람은 없습니다. 처음 보는 사람 이름이나 상호명이 나오더라도 자신 있게 읽는 것이 가장 중요하며, 같은 고유명사가 두 번 이상 나올 경우 일관성 있게 똑같이 읽어 주는 것 또한 중요합니다.

✦ Try it yourself 직접 해보기

다음 고유명사를 소리 내어 발음해 보고 네이티브 스피커와의 발음 차이를 꼭 확인해 보세요.　🎧 MP3 01-14

	5회	10회	내 발음 녹음
Market Watch	✓		
Crystal Index			
Maui Airline			
Aiden Jackson			
Madison Taylor			
Sophia Anderson			
Liam Miller			

2 나라명, 도시명, 주소

영어 지명의 경우 우리말처럼 굳어져 잘못 발음되는 경우가 많으니, 반드시 영어식 발음을 확인한 후 주의해서 발음해야 합니다.

Try it yourself 직접 해보기

다음 단어를 소리 내어 발음해 보고 네이티브 스피커와의 발음 차이를 꼭 확인해 보세요.　 📎 MP3 01-15

	5회	10회	내 발음 녹음
Áthens [ǽθinz] 아테네(그리스의 수도)	✓		
Múnich [mjú:nik] 뮌헨(독일 Bavaria주의 주도)			
Párkwood Bóulevard [pá:rkwud búləvà:rd] 파크우드 대로			
Manháttan [mænhǽtn] 맨해튼(뉴욕시의 섬)			

3 긴 주어와 전치사구

주어가 긴 문장 또한 종종 지문에 등장합니다. 이때 주어 중간에 임의로 끊어 읽어서는 안되며, 주어의 끝 또는 그 문장의 동사 앞에서 끊어 읽어 줍니다. 전치사구는 문장의 맨 뒤에 위치하는 것이 일반적인데, 전치사구 앞에서도 끊어 읽는다는 것에 주의하세요.

Try it yourself 직접 해보기

다음 문장을 소리 내어 발음해 보고 네이티브 스피커와의 발음 차이를 꼭 확인해 보세요.　 📎 MP3 01-16

	5회	10회	내 발음 녹음
Buying fruit and vegetables online/ is not a good idea. 인터넷을 통해 과일과 채소를 사는 것은 좋은 아이디어입니다.	✓		
We are asked to present our new products/ at the end of next week. 우리는 다음 주 말에 우리의 신제품을 소개할 것을 요청 받았습니다.			
He is working/ in the legal department. 그는 법무부에서 일하고 있어요.			
Watching movies and listening to music/ are my favorite hobbies. 영화 감상과 음악 감상이 제가 가장 좋아하는 취미입니다.			

PART **2**
Describe a Picture

사진 묘사하기

Part 2에 관한

빠른 요약 정보

| 문항 수 | 1문항 (Question 3) |

시험 시간 ⏱ 준비 시간 **30**초 + 답변 시간 **45**초

시험 내용 문제가 시작되면 화면에 사진이 한 장 제시되며, 주어진 30초의 준비 시간과 45초의 답변 시간 안에 그 사진을 보고 가능한 한 자세히 묘사하는 문제입니다.

주제 범위 다양한 내용과 장소의 사진이 등장하므로 정해진 주제 범위가 없음

Tip 고득점 여부는 주어진 시간 안에 얼마나 자세히 묘사하느냐에 달려 있으므로, 주어진 답변 시간 45초를 최대한 잘 활용하는 것이 포인트입니다.

Part 2는 난이도가 그리 높지 않은 파트이지만, 똑같은 사진을 보고 여러 가지 '정답'을 낼 수 있는 파트여서, 답변 템플릿과 모범 답안에만 의지해 개개인의 다양한 답변을 체크하기는 힘듭니다. 하지만 아래의 몇 가지 유의 사항을 숙지한 뒤 [입으로 익히는 훈련북]에서 단계별로 훈련한다면 Part 2의 답변을 제대로 구성하는 요령이 생길 것입니다.

1 시제

사진은 순간의 상황을 포착한 것이기 때문에, 사진 묘사에 가장 자주 쓰이는 시제는 현재진행형(be동사+-ing)입니다. 물론, 사람의 신체를 묘사하거나 사진에 나오는 상황을 이야기할 때 현재 시제나 현재완료 시제를 쓰기도 하지만, 과거 시제는 거의 쓰지 않습니다.

2 단문만을 늘어놓지 않는다

'There is a woman. Some people are playing.' 식으로 간단한 단문을 늘어 놓기보다는 접속사나 분사구문 등을 사용해 문장을 늘리는 연습을 해야 합니다. 단문을 많이 늘어 놓은 답변은 종종 수준이 낮은 답변으로 간주되기도 합니다.

3 준비 시간을 최대한 활용한다

Part 2의 답변 시간과 준비 시간의 차이는 15초입니다. 답변을 할 때 45초를 다 쓰면 좋겠지만 그렇지 않을 경우가 많으므로, 준비 시간 30초 안에 큰 소리로 읽으며 답변 준비를 해야 합니다. 물론, 답변 시간 준수는 토익 스피킹 모든 파트의 기본입니다.

4 문제를 풀기 전 자주 나오는 패턴 외우기

Part 2는 패턴 외우기가 아주 중요한 파트입니다. 다음 페이지에 소개하는 'Part 2에서 자주 쓰이는 답변 패턴'을 외운 뒤 각 문제 유형별 모범 답안을 하나씩만 사용한다면 훨씬 수월하게 답변을 만들 수 있습니다.

5 템플릿(template)에 너무 연연하지 않는다

이는 Part 2뿐만 아니라 토익 스피킹의 모든 파트에 해당되는 사항입니다. 모든 답변에 꼭 들어맞는 템플릿이 있다면 얼마나 좋을까요? 하지만 현실적으로 불가능한 이야기이며, 단지 각 파트에 적용 가능한 어휘와 표현, 그리고 적절한 템플릿을 합쳐 정답을 만드는 게 여러분의 목표입니다. Part 2의 경우 크게 '인물 중심' 사진과 '배경 중심' 사진으로 나뉘고 각 유형별로 다른 템플릿이 등장할 것입니다. '인물 중심' 사진이라고 해서 꼭 해당 템플릿에 있는 표현만 사용해 답변을 구성하진 않아도 됩니다. 예를 들어, '인물 중심' 사진이지만 '배경 중심' 사진 템플릿에서 외웠던 표현이 더 적절하다고 판단되면 그 표현을 써도 무관합니다. 템플릿 역시 '모범 답안'의 한 예일 뿐이라는 사실을 잊지 마세요. 영어 말하기에 단 하나의 정답이란 없습니다. 여러분 모두가 다 다른 정답을 말할 수 있는 것입니다.

Part 2 에서
반드시 써먹어야 할
답 변 패 턴

다음은 *Part 2* 답변에 자주 쓰이는 문장 패턴입니다.
아래 패턴을 꼭 외워두세요.

사진 묘사의 도입

화면에 제시된 사진의 개요라 생각하고 눈에 보이는 사실만을 말합니다. 일반적으로 사진의 장소를 언급합니다.

01 This picture shows a typical family picnic at the park.
이 사진은 공원에서의 전형적인 가족 소풍을 보여주고 있습니다.

02 This is a picture of two people working in an office.
이것은 사무실에서 일하고 있는 두 사람의 사진입니다.

인물과 배경 묘사

사진에 나타난 동작이나 상태를 묘사할 때 자주 쓰이는 패턴들입니다. 사람의 동작을 묘사할 때는 주로 현재진행 시제를, 배경이나 사람들의 겉모습을 묘사할 때는 현재 시제를 씁니다.

01 A man has blond hair.
한 남자는 금발머리입니다.

02 They are riding in the car.
사람들이 차를 타고 있습니다.

03 A man is bald.
한 남자는 대머리입니다.

04 A woman is wearing a suit.
한 여자는 정장을 입고 있습니다.

05 Some people are standing near the wall.
몇몇 사람들이 벽 가까이에 서 있습니다.

06 A woman is wearing a swimsuit.
한 여자는 수영복을 입고 있습니다.

07 Vehicles are moving in the same direction.
차량들이 같은 방향으로 움직이고 있습니다.

08 A woman is wearing glasses.
한 여자는 안경을 끼고 있습니다.

09 The cars are waiting for the traffic light.
차들이 교통 신호를 기다리고 있습니다.

10 Drivers are stopping for the pedestrians.
운전자들이 보행자들을 위해 멈춰 있습니다.

11 A lot of cars are parked along the street.
많은 차들이 길가에 주차되어 있습니다.

12 Flowers are planted in the park.
꽃들이 공원에 심어져 있습니다.

13 A restaurant is crowded with people.
레스토랑이 사람들로 혼잡합니다.

14 Plates are stacked up on the shelves.
접시들이 선반에 쌓여 있습니다.

15 Papers are scattered on the ground.
서류들이 바닥에 흩어져 있습니다.

16 A calendar is hanging on the wall.
달력이 벽에 걸려 있습니다.

17 The man is looking at the menu.
남자가 메뉴를 보고 있습니다.

18 An old man is eating at the restaurant.
한 노인이 레스토랑에서 식사를 하고 있습니다.

19 A student is pointing to something in a book.
한 학생이 책에 있는 무언가를 가리키고 있습니다.

20 A man is talking on the phone.
한 남자가 전화 통화를 하고 있습니다.

21 A woman is reaching for some fruit.
한 여자가 과일을 향해 손을 뻗고 있습니다.

22 The woman is reading a newspaper.
여자가 신문을 읽고 있습니다.

23	Two women are sitting next to each other.	두 여자가 서로 옆에 앉아 있습니다.
24	A boy and a girl are holding hands.	한 소년과 한 소녀가 손을 잡고 있습니다.
25	The man and boy are hugging each other.	남자와 소년이 서로 껴안고 있습니다.
26	Two boys are riding their bicycles.	두 소년이 그들의 자전거를 타고 있습니다.
27	Two men are shaking hands.	두 남자가 악수를 하고 있습니다.
28	Some people are having a meeting in an office.	몇몇 사람들이 사무실에서 회의를 하고 있습니다.
29	Two people are facing each other.	두 사람이 서로 마주보고 있습니다.
30	Many people are walking along the street.	많은 사람들이 길을 따라 걷고 있습니다.
31	A lot of people are crossing the street.	많은 사람들이 길을 건너고 있습니다.
32	Lots of people are running in a marathon.	많은 사람들이 마라톤을 뛰고 있습니다.
33	Some people are relaxing on the grass.	몇몇 사람들이 잔디밭에서 쉬고 있습니다.
34	Many people are swimming in the sea.	많은 사람들이 바다에서 수영을 하고 있습니다.
35	A bunch of people is shopping at the store.	한 무리의 사람들이 상점에서 쇼핑을 하고 있습니다.
36	Some lights are hanging from the ceiling.	몇몇 전구들이 천장에 매달려 있습니다.
37	Fruit and vegetables are displayed at the market.	과일과 야채가 시장에 진열되어 있습니다.
38	Many boxes are stacked next to the copy machine.	많은 상자들이 복사기 옆에 쌓여 있습니다.
39	The street is lined with many trees.	거리에 많은 나무들이 늘어서 있습니다.
40	I can see some trees thick with leaves.	잎이 무성한 나무들이 보입니다.
41	Many cars are parked along the street.	많은 자동차들이 거리를 따라 주차되어 있습니다.
42	I can see some flags standing in front of the building.	건물 앞에 서 있는 몇몇 깃발들이 보입니다.
43	A house is surrounded by many buildings.	한 집이 많은 건물들로 둘러싸여 있습니다.
44	I can see some hills covered in bushes.	관목들로 덮인 언덕들이 보입니다.
45	There are some boats floating on the lake.	호수 위에 떠 있는 몇몇 보트가 있습니다.
46	The room is decorated with many flowers.	방이 많은 꽃들로 장식되어 있습니다.
47	I can see shelves filled with books	책이 가득 꽂혀 있는 책장들이 보입니다.

사진 묘사의 마무리

사진 묘사의 마무리 단계로, 사진을 본 의견이나 느낌을 간단하게 말하는 단계입니다. 사진 묘사에 직접적인 영향을 미치지 않기 때문에 필수 사항은 아니지만 답변의 완성도를 위해서는 필요한 부분입니다. 하지만, 답변 시간이 모자란다고 판단되면 과감하게 생략하세요.

01	I think they are having a great time at the beach.	그들이 해변에서 즐거운 시간을 보내고 있는 것 같습니다.
02	I think the city looks quite energetic.	도시가 아주 활기차 보이는 것 같습니다.
03	It looks like a typical scene of a busy office.	전형적인 바쁜 사무실의 모습인 것 같습니다.
04	I think the store is doing quite well because there are many people.	사람이 많이 있는 것을 보니 이 가게는 장사가 아주 잘 되는 것 같습니다.

Part 2에 자주, 출제되는 사진 유형은 크게 두 가지로 나눌 수 있습니다. '인물이 중심이 되는 사진'과 '인물과 배경이 적절히 혼재되어 있는 사진'이 그것. 이 두 유형의 사진을 묘사하는 방법과 주의해야 할 사항은 약간씩 다른데 한번 살펴볼까요?

Question 3
인물 중심 사진

인물이 중심이 되는 사진은 시험에 가장 자주 출제되는 사진 유형입니다. 인물 중심의 사진은 다시 둘로 나뉘어지는데, 첫 번째는 1~4명의 인물들이 등장하는 소수의 인물 사진이고 두 번째는 그 이상의 인물들이 등장하는 다수의 인물 사진입니다. 이 두 종류의 사진을 묘사하는 방법은 다르지만, 공통적으로 인물을 묘사할 때는 action(동작)과 feature(겉모습)를 기억해야 합니다. 사진에 등장한 인물의 동작과 옷차림 등, 겉모습을 중심으로 묘사하되, 인물 묘사를 할 때는 앞서 언급한 바와 같이 현재진행 시제 또는 현재 시제를 씁니다.

1 소수 인물이 등장하는 경우

소수 인물을 묘사할 때는 크게 '도입 – 인물 묘사 – 배경 묘사 – 마무리'의 4단계로 묘사할 수 있습니다.

도입
도입 단계에서는 먼저 언급한 바와 같이 사진 장소에 대한 묘사를 합니다. 사용 가능한 표현으로는 앞에서 살펴본 'Part 2에서 자주 쓰이는 패턴'의 도입 부분을 참고하세요.

인물 묘사
가장 중요한 부분인 인물(들) 묘사입니다. 먼저 사진에 등장한 인물들의 공통점에 대해 언급한 후 특징이 되는 개개인의 행동이나 겉모습에 대해 설명합니다.

배경 묘사
배경 묘사는 사진 앞뒤쪽에 보이는 모습을 간단히 한두 문장 정도로 언급하면 충분합니다.

마무리 사진을 보고 난 후의 개인적인 느낌이나 생각을 이야기하면서 답변을 마무리합니다.

답변 포인트 **인물의 동작(action) 묘사:** 사진은 순간의 동작을 포착한 것이기 때문에, 인물의 동작은 대개 현재진행 시제를 써서 묘사합니다.

Example

The woman is walking along the street. 여자는 거리를 따라 걷고 있습니다.

People are smiling at each other. 사람들이 서로 웃음짓고 있습니다.

인물의 외양(feature) 묘사: 사진에서 등장한 인물이 입고 있는 옷차림 같은 겉모습을 묘사할 때는 is[are] wearing 뒤에 적절한 명사를 덧붙입니다. 사람이 몸에 걸칠 수 있는 모든 것은 '입다'라는 의미의 동사 wear 하나로 충분합니다. 역시 현재 진행 시제를 써서 묘사합니다.

Example

The man is wearing a nice watch and tie.
남자는 멋진 시계와 넥타이를 메고 있습니다.

The girl is wearing silver earrings. 여자 아이는 은 귀걸이를 하고 있습니다.

인물 묘사 시 현재 시제를 쓰는 경우: 인물의 헤어스타일이나 신체의 일부분을 묘사할 때는 현재시제를 씁니다.

Example

The woman has blond hair. 여자는 금발입니다.

The man has long arms. 남자는 긴 팔을 가지고 있습니다.(= 팔이 깁니다.)

분사 수식어구: 특정 동작을 하거나 어떤 상태에 있는 개별 그룹을 묘사할 때는 사람 명사 뒤에 '-ing' 형태의 분사구문을 덧붙입니다. 분사구문은 고급 문법이므로 고득점 획득을 원한다면 자주 쓰는 것이 좋습니다.

Example

I can see people wearing black uniforms. 검은색 유니폼을 입은 사람들이 보입니다.

There is a couple talking to each other. 서로 이야기 중인 한 쌍이 있습니다.

Response Template　　소수 인물 사진 답변 템플릿

도입

This is a picture of + 사진의 장소 또는 인물 설명
이것은 ~에서 찍은 사진입니다. 또는 이는 ~(인물)의 사진입니다.

인물 묘사

The first thing I can see in this picture is + 인물(들)의 공통점 묘사
이 사진에서 처음 볼 수 있는 것은 (인물들의 공통점)입니다.

The man in the middle is + 인물 개별 묘사 1
가운데 있는 남자는 (인물 개별 묘사 1)입니다.

The woman on the left is + 인물 개별 묘사 2
왼쪽에 있는 여자는 (인물 개별 묘사 2)입니다.

배경 묘사

In the foreground of the picture, there is[are] + 전방 묘사
사진 앞쪽에는 ~이 있습니다.

In the background of the picture, I can see + 배경 묘사
사진 뒤쪽에는 ~이 보입니다.

마무리

Overall, I think + 사진을 보고 난 후 개인적 느낌이나 생각
전체적으로, 저는 ~라고 생각합니다.

 답변 완성하기

다음 사진을 앞서 익힌 템플릿을 적용해 묘사해 보세요.

1

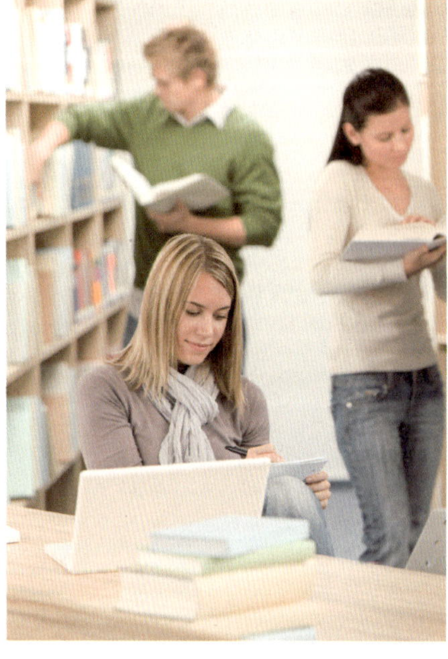

순서

❶ 인물 공통 묘사 ❷ 중심 인물 묘사 1, 2, 3 ❸ 배경 묘사

I think this is a picture of __________________

__________________ 학생들/ 도서관에 있는.

The first thing I can see in this picture is

____

. 세 사람/ 책을 읽고 있는. The woman in the middle

____

금발머리를 갖고 있습니다 and she __________________

__________________ 입고 있습니다/ 자주색 스웨터를.

And she is sitting near the table.

The man on the left is wearing a green-colored sweater and __________________

__________________ 손을 뻗고 있습니다/ 책을 향해.

The woman on the right is wearing a white T-shirt and reading a book.

In the foreground of the picture, there is __________________

흰색 노트북/ 테이블 위에 and in the background of this picture, __________________

__________________ 저는 볼 수 있습니다/ 많은 책들을/ 책장에.

Overall, I think these students are __________________

준비하고 있습니다/ 중요한 시험을.

M o d e l   R e s p o n s e   MP3 02-01

I think this is a picture of students in the library. The first thing I can see in this picture is three people reading books. The woman in the middle has blonde hair and she is wearing a purple sweater. And she is sitting near the table. The man on the left is wearing a green-colored sweater and reaching for a book. The woman on the right is wearing a white T-shirt and reading a book. In the foreground of the picture, there is a white laptop on the table and in the background of this picture, I can see many books on a bookshelf. Overall, I think these students are preparing for an important exam.

Translation 이것은 도서관에 있는 학생들의 사진입니다. 이 사진에서 첫 번째로 내가 볼 수 있는 것은 책을 읽고 있는 세 사람입니다. 가운데 있는 여자는 금발머리이며 자주색 스웨터를 입고 있습니다. 그리고 그녀는 테이블 가까이에 앉아 있습니다. 왼쪽에 있는 남자는 녹색 스웨터를 입고 있고 책을 향해 손을 뻗고 있습니다. 오른쪽에 있는 여자는 흰색 티셔츠를 입고 있으며 책을 읽고 있습니다. 사진의 앞쪽에는 흰색 노트북이 테이블 위에 놓여 있으며, 사진의 뒤쪽에는 책장에 많은 책들이 보입니다. 전체적으로, 이 학생들은 중요한 시험을 준비하고 있는 것 같습니다.

VOCA **library** 도서관 **wear** 입다. 걸치다 **purple** 자주색의 **sweater** 스웨터 **green-colored** 녹색의 **laptop** 노트북 **bookshelf** 책장. 서가 **prepare for** ~을 준비하다. ~에 대비하다 **important** 중요한 **exam** 시험

◈ 답변 완성하기

2

순서

❶ 인물 공통 묘사
❷ 중심 인물 묘사 1, 2
❸ 배경 묘사

This picture was taken _______________________ 공원에서.

The first thing I can see in this picture is _______________________

두 사람/ 조깅하고 있는/ 함께.

The man on the left is wearing a white top and grey-colored shorts.

And the woman on the right _______________________ 입고 있습니다/ 오렌지색 탑을.

Both of them _______________________ 입고 있습니다/ 소매 없는 탑을,

so it must be summer.

In the background of this picture, I can see _______________________

몇몇 나무들/ 잎이 무성한.

Also, there is _______________________ 넓은 잔디밭 and cars are parked side by

side.

It looks like this couple is very close because _______________________

_______________________ 그들은 바라보고 있습니다/ 서로/ 그리고 미소 짓고 있습니다.

---- **M** o d e l   R e s p o n s e   MP3 02-02

This picture was taken at the park. The first thing I can see in this picture is two people jogging together. The man on the left is wearing a white top and grey-colored shorts. And the woman on the right is wearing an orange-colored top. Both of them are wearing sleeveless tops, so it must be summer. In the background of this picture, I can see some trees thick with leaves. Also, there is a wide grassy area and cars are parked side by side. It looks like this couple is very close because they are looking at each other and smiling.

Translation 이 사진은 공원에서 찍은 것입니다. 이 사진에서 제일 먼저 볼 수 있는 것은 함께 조깅을 하고 있는 두 사람입니다. 왼쪽에 있는 남자는 흰색 탑과 회색 반바지를 입고 있습니다. 그리고 오른쪽에 있는 여자는 오렌지색 탑을 입고 있습니다. 두 사람 모두 소매 없는 탑을 입고 있는 것을 보니 여름임이 틀림 없습니다. 이 사진의 뒤쪽에는 잎이 무성한 나무들이 보입니다. 또한 넓은 잔디밭과 나란히 주차되어 있는 차들도 보입니다. 이 커플은 아주 친한 사이처럼 보입니다. 왜냐하면 그들이 서로 쳐다보며 웃고 있기 때문입니다.

VOCA **jog** 조깅을 하다 **top** 윗옷 **shorts** 반바지 **sleeveless** 소매 없는 **thick with** ~이 무성한 **grassy** 풀이 무성한
side by side 나란히 **close** 가까운, 친밀한

2 다수 인물이 등장하는 경우

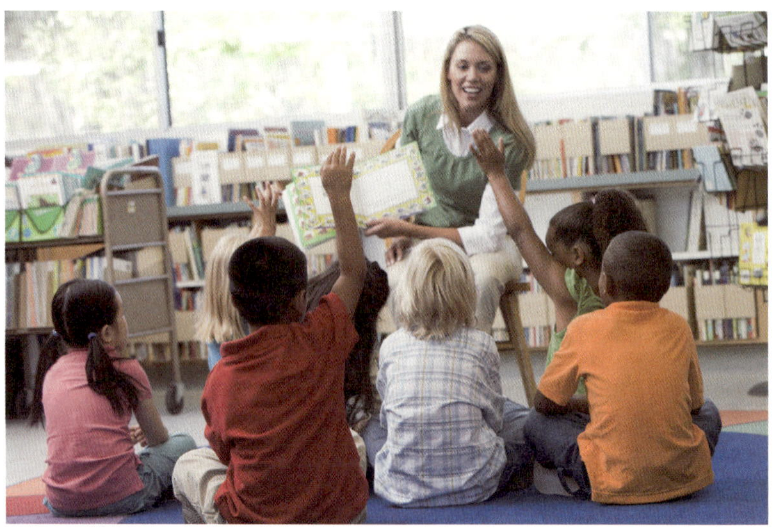

사진 속에 다수 인물이 등장하는 사진을 묘사할 때도 소수 인물 사진 묘사의 경우와 마찬가지로 '도입 – 인물 묘사 – 배경 묘사 – 마무리'의 4단계로 묘사합니다. 다만, 소수 인물 묘사와 가장 큰 차이는 '인물 묘사' 부분입니다. 위의 사진에서도 볼 수 있듯, 많은 사람들을 답변 시간 내에 한 명씩 다 묘사하는 것은 현실적으로 불가능하기 때문에 적절한 전략이 필요합니다.

도입 다수 인물 사진 묘사의 도입 부분도 소수 인물 사진의 경우와 마찬가지로 사진이 찍힌 장소에 대한 묘사를 주로 합니다.

인물 묘사 다수 인물 사진에서는 여러 사람들의 무리들이 등장합니다. 한 명씩 자세히 설명할 수도 있지만, 답변 시간이 45초로 짧다는 것을 잊어서는 안됩니다. 비슷한 행동을 하고 있거나 겉모습이 비슷한 사람들 또는 같은 위치에 있는 사람들을 한데 묶어 그 공통점을 묘사해 보세요. 이를 grouping이라고 하는데, 그룹을 나눌 때는 일정한 룰이 없습니다. 예를 들어, '앉아 있는 사람들은,' '여자들은,' '우산을 쓰고 있는 사람들은' 식으로 임의로 그룹을 나누어 묘사하면 됩니다. 참고로, 모든 사진이 위 템플릿에 완벽히 적용되지 않을 수도 있습니다. 예를 들어, '특이한 동작 또는 상태에 해당되는 사람(들)'이 없다면 생략하고 사진의 다른 부분을 묘사하면 됩니다.

배경 묘사 배경 묘사는 사진의 앞쪽이나 뒤쪽에 보이는 모습을 간단하게 한두 문장 정도로 언급하면 충분합니다.

마무리 사진을 보고 난 후의 개인적인 느낌이나 생각을 이야기하면 충분합니다.

답변 포인트 **수량 형용사구:** 다수 인물 사진 묘사 시 자주 쓰이는 수량 형용사구를 잘 익혀두세요. 사람들 한 무리의 공통 동작이나 상태를 묘사하는 데 유용합니다.

Example Response

Some people are sitting on the floor and the others are sitting on the bench.

일부 사람들은 바닥에 앉아 있고 또 다른 사람들은 벤치에 앉아 있습니다.

Most of them are wearing heavy coats.

그들 대부분이 두꺼운 코트를 입고 있습니다.

All of the children are looking at the teacher.

모든 아이들이 선생님을 바라보고 있습니다.

A few of them are talking on the phone.

그들 중 몇 사람은 전화 통화를 하고 있습니다.

Response Template 다수 인물 사진 답변 템플릿

도입
Here is a picture taken at + 사진의 장소
여기 ~에서 찍은 사진이 있습니다.

인물 묘사
What I can see in this picture is + 인물들의 공통점 묘사
이 사진에서 보이는 것은 (인물들의 공통점)입니다.

Some people are + 한 무리(group)의 공통 동작이나 상태 묘사
일부 사람들은 (무리의 공통점)~하고 있습니다.

And the others are + 한 무리(group)의 공통 동작이나 상태 묘사
그리고 또 다른 다른 사람들은 (무리의 공통점)~하고 있습니다

One[A few] of them is[are] + 특이한 동작이나 상태의 사람(들) 묘사

배경 묘사
In the foreground of the picture, there is[are] + 전방 묘사
사진 앞쪽에는 ~이 있습니다.

In the background of the picture, I can see + 배경 묘사
사진 뒤쪽에는 ~이 보입니다.

마무리
The whole scene looks + 사진을 보고 난 후 개인적 느낌이나 생각
전체적인 풍경은 ~인 것 같습니다.

답변 완성하기

다음 사진을 앞서 익힌 템플릿을 적용해 묘사해 보세요.

1

순서

❶ 인물 공통 묘사
❷ 그룹 묘사 1, 2, 3
❸ 배경 묘사

Here is a picture taken at ________________________ 큰 식당에서.

What I can see first in this picture is ________________________________

많은 사람들/ 앉아 있는/ 테이블 주위에 and eating and drinking.

________________________________ 그들 대부분은/ 앉아 있습니다/ 친구들과 함께

and enjoying their meals.

________________________________ 그리고 일부 사람들은 서 있습니다 near the

table and talking to other people.

In the background of this picture, I can see a bar and many windows.

Also, there is a big neon sign ________________________________ 매달려 있는/ 천장에.

The whole scene looks very casual and exciting.

Here is a picture taken at **a big restaurant**. What I can see first in this picture is **many people sitting around tables** eating and drinking. Most of them are sitting **with their friends** and enjoying their meals. **And some people are standing** near the table and talking to other people. In the background of this picture, I can see a bar and many windows. Also, there is a big neon sign **hanging from the ceiling**. The whole scene looks very casual and exciting.

Translation 여기 큰 식당에서 찍은 사진이 있습니다. 제가 이 사진에서 첫 번째로 볼 수 있는 것은 테이블 주위에 앉아서 먹고 마시고 있는 많은 사람들입니다. 그들 대부분은 친구들과 함께 앉아 그들의 음식을 즐기고 있습니다. 그리고 일부 사람들은 테이블 주위에 서서 다른 사람들과 이야기를 나누고 있습니다. 이 사진의 뒤쪽에는 바와 많은 창문들이 보입니다. 또한 천장에 매달려 있는 큰 네온사인이 있습니다. 전체적인 풍경이 매우 신나고 격식을 차리지 않은 듯해 보입니다.

VOCA **around** ~ 주변에 **meal** 식사 **bar** 카운터, 술집, 바 **neon sign** 네온사인 **hanging from** ~ ~에 매달린 **ceiling** 천장 **scene** 풍경, 장면 **casual** 격식을 차리지 않는 **exciting** 흥분시키는, 신나는

◆ 답변 완성하기

2

순서

❶ 인물 공통 묘사

❷ 그룹 묘사 1, 2, 3

❸ 배경 묘사

Here is a picture taken ______________________________ 공원에서/ 화창한 날에.

What I can see first in this picture is ______________________________

______________________ 많은 사람들/ 쉬고 있는/ 공원에서.

______________________________ 대부분의 사람들이/ 앉아 있습니다/ 잔디밭에 and

looking in the same direction. And some of them are lying on the grass and _________

______________________ 이야기하고 있습니다/ 서로.

______________________________ 그들 대부분이/ 입고 있습니다/ 반팔 옷을 and the

weather is beautiful.

In the background of the picture, I can see some buildings and ______________________

______________________ 작은 무대/ 가운데에 있는.

I think this is some kind of music concert in the park.

Ⓜ o d e l R e s p o n s e 🎧 MP3 02-04

Here is a picture taken at a park on a sunny day. What I can see first in this picture is many people relaxing in the park. Most of the people are sitting on the grass and looking in the same direction. And some of them are lying on the grass and talking to each other. Most of them are wearing short-sleeves and the weather is beautiful. In the background of the picture, I can see some buildings and a small stage in the middle. I think this is some kind of music concert in the park.

Translation 여기 화창한 날 공원에서 찍은 사진이 있습니다. 이 사진에서 처음 볼 수 있는 것은 공원에서 쉬고 있는 많은 사람들입니다. 대부분의 사람들은 잔디밭에 앉아 같은 방향을 보고 있습니다. 그리고 그들 중 일부는 잔디에 누워 서로 이야기하고 있습니다. 그들 대부분이 반팔 옷을 입고 있으며 날씨는 맑습니다. 사진의 뒤쪽에 몇몇 빌딩들과 그 가운데 있는 작은 무대가 보입니다. 제 생각에 이건 공원에서 열리고 있는 일종의 음악 콘서트 같습니다.

VOCA **sunny** 화창한. 햇살이 비추는 **relax** 쉬다. 긴장을 풀다 **the grass** 잔디밭 **direction** 방향 **lie** 눕다 **short-sleeves** 반소매. 반팔 옷 **weather** 날씨. 일기 **stage** 무대 **concert** 연주회. 콘서트

배경 중심 사진

배경 중심 사진은 인물 중심 사진에 비해 말할 거리가 별로 없다고 느껴지는 게 사실입니다. Part 2의 과제는 주어진 답변 시간 내에 최대한 자세하게 사진을 묘사하는 것이므로, 사진 묘사를 다 마치고도 시간이 남는 경우, 마지막에 사진을 본 느낌이나 생각을 좀 더 자세히 말함으로써 답변 시간을 채우는 것도 한 가지 방법입니다. 배경 중심 사진 묘사를 좀 더 효율적으로 하려면 사진을 크게 앞뒤좌우로 나누어 전치사구를 사용해 구간별로 묘사해 보세요.

최근에는 배경만 나오는 사진보다는 인물도 등장하지만 배경이 인물보다 더 중심이 되는 사진이 더 많이 출제되고 있습니다. 인물 중심 사진과는 달리 배경 중심 사진은 '도입 – 배경 설명 – 마무리'의 3단계로 나누어 묘사할 수 있습니다. 인물이 중심이 되는 사진이 아니기 때문에 인물 묘사를 자세히 할 필요는 없으나, 사진에 인물이 등장했다면 인물에 대해 한두 문장 정도는 언급해야 합니다. 배경 중심 사진의 경우, '인물 묘사' 단계가 빠지기 때문에 인물 중심 사진을 묘사할 때보다 상대적으로 답변 시간이 짧습니다. 그래서 사진을 보고 난 후의 생각이나 느낌을 한 문장 정도 첨가해 주는 것도 한 방법입니다.

답변 포인트

전치사구: 장소나 시간을 나타내는 전치사구는 문장의 맨 뒤에 위치할 때 안정감 있게 느껴집니다. 하지만 Part 2의 배경 중심 사진을 묘사할 때는 위치를 강조하기 위해 전치사구를 문장 맨 앞에 위치시킵니다.

Example Response

In the background of this picture, there are many people standing in groups. 이 사진의 뒤쪽에는, 많은 사람들이 무리 지어 서 있습니다.

On both sides of the picture, many cars are moving in different directions. 사진의 양쪽에는, 많은 차들이 서로 다른 방향으로 움직이고 있습니다.

In the middle of the picture, I can see many trees standing in a row. 사진의 가운데에는, 많은 나무들이 한 줄로 서 있는 게 보입니다.

On the left side of the picture, there are many vegetables in a box. 사진의 왼쪽에는, 많은 채소들이 박스에 담겨져 있습니다.

Response Template 배경 중심 사진 답변 템플릿

도입
This picture shows + 사진이 찍힌 장소
이 사진은 ~을 보여 줍니다.

배경 묘사
In the middle of the picture, there is[are] + 사물이나 인물 묘사 1
사진의 가운데에는 ~(사물이나 인물)이 있습니다.

On the left[right] side of the picture, there is[are] + 사물이나 인물 묘사 2
사진의 왼쪽[오른쪽]에는 ~(사물이나 인물)이 있습니다.

Also, I can see + 사물이나 인물 묘사 3
또한 저는 ~(사물이나 인물)을 볼 수 있습니다.

마무리
Overall, I can tell it is + 사진을 보고 난 후의 생각이나 느낌
전체적으로 ~(사진을 보고 난 후의 생각이나 느낌)이라는 것을 알 수 있습니다.

◈ 답변 **완성하기**

다음 사진을 위에서 배운 템플릿을 적용해서 묘사해 보세요.

1 

순서

❶ 중심이 되는 사물(배경) 묘사
❷ 인물 묘사
❸ 배경 묘사 (전, 후, 좌, 우)

This picture shows ____ 사람들이/ 일하고 있는 것을/ 창고에서.

In the middle of the picture, I can see a man driving a vehicle.

I think the man is driving this machine ____

옮기기 위해/ 무거운 제품들을. And another man ____

서 있습니다/ 옆에/ 탈것 and pointing at something.

____ 이 사진의 양쪽에는, there are many products

____ 정리되어 있습니다/ 선반에. Most of them are orange

and yellow.

Overall, I can tell this picture shows ____

전형적인 모습/ 창고의.

This picture shows people working at a warehouse. In the middle of the picture, I can see a man driving a vehicle. I think the man is driving this machine to move heavy products. And another man is standing next to the vehicle and pointing at something. On both sides of this picture, there are many products arranged on shelves. Most of them are orange and yellow. Overall, I can tell this picture shows a typical scene at a warehouse.

Translation 이 사진은 사람들이 창고에서 일하고 있는 걸 보여주고 있습니다. 사진 가운데에는, 한 남자가 탈것을 운전하고 있는 게 보입니다. 제 생각에 남자는 무거운 제품들을 옮기기 위해 이 기계를 몰고 있는 것 같습니다. 그리고 다른 한 남자는 탈것 옆에 서서 무언가를 가리키고 있습니다. 이 사진의 양쪽에는, 많은 제품들이 선반에 정리되어 있습니다. 그것들 대부분은 주황색과 노란색입니다. 전체적으로, 이 사진은 창고의 전형적인 모습을 보여주고 있음을 알 수 있습니다.

VOCA **show** 보여주다 **warehouse** 창고 **drive** 운전하다, 몰다 **vehicle** 차량, 탈것 **machine** 기계 **move** 옮기다 **heavy** 무거운 **product** 제품 **point at** ~ ~을 가리키다 **arrange** 배열하다, 정리하다 **shelf** 선반 **typical** 전형적인

◆ 답변 완성하기

2

순서

❶ 중심이 되는 사물(배경) 묘사
❷ 배경 묘사 (전, 후, 좌, 우)

This picture shows a _________________________ 번잡한 도심 지역.

In the middle of the picture, there are two yellow cabs and a red vehicle _______

_________________________ 기다리고 있습니다/ 신호를.

On the left side of the picture, I can see _________________________

많은 빌딩들/ 서 있는/ 한 줄로 and there are _________________________ 많은 형형색색의

간판과 포스터들이 on the buildings.

In the background of the picture, many people are walking on the street. The

weather _________________________ 보입니다/ 아주 좋은.

Overall, it looks like a _________________________ 전형적인 풍경/ 바쁜 도시의.

Ⓜ o d e l   R e s p o n s e   🔊 MP3 02-06

This picture shows a **busy downtown area**. In the middle of the picture, there arc two yellow cabs and a red vehicle **waiting for a traffic signal**. On the left side of the picture, I can see **many buildings standing in a row** and there are **many colorful signboards and posters** on the buildings. In the background of the picture, many people are walking on the street. The weather **seems quite nice**. Overall, it looks like a **typical scene of a busy city**.

Translation 이 사진은 번잡한 도심 지역을 보여주고 있습니다. 사진의 중앙에는, 두 대의 노란색 택시와 한 대의 빨간색 차량이 신호를 기다리고 있습니다. 사진의 왼편에는, 많은 빌딩들이 한 줄로 줄지어 서 있는 게 보이고, 그 건물들에는 형형색색의 많은 간판과 포스터들이 붙어 있습니다. 사진 뒷편에는, 많은 사람들이 거리를 걷고 있습니다. 날씨는 아주 좋아 보입니다. 전체적으로, 전형적인 바쁜 도시의 풍경인 것 같습니다.

VOCA   **busy** 바쁜, 분주한, 번잡한   **downtown** 도심지, 중심가   **cab** 택시   **traffic signal** 교통 신호   **in a row** 일렬로   **colorful** 형형색색의, 다채로운   **signboard** 간판   **poster** 포스터

PART 3
Respond to Questions

질문에 답하기

빠른 요약 정보

문항 수 3문항 (Questions 4~6)

시험 시간 답변 준비 시간 없음.

문항 번호	Q4	Q5	Q6
답변 시간	15초	15초	30초

시험 내용 전화 설문 조사에 응하는 방식으로 하나의 특정 주제와 관련된 3개의 질문을 듣고, 각 질문에 대해 본인의 생각이나 의견을 개인적인 경험 또는 논리적 이유를 바탕으로 답변하는 파트입니다.

주제 범위 직장 생활, 학교 생활, 인간 관계, 개인적인 취향, 습관 관련 등

Tip Part 3의 각 질문은 답변 시간이 끝날 때까지 컴퓨터 모니터에 떠 있기 때문에, 질문을 다 알아들을 만큼의 영어 듣기 실력이 안 된다고 걱정할 필요는 없습니다.

Questions 4 & 5
기본 문항 및 답변

Part 3의 4번과 5번 문제의 답변 시간은 준비 시간 없이 15초입니다. 답변 시간이 다소 짧은 이유는 대부분의 4번과 5번 문제가 주제와 관련된 간단한 정보에 대해 묻는 문제이기 때문입니다. 평균 한두 개의 문장으로 답변을 구성하면 되며, 듣고만 푸는 문제가 아니라 화면에 나와 있는 질문을 보고 답변할 수 있는 문제입니다. 따라서 문제를 눈으로 빨리 읽고 질문의 요점을 파악한 후, 화면에 제시된 질문에 사용된 표현을 이용해 답변을 구성하는 훈련을 할 필요가 있습니다.

질문의 난이도가 높지 않기 때문에 질문을 해석하고 이해하는 데는 별 어려움이 없지만, 아무런 준비 시간 없이 영어로 완벽한 문장의 답변을 만들어야 한다는 부담감 때문에 많은 분들이 어렵다고 느끼는 파트입니다. Part 3의 세 문제는 답변 시간 내에 답변을 끝내지 못한다 해도, 평가자가 봤을 때 질문에서 원하는 답을 했다고 판단될 시 감점 요인이 되지는 않습니다.

다음은 화면에 질문이 제시되는 예시입니다. 4번과 5번 문제는 주로 Wh- 의문문으로 질문이 출제되므로, 의문사가 원하는 답변이 무엇인지 정확하게 파악해 답변해야 합니다.

TOEIC Speaking	
	Question 4 of 11

How often do **you eat out**? 당신은 얼마나 자주 외식을 하나요?

answer I **eat out** twice a month. 나는 한 달에 두 번 외식을 합니다.

이 문제에서 의문사는 How often입니다. 답변 시 '얼마나 자주'에 대한 답변, 즉 횟수와 관련된 답변이 꼭 포함되어야 하며, 답변의 시제는 특별한 경우를 제외하고는 질문과 같게 하는 것이 일반적입니다.

TOEIC Speaking	
	Question 4 of 11

Where do **you usually hang out with your friends**?
당신은 주로 어디에서 친구들과 어울립니까?

answer I usually hang out with my friends at a café near my school.
나는 주로 학교 근처 카페에서 친구들과 어울립니다.

이 문제에서 의문사는 Where입니다. where 또는 when 즉, 장소나 시간을 묻는 문제는 적절한 전치사구를 넣어 문제에 답하도록 합니다. 단, 전치사구의 위치는 일반적으로 문장 맨 뒤에 옵니다.

LEVEL 6 이상의 답변만들기

Question 4와 5에서는 특정 주제와 관련된 간단한 문제가 출제되며, 한두 문장으로 답변 구성이 가능합니다. 단, 고득점 획득을 위해서는 '문제에 대한 답변 한 문장 + 답변과 관련된 이유나 근거 한 문장' 식으로 두 문장 이상의 답변을 제시하는 것이 좋습니다.

Question 4

How often do you eat out?

당신은 얼마나 자주 외식을 하나요?

Answer

Level 6

I usually eat out twice a month.

나는 보통 한 달에 두 번 외식을 합니다.

+ 아래 문장을 추가하면 beyond Level 6 → 다양한 이유나 근거 추가

I like to go to an Italian restaurant with my friends.

나는 친구들과 이탈리아 식당에 가는 것을 좋아합니다.

Question 5

Where do you usually hang out with your friends?

당신은 주로 어디에서 친구들과 어울립니까?

Answer

Level 6

I usually hang out with my friends at a café near my school.

나는 주로 학교 근처 카페에서 친구들과 어울립니다.

+ 아래 문장을 추가하면 beyond Level 6 → 다양한 이유나 근거 추가

Because we all like coffee.

왜냐하면 우린 다 커피를 좋아하기 때문입니다.

Question 6
기본 문항 및 답변

Part 3의 Question 6번의 답변 시간은 30초입니다. 또한 Question 4나 5와는 달리 한두 문장으로 답변하는 것이 아니라 주어진 시간 내에 답변의 이유나 근거까지 포함한 답변을 제공해야만 고득점을 받을 수 있습니다. Question 6는 답변 시간이 길기 때문에, 자신의 생각이나 느낌을 논리적으로 전달해야 좋은 점수를 받을 수 있습니다. 생각이나 의견을 뒷받침하기 위해서는 다양한 예시나 경험 등을 들어 이야기를 꾸며나가야 합니다.

대표적인 문제 유형으로는 장점 혹은 단점을 묻는 문제, 개인적인 생각을 묻는 문제, 두 가지 이상 중 선호하는 한 가지를 묻는 문제, 중요하게 생각하는 점을 묻는 문제 등 다양하지만, 답변 방법은 문제 유형에 상관없이 '도입 – 본론 – 마무리'의 3단계 형태를 취합니다. 답변 길이는 평균 4~5문장 정도입니다.

3단계 답변 형식
도입 – 본론 – 마무리

도입 일반적으로 도입 부분에서는 질문의 답변이 주어져야 합니다. 예를 들어 What do you think about buying books online? 같은 문제의 경우, about 이하에 대해 어떻게 생각하는지에 대한 정확한 답변을 제시해야 합니다. 가능한 답변으로는 I think it is a good idea. 또는 I think it is a bad idea. 등이 있습니다.

본론 도입 부분에서 문제에 대한 답변을 했다면 본론 부분에서는 그렇게 답을 한 이유와 근거를 제시해야 합니다. 일반적으로 두 가지 다른 이유를 제시하거나 또는 한 가지 이유와 부가 설명(예, 경험 등)을 들어 좀 더 설득력 있는 답변을 제시합니다.

마무리 마무리 부분에서는 도입 부분을 paraphrasing, 즉 다른 어휘를 사용해 같은 말을 하거나 또는 도입 부분을 repeat, 즉 반복합니다. 어느 정도 영어 말하기 실력이 있다면 paraphrasing하는 것을, 영어 말하기 실력이 거의 없다면 도입 부분을 repeat하는 것을 권합니다.

Example

Question 6

What do you think about buying books online?

온라인으로 책을 사는 것에 대해 어떻게 생각하나요?

도입

What do you think about ~?에 대한 답변

I think it is a good idea. (OR I think buying books online is a good idea.) And there are a few reasons.

좋은 생각이라고 생각합니다. 그리고 거기엔 몇 가지 이유가 있습니다.

본론

답변의 ① 이유와 근거 또는 ② 두 가지 다른 이유 제시

The first reason is that it is usually cheaper. And the second reason is that it is quite convenient because I do not have to go to the bookstore.

첫 번째 이유는, 보통 그게 더 싸기 때문입니다. 그리고 두 번째 이유는, 서점에 갈 필요가 없어 꽤 편리하기 때문입니다.

마무리

도입 부분 Repeat 또는 Paraphrasing

Therefore, I think it is a great idea to buy books online.

그래서, 나는 온라인으로 책을 사는 것이 좋은 아이디어라고 생각합니다.

Questions 4 & 5
자주 등장하는 Wh-의문사 의문문

1 **When 또는 Where 의문사 의문문**

When과 Where로 시작되는 의문사 의문문 문제는 비교적 쉬운 유형의 문제로, 답변 시 알맞은 장소나 시간 관련 전치사구를 문장 맨 앞이나 맨 뒤에 넣어주면 됩니다. 단, 답변 시 시간이나 장소를 강조할 목적이 아니라면 영어 말하기에서는 시간이나 장소 관련 전치사구는 문장의 맨 뒤에 위치시키는 것이 일반적입니다.

Q1 **When do you usually wake up?**
당신은 주로 몇 시에 일어납니까?

A1 **I usually wake up around 7 o'clock in the morning.**
저는 주로 아침 7시쯤 일어납니다.

Q2 **When was the last time you went to a music concert?**
당신이 마지막으로 음악 콘서트에 간 것은 언제입니까?

A2 **The last time I went to a music concert was last summer.**
제가 마지막으로 음악 콘서트에 간 것은 지난 여름입니다.

Q3 **In which situation do you take pictures?**
당신은 어떤 상황에서 사진을 찍습니까?

A3 **I take pictures on special occasions like birthday parties and anniversaries.** 저는 생일 파티나 기념일 같은 특별한 행사 때 사진을 찍습니다.

Check this out ┄┄┄┄┄┄┄┄┄┄► 시간이나 날, 요일 앞에 오는 대표적 전치사 **at, around/about, on, in, for/during, by**

일반적으로 전치사 at이나 around/about 다음에는 정확한 시간을 나타내는 표현이 옵니다. at 다음에 오는 시간은 정시를 의미하며, around/about 다음에 오는 시간은 대략적인 시간이나 기간을 의미합니다.

on 다음에는 Monday, Special day, sunny day 등 모든 day가 올 수 있으며, by 다음에는 기간을 나타내는 표현이 와 '~까지'의 의미로 쓰입니다. 전치사 for/during은 모두 '~ 동안'의 의미를 갖고 있으며, for 다음에는 숫자가, during 다음에는 기간을 나타내는 표현이 올 수 있습니다.

When was the last time~?으로 시작하는 문제는 자주 등장하므로, 답변 방법을 외워두는 것이 좋습니다. 이 질문의 답변에서 동사는 과거형인 was입니다.

 ## 답변 완성하기

주어진 어구를 활용하여 우리말 해석에 맞는 답변을 만들어 보세요. 🎧 MP3 03-01

1 Q When do you usually finish your work or school? 회사나 학교가 보통 언제 끝납니까?

A I usually finish my work ____.

저는 보통 6시쯤 업무를 마무리합니다.

2 Q In which situation do you wear a suit? 당신은 어떤 상황에 정장을 입습니까?

A I wear a suit ____.

저는 결혼식이나 취업 면접 같은 특별한 날에 정장을 입습니다.

3 Q When was the last time you moved? 당신이 마지막으로 이사한 것은 언제입니까?

A The last time I moved was ____.

제가 마지막으로 이사한 것은 약 3년 전입니다.

4 Q When do you play computer games? 당신은 언제 컴퓨터 게임을 합니까?

A I play computer games ____.

저는 주말에 컴퓨터 게임을 합니다.

A n s w e r s

1. about[around] 6 o'clock
학생이면 학교가 끝나는 시간으로, 직장인이면 회사가 끝나는 시간으로 답하면 됩니다. I finish my work or school ~ 형태의 답변은 정확한 답이 아니니 주의하세요.

2. on a special occasion like weddings and job interviews
In which situation은 when의 다른 표현으로 Part 3에 종종 등장하는 문제 유형입니다. 생소한 표현이라고 당황하지 말고 when과 같은 의미로 쓰인다는 것을 기억하세요. 또한 답변 표현 중 'on special occasions like A and B'는 'A와 B 같은 특별한 날에'와 같은 의미로 답하고 싶을 때 유용하게 쓸 수 있는 표현이니 외워 두세요.

3. about 3 years ago
답변에서는 about을 꼭 쓰지 않아도 적절한 답변이 됩니다.

4. on the weekend
on the weekend, in the morning, late afternoon 같은 전치사구는 따로 외워두는 것이 답변할 때 편리합니다.

Q1 **Where** do **you usually eat your meals**?
당신은 주로 어디에서 식사를 합니까?

A1 **I usually eat my meals** at home.
저는 주로 집에서 식사를 합니다

Q2 **Where** is **your office**?
당신 사무실은 어디입니까?

A2 **My office** is located in Seoul, Korea.
제 사무실은 한국 서울에 위치해 있습니다.

Q3 **Where** is **your class located**?
당신 교실은 어디에 위치해 있습니까?

A3 **My class is located** on the 4th floor.
제 교실은 4층에 위치해 있습니다.

Check this out ━━━━━━━━━━━━━━━━━━━━━━━━━━━━━ → **장소 앞에 오는 대표적 전치사 in, at, on**

전치사 in은 큰 장소 앞에 위치하며 시험에서는 국가나 도시 앞, 또는 공간적으로 큰 장소 앞에 옵니다. at은 '지점'의 의미를 포함하고 있으므로 일반적으로 작은 장소 앞에 위치합니다. at home, at an airport, at a hotel 등이 답변으로 자주 쓰입니다. 마지막으로 on은 '~ 위에'라는 의미로 Part 3에서는 on the 2nd(서수) floor, on the ground 등이 답변으로 자주 쓰입니다.

답변 완성하기

주어진 어구를 활용하여 우리말 해석에 맞는 답변을 만들어 보세요.　　　🎧 MP3 03-02

1　Q　Where do you usually buy clothes? 당신은 보통 어디에서 옷을 사나요?

　　A　I usually buy clothes ____.

　　저는 보통 인터넷에서 옷을 삽니다.

2　Q　Where do you study? 당신은 어디에서 공부하나요?

　　A　I study ____.

　　저는 도서관에서 공부합니다.

3　Q　Where is your favorite place to read books?

　　당신이 책을 읽기 좋아하는 장소는 어디인가요?

　　A　My favorite place to read books is ____.

　　제가 책을 읽기 좋아하는 장소는 제 방 안에서입니다.

4　Q　Where would you like to go on your next holiday? 당신은 다음 휴가 때 어디에 가고 싶습니까?

　　A　I would like to go to ________________________ on my next holiday.

　　저는 다음 휴가 때 중국에 가고 싶습니다.

A n s w e r s

1. on the Internet
우리말로 흔히 '인터넷에서'라는 말을 하고 싶을 때 쓸 수 있는 영어 표현이 'on the Internet'입니다.

2. at a library(도서관에서)**, in a library**(도서관 안에서)
library 앞에는 in과 at 둘 다 가능합니다. 공간의 의미를 가진 in이나, 지점의 의미를 가진 at 모두 의미만 약간 다를 뿐 답변을 구성하는 데 큰 문제가 없습니다.

3. in my room

4. China
위 문제의 진짜 질문은 Where would you like to go?입니다.

따라서 답변 시간이 부족하다면 과감하게 포기해야 할 부분은 답변 구성에 직접적인 영향을 미치지 않는 전치사구 on my next holiday입니다. 조동사의 위치는 항상 주어 바로 뒤로, 답변 시 조동사를 함부로 생략하지 않도록 합니다. 또한, 앞서 말했듯이 영어 말하기에서 전치사구는 문장 맨 끝에 오는 것이 이상적이므로, on my next holiday를 문장 맨 끝에 위치시킵니다. 국가명인 China 앞에 전치사 in이 오지 않은 이유는 전치사 두 개가 연달아 올 수 없기 때문입니다. 질문에 있는 would like to go to를 그대로 답변에 활용하는 것이 보다 쉽게 답변할 수 있는 좋은 방법입니다.

2 What 의문사 의문문

What으로 시작하는 의문사 의문문은 다양한 편이지만 그 중 대표적인 것이 [1] What ~으로 시작하는 의문문과 [2] What kinds[type, sort] of ~로 시작하는 의문문입니다. 이들 의문문에는 문제에서 요구하는 적절한 명사구를 넣어 답변해야 합니다.

Q1 **What** do you usually do when you meet your friends?
당신은 친구들을 만나 주로 무엇을 합니까?

A1 I usually **drink coffee and chitchat** (when I meet my friends).
저는 (친구들을 만나) 주로 커피를 마시고 수다를 떱니다.

Q2 **What type of books** do you like to read?
당신은 어떤 종류의 책들을 읽기를 좋아합니까?

A2 I like to read **novels**. 저는 소설 읽기를 좋아합니다.

Q3 **What kind of car** do you own?
당신은 어떤 종류의 차를 소유하고 있습니까?

A3 I own **a black sedan**. 저는 검은색 세단을 소유하고 있습니다.

Check this out

What kinds of, What sorts of, What types of는 모두 같은 의미로, '어떤 종류의 ~'로 해석 가능합니다. 질문에서 요구하는 대상이나 사람을 나타내는 적절한 명사구를 넣으면 비교적 간단하게 답변이 완성됩니다.

 ## 답변 완성하기

주어진 어구를 활용하여 우리말 해석에 맞는 답변을 만들어 보세요.　　🎧 MP3 03-03

1　Q　What is the title of your favorite movie? 당신이 가장 좋아하는 영화의 제목은 무엇입니까?

　　A　The title of my favorite movie is ＿＿＿＿＿＿＿＿＿＿＿＿＿.
　　　제가 가장 좋아하는 영화의 제목은 〈타이타닉〉입니다.

2　Q　What kinds of sports do you play? 당신은 어떤 종류의 스포츠를 합니까?

　　A　I play ＿＿＿＿＿＿＿＿＿＿＿＿＿. 저는 매주 야구를 합니다.

3　Q　What types of music do you like the most? 당신은 어떤 종류의 음악을 가장 좋아합니까?

　　A　I like ＿＿＿＿＿＿＿＿＿＿＿＿＿. 저는 힙합을 가장 좋아합니다.

A n s w e r s

1. *Titanic*

2. baseball every week
즐기는 스포츠의 종류를 말하면서 얼마나 자주 하는지 등을 간단히 덧붙이면 좋습니다.

3. hip-hop the most
질문에서 '가장 좋아하는' 음악을 물었으므로 I like + 음악의 종류 뒤에 the most를 붙여 답하면 됩니다.

3 Why 의문사 의문문

Why로 시작하는 의문사 의문문은 주로 다른 의문사 의문문과 짝을 이루어 출제가 됩니다. 그리고 직접 이유를 묻는 질문이기 때문에, 이유를 설명하는 답변 방법인 'Because 주어 + 동사' 또는 'Because of 명사(구)' 형태가 자주 쓰입니다.

Q Which do you prefer, using your own vehicle or public transportation and why? 당신은 자가용 이용과 대중 교통 이용 중 어느 쪽을 선호하며 그 이유는 무엇입니까?

A I prefer using public transportation because it is cheaper and faster.
저는 대중 교통 사용을 선호합니다. 왜냐하면 그게 더 싸고 빠르기 때문입니다.

◆ 답변 완성하기

주어진 어구를 활용하여 우리말 해석에 맞는 답변을 만들어 보세요.　　　🎧 MP3 03-04

1 Q Where do you usually read books and why? 당신은 주로 어디에서 책을 읽으며 왜인가요?

A I usually read books at home because ________________________________.
저는 주로 집에서 책을 읽습니다. 왜냐하면 그게 가장 편안한 장소이기 때문입니다.

2 Q What do you think about buying electronic products online and why?
당신은 인터넷으로 전자 제품을 사는 것에 대해 어떻게 생각하며 그 이유는 무엇입니까?

A I think buying electronic products online is **a good idea** because ________________

________________________________.
저는 인터넷을 통해 전자 제품을 사는 것이 좋은 아이디어라고 생각합니다. 왜냐하면 더 싸기 때문입니다.

 A n s w e r s

1. it is the most comfortable place
2. it is cheaper

인터넷 관련 문제는 Part 3뿐 아니라 토익 스피킹 시험에서 전반적으로 자주 등장하는 중심 소재입니다. 따라서 인터넷의 장점인 fast, efficient, cheaper, convenient 등의 어휘가 들어간 표현들은 따로 익혀두는 것이 좋습니다.

4 How often/ How many[much]/ How long 의문사 의문문

수량이나 횟수 또는 기간을 묻는 질문들로 Part 3에서 자주 등장하는 질문들입니다. 문제 해석이 비교적 쉽기 때문에 답변 구성도 비교적 간단합니다. 질문에서 요구하는 수량이나 숫자를 넣어 답변하면 되므로 답변 방법이 간단한 것입니다.

Q1 How often do you have a haircut?
당신은 얼마나 자주 머리를 자릅니까?

A1 I have a haircut once a month.
저는 한 달에 한 번 머리를 자릅니다.

Q2 How many books do you have?
당신은 얼마나 많은 책들을 갖고 있습니까?

A2 I have more than 500 books.
저는 500권이 넘는 책들을 갖고 있습니다.

Q3 How far is your nearest subway station?
가장 가까운 지하철 역이 얼마나 먼가요?

A3 My nearest subway station is about 10 minutes away from my home.
가장 가까운 지하철 역은 집에서 약 10분 거리에 있습니다.

Check this out

거리를 묻는 질문에 대한 답변 방법은 여러 가지입니다. 특정 장소에서 거리나 시간이 어느 정도 떨어져 있다는 말을 할 때에는 10 minutes away 또는 2km away처럼 away를 써서 말할 수도 있고, '시간이 얼마 걸린다'는 의미의 동사 take를 써서 It takes 10 minutes.와 같이 말할 수도 있습니다.

◆ 답변 완성하기

주어진 어구를 활용하여 우리말 해석에 맞는 답변을 만들어 보세요.　　　🎧 MP3 03-05

1　Q　How often do you exercise? 당신은 얼마나 자주 운동을 합니까?

　　　A　I exercise ________________________________.

　　　　저는 일주일에 세 번 운동을 합니다.

2　Q　How much do you spend on grocery shopping?

　　　　당신은 식료품을 사는 데 얼마를 씁니까?

　　　A　I spend ________________________ on grocery shopping.

　　　　저는 식료품을 사는 데 일주일에 약 100달러를 씁니다.

3　Q　How long does it take you to get to school or work?

　　　　학교나 직장에 가는 데 시간이 얼마나 걸립니까?

　　　A　It takes me ________________________ to get to work.

　　　　직장까지 가는 데 30분 정도 걸립니다.

Answers

1. three times a week
How often ~으로 시작하는 의문사 의문문은 횟수를 묻는 질문입니다. 이때 답변에 횟수를 나타내는 표현인 times를 꼭 넣도록 합니다. 단, '한 번' 또는 '두 번'이라고 할 때는 times를 쓰지 않고 그냥 once 또는 twice라고도 합니다.

2. about $100 per week
답변 시 돈의 단위는 '달러'와 '원' 모두 가능합니다.

3. about 30 minutes
'시간이 걸린다'라는 의미를 전달하고 싶을 때는 동사 take를 씁니다.

Questions 4 & 5
자주 등장하는 be동사, 조동사, 일반동사 의문문.

be동사, 조동사, 일반동사 의문문은 원래 Yes 또는 No만으로 답변이 가능합니다. 그러나 평가자의 입장에서는 Yes나 No만으로 수험자의 영어 실력을 평가할 수 없으므로, 문제에서 요구하는 Yes/No 답변을 한 후, 반드시 부가 정보들을 덧붙여 답변해야 합니다.

Q1 **Do you like to play sports?**
당신은 운동하는 것을 좋아합니까?

A1 **Yes, I do. I play soccer every weekend.**
네, 그렇습니다. 저는 주말마다 축구를 합니다.

Q2 **Are you interested in movies?**
당신은 영화에 관심이 있습니까?

A2 **No, I am not. I am interested in music more than movies.**
아니오, 그렇지 않습니다. 저는 영화보다 음악에 더 관심이 있습니다.

Q3 **Have you been to another country?**
당신은 다른 나라에 가 본 적이 있습니까?

A3 **Yes, I have. I went to France last year.**
네, 그렇습니다. 저는 작년에 프랑스에 갔습니다.

Check this out

Yes/No 답변의 시제는 제시된 질문의 시제와 같아야 하며, 부가 정보를 요구하는 질문에 답변할 때에는 시제가 다양하게 변할 수 있습니다.

답변 완성하기

주어진 어구를 활용하여 우리말 해석에 맞는 답변을 만들어 보세요.

🎧 MP3 03-06

1 Q Do you read newspapers? 당신은 신문을 읽습니까?

A Yes, I do. I read _________________________.

네, 그렇습니다. 저는 매일 신문을 읽습니다.

2 Q Have you tried Japanese food? 당신은 일본 음식을 먹어본 적이 있습니까?

A Yes, I have. I tried _________________________.

네, 그렇습니다. 저는 지난주에 초밥을 먹어봤습니다.

3 Q Are you a student? 당신은 학생입니까?

A No, I'm not. I work at _________________________.

아니오, 그렇지 않습니다. 저는 마케팅 회사에서 일합니다.

A n s w e r s

1. newspapers every day

2. Sushi last week
현재완료 시제로 물어 봤을 때 답변은 질문의 시제와 같게 하되, 과거 얘기를 하려면 반드시 과거 시제로 답해야 합니다.

3. a marketing company
'~에서 근무한다'라는 말을 하고 싶을 때는 'I work at 회사 이름,' 또는 'I work for 회사 이름' 형태로 말합니다.

Question 6
자주 등장하는 질문 유형

1 장단점을 묻는 문제 (Advantage and/or Disadvantage)

특정 대상이나 상황의 장단점을 묻는 문제입니다. 질문에 따라 다르겠지만, 일반적으로 화면에 보이는 질문을 토대로 'The advantage of A is ~' 또는 'The advantage of A is that 주어＋동사'의 형태로 답변합니다.

Q What is the advantage of shopping online?
온라인 쇼핑의 장점은 무엇입니까?

A The advantage of shopping online is that it is cheaper.
온라인 쇼핑의 장점은 그것이 더 싸다는 것입니다.

◆ 답변 완성하기

주어진 어구를 활용하여 우리말 해석에 맞는 답변을 만들어 보세요.　　　　🎧 MP3 03-07

1 Q What is the advantage of learning different languages?
다른 언어들을 배우는 것의 장점은 무엇입니까?

A The advantage of learning different languages is that ______________

______________.

다른 언어들을 배우는 것의 장점은/ 그것이 준다는 것입니다/ 더 많은 기회를/ 소통할/ 사람들과/ 다른 나라에서 온.

2 Q What is the disadvantage of playing online games?
온라인 게임을 하는 것의 단점은 무엇입니까?

A The disadvantage of playing online games is that ______________

______________.

온라인 게임을 하는 것의 단점은/ 사람들이 중독될 수도 있다는 것입니다/ 그것에.

A nswers

1. it gives you more chance to communicate
with people from other countries

2. people could get addicted to it

2 선호하는 것을 묻는 문제 (Which do you prefer ~?)

선호하는 한 가지를 묻는 문제 답변 시 주의해야 할 점은 둘 다 좋다 또는 둘 다 싫다 식의 답변은 피해야 한다는 것입니다. 토익 스피킹 답변에 정답은 없지만, 말하는 입장에서는 둘 중 선호하는 하나를 선택해 답하는 것이 훨씬 쉽습니다. 어떤 것을 선호한다고 답하는 방법에는 'I prefer A to B,' 'I prefer A rather than B' 등이 있지만, 'I prefer -ing' 형태로 답하는 것이 가장 쉽습니다.

Q1 Which do you prefer, shopping online or shopping at a local store?

당신은 온라인 쇼핑을 하는 것과 동네 가게에서 쇼핑하는 것 중 어느 것을 선호합니까?

A1 I prefer shopping online. And there are a few reasons.

저는 온라인 쇼핑하는 것을 선호합니다. 그리고 거기에는 몇 가지 이유가 있습니다.

The first reason is cheaper prices and the second reason is that it is convenient because I can do shopping at home.

첫번째 이유는 더 싼 가격 때문이며, 두번째 이유는 집에서 쇼핑할 수 있어 편하기 때문입니다.

Q2 Which do you prefer, traveling alone or with a group?

당신은 혼자 여행하는 것과 단체로 여행하는 것 중 어느 것을 선호합니까?

A2 I prefer traveling with a group, because there is an opportunity to meet many people.

저는 단체로 여행하는 것을 선호합니다. 왜냐하면 많은 사람들을 만날 기회가 있기 때문입니다.

For example, when I traveled to China last year, I met many kinds of people and I made many good friends.

예를 들어, 제가 작년에 중국을 여행했을 때, 저는 많은 종류의 사람들을 만났고 좋은 친구들도 많이 사귀었습니다.

Therefore, I prefer traveling with in a group.

그래서, 저는 단체로 여행하는 것을 선호합니다.

Check this out

앞서 언급한 대로, Question 6의 문제 답변 방법은 크게 두 가지가 있습니다. 먼저, 유형에 관례 없이 '도입 – 본론 – 마무리'의 큰 형태를 띠며, 본론 부분에서 첫 번째로 〈이유 1+ 이유 2〉, 두 번째로 〈이유 + 부연 설명(근거)〉를 말하는 방법입니다. 답변 시, 첫 번째 방법을 사용하는 것이 훨씬 수월하며 문제의 특성상 두 가지 이유를 말하기 힘들 경우, 논리를 바탕으로 두 번째 방법을 쓰는 게 좋습니다. 부가 설명을 할 때 예를 들거나(for example), 경험을 말하거나(based on one's experience), 알고 있는 정보(according to a newspaper I read the other day)를 제시할 수 있습니다.

 답변 완성하기

주어진 어구를 활용하여 우리말 해석에 맞는 답변을 만들어 보세요.　　　　🎧 MP3 03-08

1 | 본론 | 이유 ❶ + 이유 ❷

Which do you prefer, working alone or working in a group?
혼자 일하는 것과 그룹으로 일하는 것 중 어느 것을 선호하나요?

도입 I prefer working in a group. And the reasons are as followed.
저는 선호합니다/ 그룹으로 일하는 것을./ 그리고 그 이유들은/ 다음과 같습니다.

이유 ❶ The first reason is that ________________________________.
첫 번째 이유는/ 제가 가질 수 있기 때문입니다/ 더 나은 결과를.

이유 ❷ And the second reason is that ________________________________.
그리고 두 번째 이유는/ 제가 끝낼 수 있기 때문입니다/ 일을/ 더 빨리.

마무리 For these reasons, I prefer working in a group.
이러한 이유들 때문에/ 저는 선호합니다/ 그룹으로 일하는 것을.

2 | 본론 | 이유 + 부연 설명(근거)

Which do you prefer, talking on the phone or sending text messages?
전화 통화하는 것과 문자 메시지를 보내는 것 중 어느 쪽을 선호하나요?

도입 I prefer talking on the phone with others.
저는 선호합니다/ 전화 통화하는 것을/ 다른 사람들과.

이유 Because it is ________________________________.
왜냐하면/ 그것이 더 정확한 방법이기 때문입니다/ 의사소통하기에.

부연 설명 For example, my friend and I ________________________________

because ________________________________ my text message.
예를 들어/ 제 친구와 저는/ 말다툼을 했습니다/ 왜냐하면/ 그녀가 오해했기 때문입니다/ 제 문자 메시지를.

마무리 Therefore, I prefer talking on the phone.
그래서/ 저는 선호합니다/ 전화 통화하는 것을.

Answers

1. I can have better results / I can finish the work faster

2. a more accurate way to communicate / had an argument / she misunderstood

3 가장 중요한 것이 무엇인가를 묻는 문제
(What is the most important factor when ~?)

Part 3의 Question 6뿐 아니라 Question 5에도 종종 등장하는 문제로, when ~ 이하 할 때 가장 중요하게 생각하는 것 또는 가장 크게 고려하는 것이 무엇인지를 묻는 질문이 대부분입니다. 이때, 답변은 'The most important factor I consider (when ~) is ~' 형태로 하는 것이 가장 쉽습니다.

Q1 **What** is the most important factor you consider when you buy a mobile phone?

당신이 휴대폰을 살 때 고려하는 가장 중요한 요소는 무엇입니까?

A1 The most important factor I consider when I buy a mobile phone is **the price**.

제가 휴대폰을 살 때 고려하는 가장 중요한 요소는 가격입니다.

Because I am a student, I do not have much money.

저는 학생이어서, 많은 돈이 없기 때문입니다.

Also, I think mobile phones have quite similar functions.

또한, 휴대폰들은 아주 비슷한 기능들을 갖고 있다고 생각합니다.

Therefore, I consider the price most.

그래서, 저는 가격을 가장 고려합니다.

Q2 **What** is the most important thing when you choose a hotel?

당신이 호텔을 선택할 때 가장 중요한 것은 무엇입니까?

A2 The most important thing, when I choose a hotel, is **its location**.

제가 호텔을 선택할 때 가장 중요한 것은 그것의 위치입니다.

The reason is that I want to stay near the city.

그 이유는 도시 가까이에 머물고 싶기 때문입니다.

For example, when I went on a business trip last year, I stayed far from the city, so I had to drive more than one hour whenever I have a meeting.

예를 들어, 제가 작년에 출장갔을 때, 저는 도시에서 멀리 떨어진 곳에 묵었고, 그래서 미팅이 있을 때마다 한 시간 넘게 운전을 해야 했습니다.

Therefore, the most important thing is location.

그래서, 가장 중요한 것은 위치입니다.

답변 완성하기

주어진 어구를 활용하여 우리말 해석에 맞는 답변을 만들어 보세요.　　　MP3 03-09

1 ｜ 본론 ｜ 이유 + 부연 설명(근거)

What do you consider the most when you buy a pair of jeans?
당신이 청바지를 살 때 가장 고려하는 것은 무엇입니까?

도입 The most important thing I consider when I buy a pair of jeans is design.

가장 중요한 것은/ 제가 고려하는/ 청바지를 살 때/ 디자인입니다.

이유 The first reason is that ____.

첫 번째 이유는/ 저는 입고 싶기 때문입니다/ 최신 유행의 옷을.

부연 설명 Because I do not ________________________________ because
I would look strange.

왜냐하면/ 저는 입고 싶지 않기 때문입니다/ 유행 지난 옷은/ 왜냐하면 이상해 보일 것이기 때문입니다.

마무리 Therefore, the most important thing I consider when I buy a pair of jeans is its design. 그래서/ 가장 중요한 것은/ 제가 고려하는/ 제가 청바지를 살 때/ 그것의 디자인입니다.

2 ｜ 본론 ｜ 이유 ❶ + 이유 ❷

What do you consider the most when you buy flowers as a gift?
당신이 선물로 꽃을 살 때 가장 고려하는 것은 무엇입니까?

도입 The most important thing I consider when I buy flowers as a gift is its meaning. 가장 중요한 것은/ 제가 고려하는/ 꽃을 살 때/ 선물로/ 그것의 의미입니다.

이유 ❶ The first reason is that I do not want to ________________________
________________________________.

첫 번째 이유는/ 저는 원하지 않기 때문입니다/ 주는 것을/ 잘못된 인상을/ 다른 사람들에게.

이유 ❷ And the second reason is that people will be happier ____________________
________________________________.

그리고 두 번째 이유는/ 사람들이 더 행복해질 것이기 때문입니다/ 만약 그들이 안다면/ 꽃들의 의미를/ 그들이 받은.

마무리 For these reasons, I consider ____________________________.

이런 이유들 때문에/ 저는 고려합니다/ 꽃들의 의미를/ 가장 많이.

Answers

1. I want to wear trendy clothes / want to wear outdated clothes

2. give the wrong impression to other people / if they know the meaning of the flowers they received / the meaning of flowers the most

4 How 의문사 의문문

방법을 묻는 문제가 대부분인 How 의문사 의문문은 Part 3 출제 문제들 가운데 가장 난이도가 높은 문제 중 하나입니다. 문제에서 원하는 질문이 방법이나 수단을 묻는 질문일 경우, 전치사구 by -ing를 쓰면 간단하게 답변할 수 있습니다.

Q1 **How** can the working condition be improved?
어떻게 하면 근무 환경이 개선될 수 있을까요?

A1 I think the working condition can be improved **by providing more break time or holidays.**
저는 더 많은 휴식 시간과 휴가를 제공함으로써 근무 환경이 개선될 수 있다고 생각합니다.

The first reason is that people will perform better after they have enough break time.
첫 번째 이유는, 사람들은 충분한 휴식 시간을 가진 뒤에 일을 더 잘할 수 있기 때문입니다.

The second reason is that nowadays, people need more break time because of their stress from work.
두 번째 이유는, 요즘에는 사람들이 직장에서 받는 스트레스로 인해 더 많은 휴식 시간이 필요하기 때문입니다.

For these reasons, I think the working condition can be improved by providing more break time or holidays.
이런 이유들 때문에, 저는 더 많은 휴식 시간과 휴가를 제공함으로써 근무 환경이 개선될 수 있다고 생각합니다.

🔷 답변 완성하기

주어진 어구를 활용하여 우리말 해석에 맞는 답변을 만들어 보세요.　🎧 MP3 03-10

1　❘ 본론 ❘　이유 + 부연 설명(근거)

How do you prepare for an important exam?
당신은 중요한 시험에 어떻게 대비하나요?

도입　I prepare for an important exam by studying for one hour every day.

저는 대비합니다/ 중요한 시험에/ 공부함으로써/ 매일 한 시간씩.

이유　Because _________________________________ to get the best result.

왜냐하면/ 그것이 가장 효율적인 방법이기 때문입니다/ 최선의 결과를 얻기 위한.

부연 설명　Based on my experience, I had my best grade _________________________

_________________________ for my final exam.

제 경험에 비추어보면/ 저는 가장 좋은 점수를 받았습니다/ 제가 공부했을 때/ 매일 한 시간씩/ 기말 고사를 위해.

마무리　Therefore, I prepare for an important exam by studying for one hour every

day. 그래서/ 저는 대비합니다/ 중요한 시험에/ 공부함으로써/ 매일 한 시간씩.

Answers

1. it is the most efficient way / when I studied for one hour every day

PART **4**
Respond to Questions Using Information Provided

주어진 자료를 활용하여 질문에 답하기

빠른 요약 정보

문항 수 3문항 (Questions 7~9)

시험 시간 준비 시간 **30초**

문항 번호	Q7	Q8	Q9
답변 시간	15초	15초	30초

시험 내용 주어진 표(information)를 30초 동안 본 뒤, 표와 관련된 3개의 문제를 듣고 답변해야 합니다. 각 문제의 답변 시간은 15초, 15초, 30초이며, 3개의 문제가 끝날 때까지 표는 계속 화면에 떠 있습니다. 아직 일어나지 않은 일의 일정을 묻는 질문 또는 반복적으로 진행되고 있는 일에 관한 정보를 묻는 질문이 대부분이므로, 미래 시제나 현재 시제로 답변하면 됩니다.

주제 범위 세미나/회의 일정표, 여행 일정표, 강의 시간표, 호텔 예약표, 임대 가능 물품 리스트, 세탁물 가격표 등

Tip 표를 제외한 Questions 7~9의 문제는 화면에 제시되지 않으므로 문제를 주의 깊게 들어야 합니다. Part 4에 두려움이 있는 수험생들의 경우, 주어진 30초의 시간 안에 화면에 떠 있는 표를 완벽하게 숙지하는 훈련을 꾸준히 한다면 문제를 듣고 푸는 데 많은 도움이 됩니다.

Part 4는 화면에 주어진 자료를 보고 그와 관련된 3개의 질문에 답하는 파트입니다. 자료는 화면에 제시하고 질문은 음성으로 들려주기 때문에 짧은 시간 내에 자료 읽는 능력과 듣기 능력, 말하기 능력 모두를 테스트하는 파트이기도 합니다. 그래서 그 무엇보다 주어진 자료, 즉 표를 분석하는 것이 중요한데요. 표에서 특히 어떤 부분들을 중점적으로 봐야 하는지 잘 알아두기 바랍니다.

표에 담긴 정보 파악하기

Part 4에 등장하는 표(information)는 회의 일정표에서부터 여행 일정표, 대중 교통 시간표, 세탁소의 가격표에 이르기까지 그 종류가 셀 수 없이 많습니다.

준비 시간 30초 안에 주어진 표 안에 있는 내용을 얼마나 많이 이해할 수 있는지가 가장 중요한 포인트라 해도 과언이 아닙니다. 특히 음성으로 들려주는 각 question의 내용이 잘 안 들리는 학습자의 경우, 30초 안에 표를 최대한 효율적으로 파악할 수 있는 방법을 찾아내야 합니다. 표를 100% 이해할 수 있다면 문제도 훨씬 잘 들리겠죠.

그 동안의 토익 스피킹 시험 출제 패턴을 보면, 일정과 장소, 그리고 별표 같은 눈에 띄는 특이 사항들이 자주 출제됐으니 참고하세요. 또한, 제목은 표의 주제나 다름 없으므로, 표의 전반적인 의도와 내용을 이해하려면 꼭 확인하고 넘어갑시다.

다음은 Part 4 문제에서 가장 흔히 볼 수 있는 표(information)의 샘플입니다.

A영역 이 표의 제목입니다. 제목에는 종종 행사 주제에 대한 힌트가 포함되어 있으며, 주로 9번 문제와 관련된 내용이 등장합니다.

B영역 행사 장소와 시간 같은 일정 관련 정보들이 등장합니다. 7번 문제에 단골로 등장하는 행사 장소와 시간을 묻는 문제에 대한 답이 위치해 있는 곳이기도 합니다. 따라서 30초의 표 읽을 시간 동안 영어로 시간과 장소를 읽는 법을 습득해 두어야 합니다.

C영역 구체적인 행사 일정이나 기타 자세한 내용 등이 포함되어 있는 부분으로, 주로 8번이나 9번 문제와 관련된 답변 내용이 포함됩니다. 특히 9번 문제의 경우, 일정한 순서로 정보를 나열해야 하는 문제가 자주 등장하므로 답변 시 문장의 주어와 동사를 잡아 주는 훈련이 필요합니다.

D영역 특이 사항으로, 주로 Question 8이나 9와 관련된 내용이 등장합니다. 특이 사항은 별표(*)나 취소선 표시(Lunch) 등으로 자주 등장하며, 관련 문제가 거의 늘 문제로 출제되니 특히 주의해서 봐야 합니다.

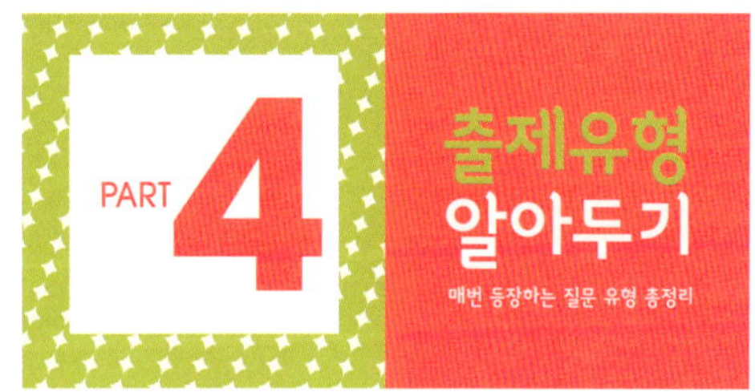

Question 7
자주 출제되는 문제 유형

Question 7은 장소나 시간 또는 일정을 묻는 질문(When and where ~)이 약 80% 이상이라고 해도 과언이 아닙니다. 때때로 행사 제목이나 사람에 대한 질문이 등장하기도 합니다. 한 문장에서 두 가지 정보를 묻는 문제도 많이 출제되는데, 이때 두 가지 답을 다 해줘야 고득점을 얻을 수 있습니다. 장소, 일정 등을 묻는 질문이 대부분이므로, 문제 특성상 답변의 시제는 현재 또는 미래 시제가 대부분입니다.

답변 패턴

일정 말하기: 행사 등이 (언제) 열릴 것이다, 시간이 ~만큼 걸릴 것이다

▸ It will be on + 요일, 월, 일(서수), 연도

▸ It will be held on + 요일, 월, 일(서수), 연도

▸ It will take place on + 요일, 월, 일(서수)

▸ It will arrive in + 장소 at + 시간

▸ It will take + 시간의 양: ~만큼의 시간이 걸릴 것이다

Example

The event will take place on Aug. 19th. 그 행사는 8월 19일에 열릴 것입니다.

장소, 시간, 날짜 정보 한 문장으로 말하기

He will arrive in New York at 3:00 p.m. on Oct. 13th and the flight will take about 9 hours.

그는 10월 13일 오후3시에 뉴욕에 도착할 것이며, 비행은 9시간 정도 걸릴 것입니다.

시간 말하기: 행사 등이 (시간)에 시작할 것이다

▸ It will start at + 시간 and finish at + 시간

Example **시간과 장소 앞에 오는 전치사 at**

The ceremony will be held at the Grand Ballroom and it will start at 6:30 p.m.

그 행사는 Grand Ballroom에서 열릴 것이며 오후 6시 30분에 시작될 것입니다.

장소 말하기: 행사 등이 (장소)에서 열릴 것이다

▸ It will be held at + 장소 in 장소

Coaching　두 개의 장소가 연달아 올 때 일반적으로 at 뒤에는 작은 장소가, in 뒤에는 큰 장소가 옵니다. 이때 전치사 at과 in에 관련된 정보는 Part 3를 참고하세요.

Example

It will be held at Meeting Room 2 in the main building at 4 p.m. on November 1st in 2013.

그것은 2013년 11월 1일 오후 4시에 본관에 있는 2번 회의실에서 열릴 것입니다.

행사 진행:

▸ It will be presented by + 사람 이름: ~에 의해 (행사 등)이 진행될 것이다

Coaching　presented 대신 addressed, taught, spoken, led, conducted 등도 가능한 표현들입니다.

▸ He/She will talk about + 제목 또는 주제: 연사가 ~에 대해 말할 것이다

Coaching　제목이나 주제는 표에 있는 내용 그대로 읽어도 무관하며, talk 대신 discuss, make a speech 등도 가능한 표현들입니다.

Example

The presentation will be led[conducted, addressed, given, presented] by Ms. Gonzales.

그 프레젠테이션은 Gonzales 씨에 의해 진행될 것입니다.

M o d e l   R e s p o n s e

먼저 배운 단골 표현과 전치사를 생각하며 Model Response를 살펴보세요.

🎧 MP3 04-01 ⏱ 표 읽는 시간 **30**초 + 각 답변 시간 **15**초

Funground Children's Park Grand Opening

Date: Wed. Sep. 18

Location: ASAM Tower, 15th Floor

Schedule

9:00	Welcome Speech, Regional Manager Ms. Hahn
9:30	Grand Opening Ceremony, Cedric Smith
10:00	Tour of Facility, Jamie Chan
11:00	Recess*
11:30	Presentation on Expected Sales Revenue
12:30	Closing Remarks, Regional Manager Ms. Hahn

* Refreshments including tea, coffee and snacks will be provided.

Q1 When is the Grand Opening event being held and where?

A1 그것은 열릴 것입니다/ Wed. Sep 18 in ASAM Tower on the 15th floor.

➡ It will be held/ on Wed. Sep 18/ in ASAM Tower/ on the 15th floor.

Coaching 언제, 어디서 행사가 열리는지를 묻는 문제는 Question 7의 단골 문제입니다. 요일, 날짜, 시간, 장소 앞에 오는 전치사를 꼭 확인하세요.

Q2 Who is going to lead the last session of this event?

A2 마지막 세션은/ 진행될[이끌어질] 것입니다/ by Ms. Hahn, the regional manager.

➡ The last session/ will be conducted[led]/ by Ms. Hahn, the regional manager.

Coaching 어떤 사람에 의해 행사가 진행된다고 말하고 싶을 때, 사람 이름 앞에 '~에 의해서'라는 의미의 전치사 by를 씁니다.

Q3 What time do we look around the facility and who is going to lead it?

A3 그것은 이끌어질[이루어질] 것입니다/ by Jamie Chan at 10.

➡ It will be led[conducted]/ by Jamie Chan/ at 10.

Coaching When은 일정(시간 포함)을, What time은 시간을 묻는 질문이므로 혼동하지 마세요. When ~으로 물었을 때 날짜 등의 일정 관련 정보가 있는데도 불구하고 시간만으로 대답하면 정답이 아닙니다.

 답변 완성하기

주어진 어구를 활용하여 우리말 해석에 맞는 답변을 만들어 보세요.　　🎧 MP3 04-02

Mega Health Community Swimming Club

Open 10 a.m. ~ 9 p.m., Mon-Thu

July - Aug. Schedule

Women's Aerobics	Mondays	10:00 AM
Women's Yoga	Tuesdays	11:30 AM
Children's Swimming	Wednesdays	1:00 PM, 3:00 PM
Men's Swimming	Thursdays	7:00 PM, 8:30 PM

Q1 When do you open during July and August?

A1 저희는 엽니다/ 오전 10시부터 오후 9시까지,/ 월요일부터 목요일까지/ 7월과 8월 동안에.

◐　　　　　　　　　　　　　　　　　　　　　　　　　　　답변 시간 **15**초

> **Coaching**　'A부터 B까지'. 기간을 나타내는 표현 from A to B는 문장에서 여러 번 쓰일 수 있습니다.

Q2 I am the mother of two children and I am very interested in women's aerobics and yoga classes. When are these classes?

A2 여성 에어로빅 수업은 열릴 것입니다/ on Mondays at 10 a.m. and/ 여성 요가 수업은 열릴 것입니다/ on Tuesdays at 11:30 a.m.

◐　　　　　　　　　　　　　　　　　　　　　　　　　　　답변 시간 **15**초

> **Coaching**　요일 뒤에 –s가 붙은 이유는 매주 월요일 또는 목요일이라는 의미입니다.

Q3 My husband is trying to lose some weight. Can you tell me what time the men's swimming class is?

A3 남성 수영 수업은 열릴 것입니다/ on Thursdays at 7 p.m. and 8:30 p.m.

◐　　　　　　　　　　　　　　　　　　　　　　　　　　　답변 시간 **15**초

A n s w e r s

A1. We open/ from 10 a.m. to 9 p.m.,/ from Monday to Thursday/ during July and August.

A2. The women's aerobic class will be held/ on Mondays at 10 a.m./ and/ the women's yoga class will be held/ on Tuesdays at 11:30 a.m.

A3. The men's swimming class will be held/ on Thursdays at 7 p.m. and 8:30 p.m.

Question 8
자주 출제되는 문제 유형

Question 8은 표에 나와 있는 정보를 토대로 주어진 내용이 맞는지 확인하는 문제가 대부분이므로, 주로 일반 의문문이나 확인 의문문으로 묻는 문제가 출제됩니다. 질문을 잘 듣고 확인하려는 정보에 대해 '맞다', '아니다'로 답한 뒤, 표에 있는 정확한 정보를 답변에 포함시키면 됩니다.

답변 패턴

질문 내용이 표에 있는 정보와 다를 경우 쓰는 표현

I am sorry but you have the wrong information.
죄송하지만 잘못된 정보를 갖고 계시네요.

I am afraid not.
그렇지 않은 것 같습니다.

I think you have incorrect information.
잘못된 정보를 갖고 계신 것 같습니다.

+ 표에 있는 정확한 내용 말하기

Coaching '표에 있는 정확한 내용 말하기'란 말 그대로 표에 있는 내용을 그대로 반복하는 것입니다. 단, 주어와 동사가 정확하게 명시되어 있지 않은 경우 적절한 주어와 동사를 넣어 문장을 만들어 답변해야 합니다.

질문 내용이 표에 있는 정보와 같을 경우 쓰는 표현

That is correct.
맞습니다.

Yes, you are right.
네, 맞습니다.

+ 표에 있는 정확한 내용 다시 반복하기

먼저 배운 단골 표현과 전치사를 생각하며 Model Response를 살펴보세요.

MP3 04-03 ⏱ 표 읽는 시간 **30**초 + 각 답변 시간 **15**초

On-the-Go Tour
32 Ashmore St. Miami Beach

Itinerary for Mr. J. Williamson

Flight No.	Departing	Arriving	Duration	Class
KJL 4534	Los Angeles 10:20 Oct. 1	Bangkok 21:45 Oct. 1	15 hours	First
KJL4332	Bangkok 13:00 Oct. 5	Beijing 17:25 Oct. 5	5 hours	Business
KJL 4324	Beijing 12:00 Oct. 10	Los Angeles 7:30 Oct. 11	17 hours	First

---

Q1 Mr. Williamson will be using first class through his business trip this time, right?

A1 아니오,/ 당신은 잘못된 정보를 갖고 있습니다./ 그는 사용할 것입니다/ 1등석을/ from LA to Bangkok and from Beijing to LA.

◐ No,/ you have the wrong information./ He will use/ first class/ from LA to Bangkok and from Beijing to LA.

Q2 Mr. Williamson is going to stay in Bangkok to transfer only, is this correct?

A2 죄송하지만/ 잘못된 정보를 갖고 계십니다./ Williamson 씨는 방콕에 머물 것입니다/ 5일 동안.

◐ I am sorry/ but you have the wrong information./ Mr. Williamson will stay in Bangkok/ for 5 days.

> **Coaching** '5일 동안'이라고 말하고 싶을 때 기간 앞에 전치사 for를 쓰는 것을 꼭 기억하세요.

Q3 I heard that Mr. Williamson will be back to Los Angeles on Oct. 11th, am I right?

A3 네, 맞습니다./ 그는 도착할 것입니다/ LA 공항에/ 10월 11일 오전 7시 30분에.

◐ Yes, you are right./ He will arrive/ at LA airport/ on Oct. 11th at 7:30 a.m.

> **Coaching** 일반적으로 공항(airport) 앞에는 전치사 at이 옵니다.

 답변 완성하기

주어진 어구를 활용하여 우리말 해석에 맞는 답변을 만들어 보세요.　　　　　🎧 MP3 04-04

Bio Technology Seminar in 2016

July 3, 9 a.m. ~ 5 p.m.

Main Conventional Hall, NCI University

09:00 – 10:00	Welcome and Introduction
10:00 – 12:00	Overview of Today's Bio Technology*
12:00 – 13:00	Lunch**
13:00 – 14:00	~~Panel Discussions~~
14:00 – 15:00	Question and Answer Sessions

* Lists of presenters will be advised at the event
** Lunch will not be provided but is available at a cafeteria

---

Q1 I heard that there will be a panel discussion this year as well. Can you tell me who will be appearing?

A1 I am sorry but you have the wrong information./ 그것은 **취소되었습니다.**

　➡　　　　　　　　　　　　　　　　　　　　　　　　　　　　　　　　　답변 시간 15초

Q2 Someone told me you are going to provide lunch. Can you tell me about the menu?

A2 I am sorry but you have the wrong information./ 점심 식사는 ~않을 것입니다/ 제공되지/ 하지만 그것(점심)을 살 수 있습니다/ 구내 식당에서.

　➡　　　　　　　　　　　　　　　　　　　　　　　　　　　　　　　　　답변 시간 15초

Q3 I checked the schedule for this seminar the other day and I remember there is a Q and A session, is that right?

A3 Yes./ 질의 응답 시간은 열릴 것입니다/ 오후 2시부터 오후 3시까지.

　➡　　　　　　　　　　　　　　　　　　　　　　　　　　　　　　　　　답변 시간 15초

Answers

A1. It is cancelled. (또는 It has been cancelled.)
A2. Lunch will not be provided./ However, it is available/ at a cafeteria.

A3. The question and answer session will be held/ from 2 p.m. to 3 p.m.

Question 9
자주 출제되는 문제 유형

Question 9은 특정 정보를 기준으로 두 가지 이상의 정보를 나열해야 하는 문제들이 자주 출제됩니다. 이때, 총 몇 개의 정보를 나열할 것인지 개요를 잡아준 뒤, first, second 같은 부사를 사용해 표에 있는 정보를 읽어주면 충분히 좋은 답변이 될 수 있습니다. Question 9의 대표적인 질문은 점심 시간을 기준으로 오후나 오전 일정에 대해 나열하도록 하는 질문이며, 아주 드물게 주어진 표의 전체 주제에 대해 묻는 질문이 출제되기도 합니다.

답변 패턴

행사 관련 정보 나열하기

▸ There will be ~.: ~ (행사 등이) 있을 예정입니다.

Example

There will be three programs before lunch.

점심 식사 전에 3가지 프로그램이 있을 예정입니다.

There are two types of events after the keynote address.

기조 연설 후 두 종류의 행사가 있습니다.

시간 말하기

▸ He will start his speech at + 시간: 그는 (언제) 그의 연설을 시작할 것이다
▸ The presentation will last + 시간의 양: 그 프레젠테이션은 (얼마 동안) 지속될 것이다

Example

Mr. Robins will start his speech at 6 p.m. and his presentation will last[take] about 30 minutes.

Robins씨의 연설은 오후 6시에 시작될 것이며, 그의 프레젠테이션은 약 30분간 계속될[걸릴] 것입니다.

가격(요금) 정보 말하기

▸ It costs + 가격: 가격이 (얼마)입니다.
▸ We charge + 가격: 가격이 (얼마)입니다.

Example

It costs $13.00 per adult and $8.00 per child.

가격은 어른 1인당 13달러, 아이 1인당 8달러입니다.

We charge $189.00 per night.

하룻밤에 189달러입니다. / 우리는 하룻밤에 189달러를 청구합니다.

표의 전반적인 주제 말하기

‣ The overall topic is 표의 제목 and there will be ~.: 전반적인 주제는 (표의 제목)이며, ~이 있을 예정입니다.

Example

The overall topic is customer relations and there will be three seminars you can attend.

전반적인 주제는 고객 관계이며, 참석하실 수 있는 3개의 세미나가 있을 예정입니다.

먼저 배운 단골 표현과 전치사를 생각하며 Model Response를 살펴보세요.

🎧 MP3 04-05 ⏱ 표 읽는 시간 **30**초 + 각 답변 시간 **30**초

Ms. Pam Ryan
Itinerary for Trip to Japan

Mar. 5	Arrive at Tokyo Airport at 10:00
	Lunch with CEO Mr. Tanakawa at 12:30
	Attend marketing meeting at the office at 4:00
Mar. 6	Facility tour at 10:00
	Business meeting with Marketing Director Mr. Yoshi at 11:30
	Lunch at 12:40
	Visit warehouse in Tokyo at 2:00
	Back to hotel at 5:00
Mar. 7	Breakfast meeting with Marketing Director Mr. Yoshi at 7:40
	Leave for New York at 1:00

Q1 I heard that Ms. Ryan will start her schedule on the day she arrives. Can you please tell me about the schedule?

A1 2개의 약속이 있습니다./ 첫 번째는 ~입니다/ lunch with CEO Mr. Tanakawa at 12:30 and/ 두 번째는 ~입니다/ attending a marketing meeting at the office at 4:00.

➡ There are two appointments./ The first one is/ lunch with CEO Mr. Tanakawa at 12:30 and/ the second one is/ attending a marketing meeting at the office at 4:00.

Coaching 도착(arrival)은 일정이라고 보기 어렵기 때문에 개요 개수에 포함하지 않습니다.

Q2 I think she is going to be way too busy on the second day. Could you give me details about her schedule on March 6?

A2 다섯 개의 약속(일정)이 있습니다/ 점심 식사를 포함해서./ 첫 번째로 ~이 있습니다/ a facility tour at 10./ 두 번째로 ~이 있습니다/ a meeting with Marketing Director Mr. Yoshi at 11:30 a.m./ 세 번째로 그녀는 먹을 것입니다/ lunch at 12:40./ 네 번째는 ~입니다/ a visit to a warehouse in Tokyo at 2./ Finally,/ 그녀는 ~될 것입니다/ back to the hotel at 5.

➡ There are five appointments including lunch. Firstly, there is/ a facility tour at 10./ Secondly, there is/ a meeting with Marketing Director Mr. Yoshi at 11:30 a.m. Thirdly, she will have/ lunch at 12:40./ The fourth one is/ a visit to a warehouse in Tokyo at 2./ Finally,/ she will be/ back to the hotel at 5.

Coaching Question 9에 답변할 때는 표에 주어진 문장 그대로를 읽어서 답변을 구성해도 무방합니다. 다만, Level 7 이상의 고득점을 목표로 한다면 동의어 등을 사용해 어휘를 바꾸어 문장을 만드는 것이 좋습니다.

 답변 완성하기

주어진 어구를 활용하여 우리말 해석에 맞는 답변을 만들어 보세요.　　　🎧 MP3 04-06

Kstar City Tour

Two Days Package Tour in Seoul

Cost: $120 per adult and $80 per child

Day One:　Visit Aquarium in 63 Building

Buffet lunch at a restaurant in 63 Building

Tour of palaces in Seoul

Day Two:　Famous movie spot tour in the city

Tour of well-known Korean shopping places

(Night market and free shopping for 2 hours)

Note:

1. The costs of lunch and dinner are not included.

2. For your own convenience, please bring an extra jacket or coat.

Q1 I think I lost the information you sent me through the fax. Since I did not have a chance to look at the information thoroughly, can you please explain to me about what was in it?

A1 전반적인 주제는 ~입니다/ Two Days Package Tour in Seoul./ 그것의 가격은 $120 per adult and $80 per child.

첫날의 행사는 포함합니다/ 3가지 프로그램을./ 첫 번째는 ~입니다/ a visit to the Aquarium in 63 Building,/ 두 번째는 ~입니다/ a buffet lunch at a restaurant in 63 Building and/ 세 번째는/ a tour of palaces in Seoul.

또한, 둘째 날의 행사는 포함합니다/ 2가지 프로그램을./ 첫 번째는 ~입니다/ a famous movie spot tour in the city/ 그리고 마지막으로 있습니다/ a tour of well-known Korean shopping places.

답변 시간 **30**초

Q2 Since I've never been to Korea or this kind of tour package, is there anything I have to be aware of?

A2 두 가지가 있습니다/ 당신이 알아야 할 것들이.

첫 번째는,/ the costs of lunch and dinner are not included.

두 번째는,/ for your own convenience,/ 당신은 가져올 필요가 있습니다/ an extra jacket or coat.

답변 시간 **30**초

--- **A** n s w e r s

A1. The overall topic is/ Two Days Package Tour in Seoul./ It costs $120 per adult and $80 per child.
The Day One event includes/ three programs./ The first one is/ a visit to the Aquarium in 63 Building,/ the second one is/ a buffet lunch at a restaurant in 63 Building/ and the third is/ a tour of palaces in Seoul.
Also, the second day event includes/ two programs./ The first one is a famous movie spot tour in the city/ and finally there is / a tour of well-known Korean shopping places.

A2. There are two things/ that you need to be aware of.
Firstly,/ the costs of lunch and dinner are not included./ Secondly,/ for your own convenience,/ you need to bring/ an extra jacket or coat.

PART 5
Propose a Solution

해결 방안 제시하기

Part 5에 관한

빠른 요약 정보

문항 수 1문항 (Question 10)

시험 시간 ⏱ 음성 듣기 약 1분
준비 시간 **30**초 + 답변 시간 **60**초

시험 내용 문제가 시작되면 전화 메시지가 들립니다. 서로 통화를 하는 것이 아니라, 남겨진 음성 메시지를 듣고 문제점을 확실히 파악한 후, 해결책을 제시하는 것이 과제입니다. 문제 음성은 1분 남짓이며, 문제 음성이 끝난 뒤 준비 시간이 30초 주어지고 답변 시간은 60초입니다.

주제 범위 제품 또는 서비스 불만 문의, 제품 배송 지연, 자료 분실, 숙소 예약, 미팅 일정 논의, 출장 등 비즈니스 상황에서 생길 수 있는 다양한 문제 상황들을 다룸

Tip Part 5의 음성을 들을 때는 너무 세부적인 내용보다는 음성 메시지가 요구하고 있는 사항이 무엇인지에 초점을 맞춰 들어야 합니다. 주어진 문제 상황이 무엇인지, 또 그 문제 상황을 해결하기 위해 어떤 해법을 제시할 것인지를 생각하면서 들으세요.

Part 5는 듣기 실력이 부족한 학습자들이 가장 힘들어하는 파트입니다. 하지만, 문제 내용을 들으면서 동시에 문제를 풀어야 하는 TOEIC LC와는 달리 전반적인 내용을 듣고 문제점을 한두 문장으로 요약하는 훈련을 하면 별 무리 없이 문제를 해결할 수 있으며, 전체적인 듣기 난이도도 TOEIC LC보다는 낮습니다.

Part 5에서 좋은 점수를 받고 싶다면 다음 사항들을 꼭 기억해 두세요.

1 Formal한 영어로 말하는 것을 습관화하세요.

문제 해결을 원하는 사람과 해결책을 제시해야 하는 여러분의 관계는 이를테면 직장 상사와 부하 직원, 친구 사이, 동료 사이, 구매자와 판매자의 관계라고 보면 됩니다. 하지만 토익 스피킹은 비지니스 영어가 기반이므로, 회사 업무와 관련된 해결책을 원하는 Part 5에서는 보다 formal한 영어 말하기를 추천합니다.

2 이름을 기억해 뒀다가 답변할 때 언급하세요.

Part 5의 상황은 전화 통화가 아니라 남겨진 음성 메시지를 듣고 해결책을 마련해 다시 음성 메시지로 남기는 상황입니다. 위에서 말했듯, 업무와 관련된 내용이 대부분인 만큼 간단한 첫인사와 함께 메시지를 남긴 사람의 이름과 메시지를 남기는 상대, 즉 여러분의 이름도 함께 언급하면 됩니다.

만약 이름을 듣지 못했다면, 남자일 경우 Mr. 또는 Sir라 칭하고, 여자일 경우 Ma'am 또는 Miss라 칭합니다. 간혹, 친구 사이 또는 선후배 사이 등의 상황 설정으로 Sir나 Miss 같은 존칭을 쓰지 않고 비교적 자유롭게 답변해야 하는 경우도 있으니 주의하세요.

3 끊기지 않게 말하세요.

전화 녹음 메시지를 남기는 상황인 만큼 내용과 내용 사이에 긴 pause를 두는 것은 좋지 않습니다. 다음 내용이 잘 생각나지 않을 경우, Umm... 이나 Well... 또는 You see... 등 적절한 추임새로 내용과 내용 사이의 빈 공간을 메워 주는 것도 좋은 방법입니다.

시험에 자주 출제되는 Part 5의 유형은 크게 두 가지로, 불만 제기 유형과 도움/조언 요청 유형이 있습니다.

Question 10
불만 제기 유형 문제 듣기

다음은 불만 제기 유형 문제의 샘플 스크립트입니다. 가능하면 지문을 보지 말고 들어 보세요.　　　🎧 MP3 05-01

Hi, ❶ this is Joanne. I am calling you because I heard that you are the right person to talk to about this issue. ❷ I bought a vacuum cleaner at a city branch. Well, I was very surprised by the kind staff at the store and they really helped me through many questions and demands. Of course I bought one of the vacuum cleaners they recommended but I did not bring my car so I had to ask them to send it to my place. And I received it last night and I used it for the first time this morning. ❸ But the problem is that the vacuum cleaner is not working. I don't know why because it worked perfectly at the store. And the thing is, I have a housewarming party tomorrow evening and I really need to clean my room before the party. Can you do something about it? You can call my cell at anytime. Bye.

안녕하세요. Joanne입니다. 당신이 이 문제에 대해 상의할 적임자(담당자)라고 들어 전화 드리는 것입니다. 시내의 한 지점에서 진공 청소기를 샀습니다. 친절한 가게 직원들 때문에 정말 놀랐습니다. 그들은 저의 많은 질문과 요구에 많은 도움을 주었습니다. 물론 그들이 추천한 진공 청소기를 샀는데, 제가 차를 가져 가지 않아 저희 집으로 보내달라고 부탁해야 했습니다. 그리고 어젯밤에 물건을 받아 오늘 아침에 처음 사용해 보았습니다. 그런데 문제는 진공 청소기가 작동하지 않는다는 겁니다. 가게에선 완벽히 작동했었기 때문에, 이유가 뭔지 모르겠네요. 그리고, 저는 내일 저녁에 집들이를 하기로 되어 있어, 그 전에 반드시 집 청소를 해야 한답니다. 어떻게 조치를 좀 취해 주실 수 없을까요? 제 휴대폰으로 아무 때나 전화 주시면 됩니다. 안녕히 계세요.

❶ This is Joanne.

Part 5의 상황은 전화 통화를 하는 것이 아니라 남겨진 메시지를 듣고 답변을 하는 형식입니다. 따라서 문제 음성에는 반드시 메시지를 남기는 사람 이름이 문제 시작이나 끝에 포함되니 주의해서 들어야 합니다. 답변 시 메세지를 남긴 사람의 이름을 언급하는 것이 하지 않는 것보다 고득점에 도움이 됩니다. 메시지를 남기는 사람들은 크게 세 종류로 나눌 수 있습니다. full name 즉, 이름과 성을 모두 남기는 사람, 성(family name)만 남기는 사람, 마지막으로 이름 (first name)만 남기는 사람이 있는 것입니다. 자신의 이름(first name)만 남길 경우 그 앞에 타이틀(Mr. 또는 Miss 등)은 붙이지 못합니다.

❷ I bought a vacuum cleaner at a city branch. Well, ~

문제의 배경입니다. 무슨 일이 있었는지에 대한 전반적인 설명이 나오는 부분이며, 답변 시 주의해야 할 특이 사항(배송 날짜 지정 등)이 언급될 수 있습니다. 별다른 특이 사항이 없다면 전반적인 내용만 이해하고 지나가도 좋습니다. 단, 문제에서 들었던 단어나 표현을 답변에 포함시켜 높은 문제 이해도를 보여주는 것도 고득점 획득에 도움이 됩니다.

❸ But the problem is that ~

문제를 푸는 데 가장 중요한 부분이라고 할 수 있습니다. 일반적으로 앞의 내용을 반전시킬 때 등장하는 단어나 표현인 but, however, the thing is, the problem is that, you know, 등의 뒤에 나오는 내용은 화자가 제기하는 문제점을 한두 문장으로 요약하는 데 꼭 필요한 부분입니다. 문제점 요약과 개개인의 답변이 합해져 Part 5의 답변이 완성됩니다. 문제점을 한두 문장으로 요약하는 방법은 답변하기에서 자세히 다룹니다.

불만 제기 유형 답변하기

Part 5의 유형별 답변 템플릿을 공부하기 전에 꼭 알아 두어야 할 사항이 몇 가지 있습니다.

다음 템플릿은 샘플 모범 답안 중 하나일 뿐입니다.

예를 들어, 같은 문제의 음성을 100명이 들었다 가정해 봅시다. 100가지 100점 답안이 나올 확률은 분명히 있습니다. 즉, 다음 템플릿을 100% 적용하지 않아도 충분히 고득점을 받을 수 있다는 이야기입니다.

다만, 영어 말하기나 TOEIC Speaking을 처음 접하는 학습자들의 경우에는 다음 템플릿만 잘 숙지해서 답변 만드는 훈련을 한다면 좋은 결과를 기대할 수 있을 것입니다.

그래도 최소한 다음 두 템플릿은 반드시 완벽하게 암기하고 넘어가세요.

사춘기를 지나 영어 말하기를 공부하는 사람들은 memorization 즉, 암기가 바탕이 되어야 말하기가 가능해집니다. 따라서, 1분이라는 시간 동안 영어로 논리적인 해결책을 제시해야 하는 Part 5에 답변하려면 기본적인 답변 템플릿 정도는 완벽하게 외우고 있어야 합니다.

Response Template	**불만 제기 유형 모범 답변 템플릿**

첫인사
Hello, Mr./Miss 고객 이름(성 또는 full name).
This is 본인 이름 from Customer Service Department.
안녕하세요, ~씨.
저는 고객 서비스 부서의 ~라고 합니다.

문제 상황 전리
I received your message saying that you have a problem with 명사(구): 문제 상황 어휘(들).
You said that 주어 + 동사: 문제 상황 자세히 설명.
I would like to apologize for any inconveniences this has caused.
고객님께 (문제 상황)과 관련된 문제가 있다는 메시지를 받았습니다.
(문제 상황)이라고 말씀하셨는데요.
그로 인해 생긴 불편에 대해 사과 드리고 싶습니다.

문제의 원인 설명
The problem occurred because 주어 + 동사: 원인 OR because of 명사(구): 원인.
이 문제는 (원인) 때문에 발생했습니다.

해결책 제시
But the good news is that 주어 + 동사: 해결책 제시.
하지만 좋은 소식은 (해결책)입니다.

부연 설명
As compensation, we will give you 추가 보상책(할인 등)
보상으로, (추가 보상책)을 드리겠습니다.

끝인사
I hope you are satisfied with this arrangement. If you have any further questions, please contact me at your convenience. Thanks.
이 조치가 만족스러우셨으면 합니다. 의문 사항이 더 있으시면, 편하실 때 제게 다시 연락 주세요. 감사합니다.

첫인사
Hello, Mr./Miss 고객 이름.
This is 본인 이름 from Customer Service Department.
업무상 전화 메시지임을 명심해야 합니다. 고객이나 사업 파트너 또는 직장 상사나 동료들과 통화하는 상황으로 문제가 많이 출제되기 때문에, 너무 casual한 영어 표현은 삼가해야 합니다. 첫인사 시 메시지를 남긴 사람의 이름을 언급하는 게 좋으며, 불만 제기 유형은 대개 고객이 메시지를 남기는 경우로 문제가 출제되므로 자신이 소속된 부서는 Customer Service Department로 정해 두는 것이 무난합니다. 그리고 이름 앞에 타이틀(Mr. 또는 Miss 등)을 반드시 붙여줍니다. 단, 타이틀 뒤에는 이름만 와서는 안되며, 이름의 성만 오거나 성을 포함한

full name이 와야 합니다. 문제 내용을 듣는 데 집중하느라 말하는 이의 이름이 기억나지 않을 경우, 상대가 남자이면 Hello Mr./Sir, 여자이면, Hello Miss/Ma'am으로 대체하는 것이 방법입니다.

문제 상황 정리 1

I received your message saying that you have a problem with 명사(구)

Part 5 답변하기에서 가장 중요한 두 가지 중 첫 번째인 문제 상황 정리입니다. 말 그대로 음성 메시지를 듣고 한두 문장으로 정리하는 형식으로, 명사(구) 자리에 내용의 핵심 어휘를 언급하도록 하세요. 한 단어도 좋습니다.

문제 상황 정리 2

You said that 주어 + 동사.

문제 상황을 좀 더 자세히 얘기하고 싶을 때 쓸 수 있는 표현입니다. that 이하에 '주어 + 동사'로 시작되는 문장을 만들어 메시지에서 들은 내용을 언급하면 됩니다. 꼭 해야 하는 말은 아니니 아직 영어 말하기가 미숙한 학습자들은 그냥 넘어가도 무관합니다. 다만 고득점을 목표로 하는 학습자들은 반드시 훈련해야 하는 부분이기도 합니다.

문제의 원인 설명

The problem occurred because 주어 + 동사 OR because of 명사(구).

불만 제기 유형에만 있는 문제의 원인 설명 부분에서는 메시지를 듣고 문제가 일어난 원인에 대해 설명해야 합니다. 여러 가지 예가 있겠지만 간단한 tip을 드리자면, 'I don't know what caused the problem but 주어 + 동사' 형태로 답변하면 문제의 원인 설명 부분을 별 문제 없이 넘어갈 수 있을 것입니다.

해결책 제시

But the good news is that 주어 + 동사.

Part 5의 가장 중요한 두 가지 중 그 두 번째입니다. 이는 Part 5 답변의 핵심으로, 메시지를 듣고 상대가 언급한 불만 사항에 대해 해결해 주겠다고 하면 간단하게 답이 됩니다. 이때 답변 내용은 합리적이어야 합니다. 남들과 다른 답을 하기 위해 시간을 너무 끌다 주어진 60초 안에 답변을 마무리하지 못하는 경우가 많은데요. 토익 스피킹은 영어 말하기 실력을 평가하는 시험이지 창의력을 평가하는 시험이 아니라는 것을 기억하세요.

부연 설명

As compensation, we will give you + 추가 보상책(할인 등).

이 부분은 꼭 들어갈 필요는 없는 부분입니다. 답변의 맥락상 들어가면 좋을 내용이긴 하지만 점수에 미치는 영향은 미미합니다. 그래서 답변 시간이 별로 남지 않았다면 과감히 생략하고 끝 인사로 넘어가도 좋습니다. 답변 시 자주 쓰일 수 있는 추가 보상 답안의 예로는 a 30% discount (할인) 또는 a 20% discount coupon(할인 쿠폰) 등이 있습니다.

끝인사

I hope you are satisfied with this arrangement. If you have any further questions, please contact me at your convenience. Thanks.

Part 5 문제는 두 사람이 서로 전화 통화를 하는 것이 아니라 메시지를 듣고 답변을 하는 것이므로 끝마무리는 아주 중요합니다. 유형에 관계 없이 위의 내용을 그대로 외워서 마무리를 지어도 좋습니다.

첫인사   Hello, Joanne. ➦ family name을 언급하지 않았기 때문에 타이틀은 붙이지 않음

This is Cindy from the Customer Service Department.

문제 상황 정리   I received your message saying that you have a problem with our product.

You said that the vacuum cleaner is not working. ➦ 말하기 어렵다면 문장 전체 생략 가능. 하지만 고득점을 위해선 필수 사항

I would like to apologize for any inconvenience this has caused.

I don't know what caused the problem. ➦ 문제의 원인은 여러 가지로 언급 가능하지만, '문제의 원인을 잘 모르겠다.' 고 답하는 게 가장 쉬운 원인 설명

해결책 제시   But the good news is that we will send you the new one by tomorrow morning. ➦ 불만 제기 유형의 경우 불만을 해소시키는 답변을 구성하면 쉽게 문제를 해결할 수 있음

I hope you are satisfied with this arrangement.

부연 설명   As compensation, we will also give you a 20% discount coupon.
➦ 시간이 모자라면 답변 시 빼도 됨

끝인사   I hope you are satisfied with this arrangement. If you have any further questions, please contact me at your convenience. Thanks.

안녕하세요, Joanne 씨.
저는 고객 서비스 부서의 Cindy라고 합니다.
저희 제품에 문제가 있다고 하신 메시지를 받았습니다.
진공 청소기가 작동하지 않는다고 말씀하셨는데요.
그로 인해 불편을 끼쳐 드린 점 사과 드리고 싶습니다.
왜 이런 문제가 일어났는지 잘 모르겠습니다.
하지만 좋은 소식은 저희가 내일 아침까지 새 제품을 보내드릴 거라는 것입니다.
보상으로 20% 할인 쿠폰도 보내드리도록 하겠습니다.
이러한 조치가 만족스러우셨으면 좋겠습니다. 만약 궁금하신 점이 더 있으시다면, 편하실 때 아무 때나 연락 주세요. 감사합니다.

도움/조언 요청 유형 문제 듣기

다음은 불만 제기 유형 문제의 샘플 스크립트입니다. 가능하면 지문을 보지 말고 들어 보세요.　　🎧 MP3 05-03

❶ Hi. this is Susan Taylor. ❷ I am calling you because I need your help. ❹ Well, I made an online reservation for your hotel last night. It was for an executive suite ❸ but I think I made a mistake. You see, I entered a wrong date. ❹ I am supposed to make a reservation from Sep. 13 for 5 nights with my husband but I entered Sep. 30, instead. I tried to change the date but it says that I am not allowed because it is a special promotional offer. ❷ Can you please help me with this problem? I know it is totally my fault, but this trip is our 5th wedding anniversary. I will be waiting for your call. Thank you.

안녕하세요, Susan Taylor라고 합니다. 당신 도움이 필요해서 전화 드립니다. 어젯밤 온라인으로 호텔 예약을 했습니다. 고급 특실 예약이었는데 제가 실수를 한 것 같습니다. 엉뚱한 날짜를 입력했거든요. 제 남편과 함께 9월 13일부터 5박 일정으로 예약했어야 하는데, 대신 9월 30일로 입력하고 말았네요. 날짜를 바꾸려고 했으나 특별 판촉용이라 변경이 허락되질 않더군요. 이 문제와 관련해 좀 도와 주실 수 있을까요? 완전히 제 잘못이라는 건 알지만, 이번 여행이 저희 결혼 5주년 기념이라서요. 전화 기다리겠습니다. 감사합니다.

❶ **Hi, this is Susan Taylor.**

전화 메시지를 남기는 사람의 이름은 꼭 등장한다고 했던 것 기억하시죠? 이번 유형에서 등장한 이름은 성과 이름이 모두 언급된 full name입니다. 답변 시 모두 기억한다면 좋겠지만 다 기억하지 못할 경우, 성(family name) 앞에 남자는 Mr., 여자는 Miss를 붙여 답변하면 됩니다. 이름은 문제 시작 부분에 나오는 것이 일반적입니다.

❷ **I am calling you because I need your help. / Can you please help me with this problem?**

답변 유형을 결정하는 힌트가 있는 부분입니다. help라는 단어가 나왔으니 조언 요청이 아닌 도움 요청 문제 유형의 답변을 제시할 것을 추천합니다. 조언 요청 유형의 경우 advice, Do you have any idea?, recommend, suggest와 같은 말들이 언급됩니다. 대개 문제 음성의 마지막에 언급되는 어휘를 바탕으로 조언 요청 유형인지 도움 요청 유형인지가 결정됩니다. 하지만 문제를 듣고 답할 때 답변만 논리적이라면 어느 유형을 바탕으로 답변했는지는 점수에 크게 영향을 미치지 않습니다.

❸ **but I think I made a mistake. You see, I entered a wrong date.**

불만 제기 유형에서 언급했듯, but, however, the thing is, the problem is ~ 뒤에 나오는 내용은 문제 상황 만들기에서 아주 중요한 내용이니 주의해서 들어야 합니다.

❹ **Well, I made an online reservation for your hotel last night. It was for an executive suite. / I am supposed ~**

문제 상황의 전반적인 배경이 나오는 부분입니다. 앞서 언급했듯, 답변 시 이 부분에서 쓰였던 단어나 어휘들을 사용하면 고득점을 받는 데 도움이 됩니다.

도움/조언 요청 유형 답변하기

Response Template　　　**도움/조언 요청 유형 모범 답변 템플릿**

첫인사
Hello, Mr./Miss 고객 이름.
This is + 본인 이름 + from 소속 or 장소.
안녕하세요, ~씨.
저는 (소속 or 장소)의 ~라고 합니다.

문제 상황 정리
I received your message saying that you have a problem with 문제 상황 어휘(들).
You said that 문제 상황 자세히 설명.
And/Or it seems like the situation is out of your control.
(문제 상황)과 관련해 문제가 있으시다는 메시지를 받았습니다.
(문제 상황)이라고 말씀하셨는데요.
상황이 당신이 어찌 할 수 없는 것 같아 보이는군요.

해결책 제시
But don't worry. I have an idea.
It will be no problem for me to 도움 요청 유형 해결책 OR
Why don't you 조언 요청 유형 해결책?
하지만 걱정 마세요. 제게 아이디어가 있습니다.
제가 기꺼이 (도움 요청 유형 해결책)을 드리겠습니다. OR
당신이 (조언 요청 유형 해결책) 하시는 건 어떨까요?

해결책 부연 설명
That way, you[I, we ,he ,they] can 부연 설명.
그렇게 하면, 당신은[나는, 우리는, 그는, 그들은] ~할 수 있을 것입니다.

끝인사
I hope you are satisfied with this idea. If you have any further questions, please contact me at your convenience. Bye.
이 아이디어가 마음에 드셨으면 좋겠네요. 궁금한 점이 더 있으시면, 편할 때 연락 주세요.
안녕히 계세요.

첫인사

도움/조언 요청 유형의 첫인사는 불만 제기 유형의 첫인사와 아주 유사합니다. 다만, 불만 제기 유형의 경우는 메시지를 남기는 사람이 대개 고객이었던 데 반해, 도움/조언 요청 유형의 경우는 옛 동료, 상사, 친구, 사업 파트너 등 다양해 메시지를 남긴 사람과 답변자인 나의 관계를 짐작할 수 있는 부분이기도 합니다.

문제 상황 정리

I received your message saying that you have a problem with 명사(구).

You said that 주어 + 동사.

불만 제기의 문제 상황 정리 내용과 같습니다.

It seems like the situation is out of your control.

'상황이 당신이 어찌 할 수 없는 것 같아 보이는군요.'라는 의미를 가진 좋은 문장입니다. 여러 상황에 무난하게 쓸 수 있는 외우기 쉬운 문장이므로 답변 흐름에 방해만 되지 않는다면 쓰셔도 좋습니다.

도움 요청 유형 해결책 제시

But don't worry. I have an idea.

It will be no problem for me to 동사 원형 ~.

'제가 기꺼이 ~(to ~ 이하)해 드리겠습니다'의 의미를 가진 표현으로, 도움 요청 유형에 유용하게 쓸 수 있습니다.

조언 요청 유형 해결책 제시

But don't worry. I have an idea.

It will be no problem for me to 동사 원형 ~.

'(동사 원형)하는 것이 어때요?'의 의미로 조언 요청 유형에 쓸 수 있는 유용한 표현입니다. 조언 요청 유형의 해결책을 제시할 때 쓸 수 있는 다른 표현으로는 'My advice is that 주어 + 동사', 'What I suggest you to do is to 동사 원형/that 주어 + 동사' 등이 있으니, 답변하기 편한 문장으로 바꿔 써도 무관합니다.

끝인사

I hope you are satisfied with this idea. If you have any further questions, please contact me at your convenience. Bye.

불만 제기 유형의 템플릿과 유사합니다. 유형에 관계없이 쓸 수 있는 마무리 표현이며, 비슷한 예로 'Please call me back if you have more questions', 'If I can be of any other assistance, please don't hesitate to contact me again.' 등이 있습니다.

완성 모델 답변 ·· **M** o d e l   R e s p o n s e 🎧 MP3 05-04

첫인사 Hello, Mrs. Taylor. ➡ 결혼한 것을 알았고 family name을 언급했기 때문에 타이틀 Mrs.를 붙임

This is Rebecca from Royal Hotel. ➡ 호텔 예약과 관련해 문제가 있었기 때문에 임의로 호텔 이름을 지어서 말하는 것도

좋은 idea

문제 상황 정리 I received your message saying that you have a problem with

your hotel reservation.

You said that you would like to change the date but are not allowed. ➡ 말하기 어렵다면 문장

전체 생략 가능. 하지만 고득점을 위해선 필수 사항

It seems like the situation is out of your control. ➡ 답변의 맥락에 방해가 되거나 맞지 않는다고 판단되면 생

략해도 좋음

해결책 제시 But don't worry. I have an idea.

It will be no problem for me to change your reservation date. ➡ 문제 마지막에 help라는 단어가

언급되었기 때문에 도움 요청 유형의 해결 방법 문장 사용

해결책 부연 설명 That way, you and your husband can spend your 5th wedding

anniversary at our hotel. ➡ 문맥상 적절하지 않으면 필수 사항 아님

끝인사 I hope you are satisfied with this idea. If you have any further

questions, please contact me at your convenience. Bye.

안녕하세요, Taylor 씨.
저는 Royal 호텔의 Rebecca라고 합니다.
저희 호텔 예약과 관련해 문제가 있으시다는 메시지를 받았습니다.
예약 날짜를 바꾸고 싶은데 변경이 허락되지 않는다고요.
고객님이 어찌 할 수 있는 상황이 아닌 것 같군요.
하지만 걱정 마세요. 제게 아이디어가 있습니다.
제가 기꺼이 고객님의 예약을 변경해 드리겠습니다. 그렇게 하면 남편분과 결혼 5주년 기념일을 저희 호텔에서 보내실 수 있을
것입니다.
이 아이디어가 만족스러우셨으면 좋겠습니다. 궁금한 점이 더 있으시면, 편할 때 연락 주세요. 안녕히 계세요.

🔖 외워 두세요!

1. **불만 제기 유형일 때:** But the good news is that 해결책 제시.
2. **도움 요청 유형일 때:** But don't worry. I have an idea. It will be no problem for me to 해결책 제시.
3. **조언 요청 유형일 때:** But don't worry. I have an idea. Why don't you 해결책 제시?
단, 불만 제기 유형일 때는 내용의 흐름상 템플릿에서처럼 문제의 원인을 설명하는 것이 좋습니다.

◈ 답변 완성하기

STEP 1 **문제 상황 파악하기** Part 5의 메시지를 듣고 문제점을 한두 문장으로 정리하는 훈련을 합니다. 유형별 답변 템플릿에서 공부했듯, 문제 유형에 관계 없이 아래 패턴 형식에 맞춰 유형별 10문제를 풀어 보세요.

💬 I received your message saying that you have a problem with 명사(구).

You said that 주어 + 동사.

먼저 다음 텍스트의 음성을 듣고 위의 패턴에 맞추어 답안을 써 보세요. 가능하면 스크립트는 보지 않고 답변을 만들어 보는 것이 좋습니다. 문제를 모두 푼 뒤, 모범 답안을 확인해 어느 정도 패턴이 익숙해지면, 문제 음성을 들은 후 쓰지 말고 바로 말하기에 도전해 보세요. 이때 자신의 답변을 녹음해서 들어 보는 것도 좋은 방법입니다. 단, 이 훈련은 Part 5의 일부이기 때문에 답변 시간이 20초를 넘어가서는 안됩니다.

🎧 MP3 05-05

1

Hi, this is Malinda Edison from Zen Interior. Since I have been doing business with you for more than two years, the sales manager gave me a special deal from last month. I get free delivery every time I order tiles from you. I received this month's order yesterday and when I checked the invoice, I found out that you charged me an $89.00 delivery fee.

유형

문제 상황 정리

MP3 05-06

2

Hello, this is Amy. I ordered a couch from your online shop about two weeks ago. The product has finally arrived this morning and to my surprise, the couch is different from what I ordered. Actually, I ordered a grey-colored couch and the one I received is a black couch. I asked the deliveryman to take it back but he said there was nothing he could do, since his job is to deliver the product only.

유형

문제 상황 정리

MP3 05-07

3

Hello, this is Randy Moor. You know I am supposed to have my second interview tomorrow at 2 p.m. But I have a problem. Well, something urgent came up in my current job and I don't think I can make it tomorrow. I am still very interested in the job, so I am asking if it is possible to arrange my interview for another day.

유형

문제 상황 정리

4

Hi, this is Susie Connell. As you know, I am in charge of the intern orientation which is being held today at 2 p.m. and the thing is that some of the interns are not here yet. It is 1:30 p.m. now and all the interns are supposed to be here. Well, I was thinking about delaying the event but then I will have to reschedule every single event today and I really do not want to do that. I really don't know what to do. Can you help me?

유형

문제 상황 정리

5

Hi, it's Martha. As we talked yesterday, I need to pick up an important client from Japan at the airport this afternoon. I was told to pick him up because I was the one who has been in contact with him in Japanese via email. But I have a meeting to attend today and we are waiting for important documents to arrive by currier. It was suppose to be here hours ago but the currier man called us and said there was a small accident and he was not sure when he would be here. Can you do something about this situation?

유형

문제 상황 정리

🎧 MP3 05-10

6

Hello, this is Thomas Burton. I am calling you because I need some help. Well, I went on a business trip to Canada last month and since the company didn't give me the company credit card, I spent much money with my personal credit card. Well, I think I need to be reimbursed for my travel expenses and since it was my first business trip, I cannot find a policy on how to get my money back. What should I do?

유형

문제 상황 정리

🎧 MP3 05-11

7

Hello, it's Carol here. Look, I think I need your advice. My company is going to have a big seminar about children care and we have invited some very important people to make a speech and give a lecture. Well, the problem is that one of the speakers got sick and her assistant called me yesterday and said she could not make it for the seminar. I mean the seminar is only a week away. It is too late to reschedule our seminar. What do you think I should do?

유형

문제 상황 정리

MP3 05-12

8

Hi, this is Helen. As you know, I have been working so hard to reduce paper use in our company. Well, I have been sending messages and asking people to use PowerPoint when having meetings and use emails instead of sending faxes. But it seems like people are not really interested in this issue. How can I make people to be more involved in this campaign? I mean, this is the biggest campaign we are running this year. What is your advice?

유형

문제 상황 정리

MP3 05-13

9

Hello, this is Terry White. I have been in the real estate business for more than 10 years now and we are a very well-known and respected local company. Well, the thing is that I was very surprised to see the sales for the last quarter. I mean, it was shocking. Actually, one of the rival companies recently moved into the area and I think they are taking our client base away from us. What is your suggestion to solve this problem?

유형

문제 상황 정리

10

Hello, this is Cathy. I am calling you because I think you are the right person to talk to. Well, I have been working here for 5 weeks now. At first, I was asked to do small jobs, you know, making copies and answering the incoming calls. It was okay for a while but I applied for the sales department, and I think I should be learning about sales now, not making copies and answering the phone. What can I do?

유형

문제 상황 정리

1

🎧 MP3 05-15

안녕하세요. Zen Interior의 Malinda Edison입니다. 그쪽과 거래를 한지 2년이 넘었기 때문에 영업 매니저가 지난달부터 제게 특별한 거래 조건을 제시했습니다. 타일을 주문할 때마다 무료 배송을 해 준다는 거였는데요. 어제 이달 주문서를 받았는데, 송장을 확인해보니 89달러의 배송비를 청구했더군요.

유형 ▶ 불만 제기

문제 상황 정리

I received your message saying that you have a problem with an invoice.

You said that we have charged you the delivery fee of $89.00.

송장과 관련된 문제가 있다는 메시지를 받았습니다.

우리가 89달러의 배송비를 청구했다고요.

2

🎧 MP3 05-16

안녕하세요, Amy입니다. 2주 전쯤 그쪽 온라인 매장에서 소파를 주문했습니다. 제품이 마침내 오늘 아침에 도착했는데, 놀랍게도 소파가 제가 주문한 것과 다르더군요. 사실 저는 회색 소파를 주문했는데, 제가 받은 건 검은색 소파였습니다. 배송 기사에게 다시 가져가라고 얘기했지만, 그의 일은 제품을 배송하는 것일 뿐이라, 자신이 할 수 있는 게 없다고 하더군요.

유형 ▶ 불만 제기

문제 상황 정리

I received your message saying that you have a problem with the product you received.

You said that you received a black couch instead of a grey one.

수령한 제품에 문제가 있다는 메시지를 받았습니다.

회색 소파 대신 검은색 소파를 받으셨다고요.

3

🎧 MP3 05-17

안녕하세요, Randy Moor입니다. 아시다시피, 내일 오후 2시에 두 번째 면접을 하기로 돼 있는데요. 그런데 문제가 생겼습니다. 제 현재 업무에 급한 일이 생겨 내일 갈 수가 없을 것 같습니다. 저는 아직도 그 일에 많은 관심이 있습니다. 그래서 면접을 다른 날로 잡는 게 가능한지 여쭤 보려 합니다.

유형 ▶ 도움 요청

문제 상황 정리

I received your message saying that you have a problem with the interview schedule.

You said that you cannot make it for the interview tomorrow.

면접 일정과 관련해 문제가 있다는 메시지를 받았습니다.

내일 면접에 올 수 없으시다고요.

4

🎧 MP3 05-18

안녕하세요, **Susie Connell**입니다. 아시다시피, 전 오늘 3시에 있을 인턴 오리엔테이션 책임을 맡고 있는데요 문제는 몇몇 인턴들이 아직 안 왔다는 것입니다. 지금이 1시 30분이니, 모든 인턴이 와 있어야 하는데 말이죠. 행사를 미룰까 생각도 해 봤지만, 그렇게 하면 오늘 행사 일정을 다 다시 잡아야 해, 정말 그러고 싶진 않거든요. 진짜 어떻게 해야 할지 모르겠네요. 저 좀 도와 주실래요?

유형   도움 요청

문제 상황 정리   I received your message saying that you have a problem with the intern orientation.

You said that you have some late interns.

인턴 오리엔테이션과 관련해 문제가 있다는 메시지를 받았습니다.

몇몇 인턴이 늦어지고 있다고요.

5

🎧 MP3 05-19

안녕하세요, **Martha**입니다. 어제 우리가 얘기했듯이, 오늘 오후 제가 일본에서 오는 중요한 고객을 공항에서 모셔와야 합니다. 그간 일본어로 그와 이메일 연락을 해 오던 게 저라, 제게 그를 모셔오라 한 건데요. 그런데 오늘 제가 참석해야 할 미팅이 있어, 지금 중요한 서류가 우편으로 오기를 기다리고 있는 중입니다. 그 서류는 몇 시간 전에 도착했어야 하는데, 택배 기사가 전화를 해 작은 사고가 생겨 언제 여기로 올 수 있을지 모르겠다고 하네요. 이 상황에 대해 어떻게 해 주실 수 있을까요?

유형   도움/조언 요청

문제 상황 정리   I received your message saying that you have a problem with picking up a client.

You said that you cannot go to the airport to pick him up because you have a meeting to attend.

고객을 모셔오는 것과 관련해 문제가 있다는 메시지를 받았습니다.

참석해야 할 미팅이 있어 공항에 가서 그를 모셔올 수 없다고요.

6

🎧 MP3 05-20

안녕하세요, Thomas Burton입니다. 도움이 좀 필요해 이렇게 연락 드립니다. 지난 달에 캐나다로 출장을 갔었는데, 회사에서 회사 신용카드를 주지 않아 제 개인 신용 카드로 많은 돈을 썼습니다. 제 여행 경비를 환급 받아야 할 것 같은데, 이게 제 첫 출장이다 보니 돈을 어떻게 돌려 받는지에 대한 방침을 찾을 수가 없네요. 어떻게 해야 하죠?

유형 조언 요청

문제 상황 정리 I received your message saying that you have a problem with reimbursing travel expenses.

You said that you cannot find information about getting your money back.

출장 경비 환급과 관련해 문제가 있다는 메시지를 받았습니다.

돈을 어떻게 돌려 받는지와 관련된 정보를 찾을 수 없다고요.

7

🎧 MP3 05-21

안녕하세요, Carol입니다. 당신의 조언이 필요한 것 같아서요. 저희 회사는 보육과 관련된 큰 세미나를 열 예정이며, 연설과 강의를 해 줄 아주 중요한 사람들을 초청했습니다. 그런데 문제는 그 연설자 중 한 명이 아파, 그녀의 조수가 어제 전화를 해 그녀가 세미나에 참석힐 수 없다고 하너군요. 세미나가 일주일밖에 안 남았거든요. 세미나 일정을 조절하기에는 너무 늦었죠. 제가 어떻게 해야 할까요?

유형 조언/도움 요청

문제 상황 정리 I received your message saying that you have a problem with finding a replacement speaker.

You said that one of your speakers cannot make it to the seminar.

대체 발표자를 찾는 것과 관련해 문제가 있다는 메시지를 받았습니다.

발표자들 중 한 명이 세미나에 참석할 수 없다고요.

8

🎧 MP3 05-22

안녕하세요, Helen입니다. 아시다시피, 저는 우리 회사 종이 사용을 줄이기 위해 정말 열심히 노력해왔습니다. 사람들에게 메시지를 보내 미팅을 할 때 파워포인트를 쓰고 팩스 대신 이메일을 보내라고 요청해왔죠. 그런데 사람들은 이 문제에 별 관심이 없는 거 같네요. 어떻게 하면 사람들이 이 캠페인에 좀더 관심을 갖게 할 수 있을까요? 이 캠페인은 올해 우리가 벌이고 있는 가장 큰 캠페인이잖아요. 당신 조언은 뭔가요?

유형	조언 요청
문제 상황 정리	

I received your message saying that you have a problem with reducing paper usage in the company.

You said that people are not really interested in this campaign.

회사 내 종이 사용 줄이기와 관련해 문제가 있다는 메시지를 받았습니다.

사람들이 이 캠페인에 별 관심이 없다고요.

9

🔊 MP3 05-23

안녕하세요, Terry White입니다. 저는 부동산업에 10년 이상 종사해 왔으며, 우리 회사는 지역에서 존경 받는 잘 알려진 회사입니다. 그런데 저는 저번 분기의 매출을 보고 많이 놀랐습니다. 정말 쇼킹했죠. 사실, 저희 경쟁사 중 한 곳이 최근 이 지역으로 이사를 해 우리 고객들을 뺏어가고 있는 것 같습니다. 이 문제를 해결하기 위한 당신의 제안은 뭔지요?

유형	조언 요청
문제 상황 정리	

I received your message saying that you have a problem with the sales decrease of your company.

You said that one of your rival companies is taking your clients away.

회사 매출 감소와 관련해 문제가 있다는 메시지를 받았습니다.

당신 회사의 경쟁사 중 한 곳에서 당신 고객들을 뺏어가고 있다고요.

10

🔊 MP3 05-24

안녕하세요, Cathy입니다. 당신이 얘기를 나눌 적임자라고 생각해서 이렇게 연락 드립니다. 저는 지금 여기서 일한 지 5주 됐습니다. 처음에는 복사를 하거나 걸려오는 전화를 받는 일 같은 사소한 일들을 하라고 했습니다. 얼마간은 괜찮았습니다만, 제가 영업 부서에 지원을 해서, 이제 복사를 하거나 전화를 받는 대신 영업에 대해 배워야 할 것 같은데요. 어떻게 해야 하죠?

유형	조언/도움 요청
문제 상황 정리	

I received your message saying that you have a problem with your job.

You said that you would like to learn about your job that you applied for.

당신 업무와 관련해 문제가 있다는 메시지를 받았습니다.

지원하신 일에 대해 배우고 싶다고요.

◆ 답변 완성하기

STEP 2 **해결책 말하기** 앞서 '문제 상황 파악하기'에서 풀어 봤던 10개의 유형별 문제를 다시 한 번 듣고 해결책을 생각해 내 영어로 말하는 훈련을 해 보도록 하겠습니다. 문제를 듣고 아래 패턴 형식에 맞추어 글로 써 본 후 답변을 말해 보세요.

💬 But the good news is that 주어 + 동사.

But don't worry. I have an idea. Why don't you ~?

해결책 말하기 훈련을 한 후, STEP 1 문제 상황 파악하기에서 만들어 본 문제 상황 정리 답변을 해결책 말하기 앞에 붙여서 Part 5의 완성 답변도 만들어 보세요.

🎧 MP3 05-05

1

Hi, this is Malinda Edison from Zen Interior. Since I have been doing business with you for more than two years, the sales manager gave me a special deal from last month. I get free delivery every time I order tiles from you. I received this month's order yesterday and when I checked the invoice, I found out that you charged me an $89.00 delivery fee.

유형 불만 제기

답변 가능한 해결책 새로운 송장을 보내주고 배송비를 환불

But the good news is that/ 우리는 당신에게 보낼 수 있습니다/ 새로운 송장을/ 그리고 환불해 줄 수 있습니다/ 배송비를/ 내일까지.

🎧 MP3 05-06

2

Hello, this is Amy. I ordered a couch from your online shop about two weeks ago. The product has finally arrived this morning and to my surprise, the couch is different from what I ordered. Actually, I ordered a grey-colored couch and the one I received is a black couch. I asked the deliveryman to take it back but he said there was nothing he could do, since his job is to deliver the product only.

유형　불만 제기

답변 가능한 해결책　이번 주말까지 검은색 소파를 회수하고 회색 소파를 배송

But the good news is that/ 우리는 배송할 수 있습니다/ 회색 소파를/ 이번 주말까지/ 그리고 가져올 수 있습니다/ 검은색 소파를/ 다시.

🎧 MP3 05-07

3

Hello, this is Randy Moor. You know I am supposed to have my second interview tomorrow at 2 p.m. But I have a problem. Well, something urgent came up in my current job and I don't think I can make it tomorrow. I am still very interested in the job, so I am asking if it is possible to arrange my interview for another day.

유형　도움 요청

답변 가능한 해결책　원하는 날짜로 다시 일정을 짠다.

But don't worry. I have an idea. It will be no problem for me to/ 변경하다 일정을/ 그저 알려 주십시오/ 어떤 날짜가 좋은지/ 당신에게.

🎧 MP3 05-08

4

Hi, this is Susie Connell. As you know, I am in charge of the intern orientation which is being held today at 2 p.m. and the thing is that some of the interns are not here yet. It is 1:30 p.m. now and all the interns are supposed to be here. Well, I was thinking about delaying the event but then I will have to reschedule every single event today and I really do not want to do that. I really don't know what to do. Can you help me?

유형 　도움 요청

답변 가능한 해결책 　내가 지금 바쁘지 않으니 직접 가서 인턴들이 어디 있는지 연락해 주겠다.

But don't worry. I have an idea. It will be no problem for me to/ 도와주다 당신을/ 직접/ 저는 그렇게 바쁘지 않습니다/ 지금./ 그래서 저는 연락할 수 있습니다/ 그 인턴들에게/ 그리고 찾아낼 수 있습니다/ 그들이 어디에 있는지.

🎧 MP3 05-09

5

Hi, it's Martha. As we talked yesterday, I need to pick up an important client from Japan at the airport this afternoon. I was told to pick him up because I was the one who has been in contact with him in Japanese via email. But I have a meeting to attend today and we are waiting for important documents to arrive by courier. It was suppose to be here hours ago but the courier man called us and said there was a small accident and he was not sure when he would be here. Can you do something about this situation?

유형 　도움/조언 요청 유형

답변 가능한 해결책 　직원들 가운데 일본어를 할 수 있는 사람을 보내 주겠다.

But don't' worry. I have an idea. It will be no problem for me to/ 보내다/ 한 명을/ 제 직원들 중./ 그녀는 시간이 있습니다/ 그리고/ 그녀는 할 수 있습니다/ 일본어를.

6

Hello, this is Thomas Burton. I am calling you because I need some help. Well, I went on a business trip to Canada last month and since the company didn't give me the company credit card, I spent much money with my personal credit card. Well, I think I need to be reimbursed for my travel expenses and since it was my first business trip, I cannot find a policy on how to get my money back. What should I do?

유형	조언 요청
답변 가능한 해결책	회계 부서 매니저에게 연락하라고 조언

But don't worry. I have an idea. Why don't you/ 연락하다/ Jenny에게?/ 그녀는 / 회계 부서의 매니저입니다/ 우리 회사의./ 그녀가 도울 수 있을 것입니다/ 당신을.

7

Hello, it's Carol here. Look, I think I need your advice. My company is going to have a big seminar about children care and we have invited some very important people to make a speech and give lectures. Well, the problem is that one of the speakers got sick and her assistant called me yesterday and said she could not make it for the seminar. I mean the seminar is only a week away. It is too late to reschedule our seminar. What do you think I should do?

유형	조언/도움 요청
답변 가능한 해결책	해당 분야의 유명한 다른 사람을 소개해 줌

But don't worry. I have an idea. Why don't you/ 연락하다/ Jenny에게?/ 그녀는 한 명입니다/ 제 친구들 중/ 그리고/ 그녀는 또한 유명한 사람입니다/ 이 분야에서./ 저는 드릴 수 있습니다/ 그녀의 전화번호를/ 만약 당신이 원한다면.

8

Hi, this is Helen. As you know, I have been working so hard to reduce paper use in our company. Well, I have been sending messages and asking people to use PowerPoint when having meetings and use emails instead of sending faxes. But it seems like people are not really interested in this issue. How can I make people to be more involved in this campaign? I mean, this is the biggest campaign we are running this year. What is your advice?

| 유형 | 조언 요청 |

| 답변 가능한 해결책 | 사람들에게 포상을 하라고 조언 |

But don't worry. I have an idea. Why don't you/ 포상을 하다/ 사람들에게/ 유급 휴가나 보너스 같은?/ 그렇게 하면./ 사람들은 더 관심을 가질 것입니다/ 이 문제에.

9

Hello, this is Terry White. I have been in real estate business for more than 10 years now and we are a very well-known and respected local company. Well, the thing is that I was very surprised to see the sales for the last quarter. I mean, it was shocking. Actually, one of the rival companies recently moved into the area and I think they are taking our client base away from us. What is your suggestion to solve this problem?

| 유형 | 조언 요청 |

| 답변 가능한 해결책 | 더 많은 광고를 하라고 조언 |

But don't worry. I have an idea. Why don't you/ 회사 광고를 하다/ 당신의 회사를 위해/ 더 공격적으로?/ 그렇게 하면./ 사람들은 친숙해질 것입니다/ 당신 회사에/ 훨씬 더/ 그리고/ 그것이 도움이 될 것입니다/ 당신 비즈니스에.

🎧 MP3 05-14

10

Hello, this is Cathy. I am calling you because I think you are the right person to talk to. Well, I have been working here for 5 weeks now. At first, I was asked to do small jobs, you know, making copies and answering the incoming calls. It was okay for a while but I applied for the sales department, and I think I should be learning about sales now, not making copies and answering the phone. What can I do?

유형 조언 요청

답변 가능한 해결책 상사와 이야기를 해 보라고 조언

But don't worry. I have an idea. Why don't you/ 얘기하다/ 이것에 대해/ 당신 상사와?/ 나는 확신합니다/ 그가 말해 줄 거라고/ 어떻게 해야 할지.

위의 Part 5 유형별 10문제의 답변 만들기 훈련을 끝냈다면 답안을 보고 답변을 확인하세요. 그런 다음, 다음 과정으로 넘어가기 전에 스크립트와 모범 답안 템플릿을 보지 말고 각 문제를 다시 처음부터 끝까지 풀어 보도록 합니다. 30초의 준비 시간과 60초의 답변 시간을 꼭 준수해야 한다는 것을 명심하세요.

★ 문제 상황 정리하기와 해결책 말하기를 묶어서 들으면 완성 답변이 됩니다.

1　　　　　　　　　　　　　🎧 MP3 05-25

But the good news is that we can send you the new invoice and refund the delivery fee by tomorrow.

하지만 좋은 소식은 내일까지 우리가 새로운 송장을 보내드리고 배송비를 환불해 드릴 수 있다는 것입니다.

| 완성 답변 | MP3 **05-15** ➕ **05-25**

2　　　　　　　　　　　　　🎧 MP3 05-26

But the good news is that we can deliver the grey couch by this weekend and bring the black couch back.

하지만 좋은 소식은 이번 주말까지 회색 소파를 배송해 드리고 검은색 소파를 회수할 수 있다는 것입니다.

| 완성 답변 | MP3 **05-16** ➕ **05-26**

3　　　　　　　　　　　　　🎧 MP3 05-27

But don't worry. I have an idea. It will be no problem for me to change the schedule. Just let me know which date suits you.

하지만 걱정 마세요. 제게 아이디어가 있습니다. 제가 기꺼이 일정을 변경해 드리겠습니다. 그저 당신에게 어떤 날짜가 좋은지 알려주세요.

| 완성 답변 | MP3 **05-17** ➕ **05-27**

4　　　　　　　　　　　　　🎧 MP3 05-28

But don't worry. I have an idea. It will be no problem for me to help you in person. I am not that busy now so I can contact those interns and find out where they are.

하지만 걱정 마세요. 제게 아이디어가 있습니다. 제가 기꺼이 직접 도와 드리겠습니다. 제가 지금 그리 바쁘지 않으니, 그 인턴들에게 연락해서 어디 있는지 찾아볼 수 있습니다.

| 완성 답변 | MP3 **05-18** ➕ **05-28**

5　　　　　　　　　　　　　🎧 MP3 05-29

But don't worry. I have an idea. It will be no problem for me to send one of my assistants. She is available and she can speak Japanese.

하지만 걱정 마세요. 제게 아이디어가 있습니다. 제가 기꺼이 제 직원들 중 한 명을 보내드리겠습니다. 그녀는 시간이 있고 일본어를 할 줄 압니다.

| 완성 답변 | MP3 **05-19** ➕ **05-29**

6　　　　　　　　　　　　　🎧 MP3 05-30

But don't worry. I have an idea. Why don't you contact Jenny? She is an accounting department manager of our company. She will be able to help you.

하지만 걱정 마세요. 제게 아이디어가 있습니다. Jenny에게 연락하는 게 어떨까요? 그녀는 우리 회사 회계 부서 매니저입니다. 그녀가 당신을 도울 수 있을 것입니다.

| 완성 답변 | MP3 **05-20** ➕ **05-30**

7
🎧 MP3 05-31

But don't worry. I have an idea. Why don't you contact Jenny? She is one of my friends and is also a very well-known person in this field. I can give her number to you, if you want it.

하지만 걱정 마세요. 제게 아이디어가 있습니다. Jenny에게 연락해 보는 것이 어떨까요? 그녀는 제 친구들 중 한 명이고 이 분야에서 유명한 사람이기도 합니다. 원하신다면, 그녀의 전화번호를 드릴 수 있습니다.

| 완성 답변 | MP3 **05-21** ✚ **05-31**

8
🎧 MP3 05-32

But don't worry. I have an idea. Why don't you give rewards to people like paid vacation or bonuses? That way, people will be more interested in this issue.

하지만 걱정 마세요. 제게 아이디어가 있습니다. 사람들에게 유급 휴가나 보너스 같은 포상을 하면 어떨까요? 그렇게 하면, 사람들은 이 문제에 더 관심을 가질 것입니다.

| 완성 답변 | MP3 **05-22** ✚ **05-32**

9
🎧 MP3 05-33

But don't worry. I have an idea. Why don't you advertise for your company more aggressively? That way, people will be familiar with your company even more and it will help your business.

하지만 걱정 마세요. 제게 아이디어가 있습니다. 회사 광고를 더 공격적으로 하면 어떨까요? 그렇게 하면, 사람들은 당신 회사에 훨씬 더 친숙해질 것이고, 그것이 당신 비즈니스에 도움이 될 것입니다.

| 완성 답변 | MP3 **05-23** ✚ **05-33**

10
🎧 MP3 05-34

But don't worry. I have an idea. Why don't you talk about this with your boss? I am sure he will tell you what to do.

하지만 걱정 마세요. 제게 아이디어가 있습니다. 이것에 대해 당신 상사와 얘기해 보면 어떨까요? 틀림없이 그가 어떻게 해야 할지 말해 줄 겁니다.

| 완성 답변 | MP3 **05-24** ✚ **05-34**

PART **6**
Express an Opinion

의견 제시하기

빠른 요약 정보

문항 수   1문항 (Question 11)

시험 시간   ⏱ 준비 시간 15초 + 답변 시간 60초

시험 내용   주어진 주제에 대해 찬반 의견이나 선호 사항을 이유나 근거를 들어 말하는 파트입니다. 문제는 화면에 주어지며 음성으로도 들려 줍니다. Part 6의 문제는 답변이 끝날 때까지 화면에 계속 주어집니다. 준비 시간이 15초로 짧게 주어지므로 자신의 생각이나 의견에 대한 이유나 근거를 빠른 시간 안에 구성하여 말할 수 있어야 합니다. 답변 시간은 60초로 Part 5와 함께 답변 시간이 가장 긴 파트입니다.

주제 범위   직업 선택, 교복 착용, 첨단 기술, 여행, 업무, 쇼핑, 스포츠 등

Tip   준비 시간이 짧고 정해진 문제 패턴이 없어서 아무리 영어 실력이 뛰어난 사람이라도 자신할 수 없는 파트입니다. 하지만 영어 실력이 뛰어나진 않더라도 답변 내용이 논리적이면 좋은 점수를 얻을 수 있는 파트이기도 합니다.

Part 6는 다양한 주제나 문제에 대해 60초의 답변 시간 내에 자기 의견을 논리적으로 말하는 파트입니다. 주어진 시간 안에 가능한 한 자세히 자기 생각이나 의견을 이유와 함께 서술해야 하는 문제여서, 영어 실력뿐 아니라 자기 주장을 뒷받침할 예시나 근거를 제시해야 해 논리적인 사고력 또한 중요합니다.

Part 6
답변 구성법

Part 6에서 답변할 때는 문제 유형과 관계 없이 아래와 같이 '도입 – 본론 – 마무리'의 순서에 따라 답변하면 됩니다.

도입

도입 부분은 Part 6 질문에 답변하는 부분입니다. 앞서 'Part 6의 문제 유형과 답변'에서 다루었듯, 제시된 문제 유형에 따라 알맞은 답변을 한 후, 그에 대한 이유를 말하기 전에 And there are a few reasons. 같은 간단한 표현을 써서 도입 부분을 구성해 보세요.

본론

본론 부분은 개인의 의견을 두 가지 이상의 이유와 각 근거를 곁들여 좀 더 자세하고 논리적으로 풀어나가는 부분으로, 많은 수험생들이 가장 어려워하는 부분이기도 합니다.

본론의 대표적인 답변 구성은 '이유 ❶ – 근거 – 이유 ❷ – 근거'입니다. 대부분의 사람들이 답변 이유 두 가지를 생각해내는 것은 별로 어렵지 않은데 그에 대한 근거, 즉 이유에 대한 부가 설명을 15초라는 짧은 시간 안에 생각해내 말하는 게 어렵다고 느끼는 게 사실입니다. 주어진 시간 안에 답변하는 게 힘들다고 느껴질 때에는 '이유 ❶ – 근거 – 이유 ❷'처럼 두 가지 이유 중 하나에 대해서만 근거를 대는 것도 방법입니다. 근거란 개인의 경험이나 사실에 기반한 부가적 설명을 하는 부분으로, for example, based on my experience, according to 등을 써서 답변하면 됩니다.

마무리

마무리 부분은 도입 부분을 paraphrasing하면 간단히 해결됩니다. paraphrasing이란 같은 말을 다른 어휘나 표현을 써서 표현하는 것입니다. 영어 말하기에 익숙한 학습자들은 도입 부분을 paraphrasing하면서 Part 6를 마무리하면 되고, paraphrasing이 부담스러운 학습자들은 도입 부분을 repeating(반복)하면서 마무리하면 됩니다. 마무리 답변을 구성할 때 시작 부분에 therefore, so, for these reasons와 같은 표현을 쓰는 것도 좋은 방법입니다.

Model Case

Do you prefer to get a job that you love or a job that pays you more?

당신은 당신이 좋아하는 일과 돈을 더 주는 일 중 어느 쪽을 선호하나요?

Model Response

도입 Introduction

도입 무분 답변 예시

I prefer a job I love. And there are some reasons.

저는 제가 좋아하는 일을 선호합니다. 그리고 몇 가지 이유가 있습니다.

본론 Body

본론 부분 답변 예시:

가능한 이유 ❶: 돈이 사람을 행복하게 해 주진 않는다

근거: 친구 중 한 명이 돈은 많이 벌지만 시간이 없어서 행복하지 않다고 말했다

가능한 이유 ❷: 좋아하는 일을 하면 성공할 가능성이 더 많다.

The first reason is that money does not make people happy.
For example, one of my friends makes much money but he told
me that he is not happy because he does not have time to spend
with his family and friends.
The second reason is that people are more likely to be successful,
if they have a job they love.

첫 번째 이유는, 돈이 사람들을 행복하게 해주진 않기 때문입니다. 예를 들어, 제 친구 중 한 명은 돈은 많이 벌지만 행복하지 않다고 말했습니다. 왜냐하면 그는 가족 및 친구들과 함께할 시간이 없기 때문입니다. 두 번째 이유는, 사람들은 자신이 좋아하는 일을 하면 성공할 가능성이 더 높기 때문입니다.

TIP '이유 ❶ – 근거 – 이유 ❷ – 근거' 또는 '이유 ❶ – 근거 – 이유 ❷'의 답변 형식은 대부분의 경우 적용 가능하다는 것이지, 항상 적용된다는 것은 아닙니다. 다양한 문제의 유형을 풀면서 자신만의 답변을 논리적으로 풀어내는 훈련을 할 필요가 있습니다.

마무리 Conclusion

마무리 부분 답변 예시:

도입 부분 repeating:

For these reasons, I prefer a job I love.

이러한 이유들 때문에, 저는 제가 좋아하는 일을 선호합니다.

도입 부분 paraphrasing:

Therefore, I think I would choose a job that I love.

그래서, 저는 제가 좋아하는 일을 선택할 것 같습니다.

| Response Template | 답변 템플릿 |

도입

유형 별 알맞은 답변. And there are some reasons.⁽¹⁾

본론

The first reason is that 이유 1 설명.
For example⁽²⁾, 이유 ❶에 대한 근거.
The second reason is that 이유 ❷ 설명.
For example⁽³⁾, 이유 ❷에 대한 근거.
(시간이 모자라거나 영어로 말하기가 힘들다면 건너뜁니다.)

마무리

Therefore⁽⁴⁾, 도입 부분을 paraphrasing하거나 repeating.

답변 시 가능한 다른 표현들
(1) The reasons are as followed. / And there are a few reasons.
(2) According to, / Based on my experience, / Also
(3) According to, / Based on my experience, / Also
(4) For these reasons, / So

Q  Do you prefer to get a job that you love or a job that pays you more?

A

[도입] I prefer a job I love. And there are some reasons.

[본론] The first reason is that money does not make people happy.

For example, one of my friends makes much money but he told me that he is not happy because he does not have time to spend with his family and friends.

The second reason is that people are more likely to be successful, if they have a job they love.

[마무리] For these reasons, I prefer a job I love.

Q 당신은 당신이 좋아하는 일과 돈을 더 주는 일 중 어느 쪽을 선호하나요?

A 저는 제가 좋아하는 일을 선호합니다. 그리고 거기엔 몇 가지 이유가 있습니다.

첫 번째 이유는, 돈이 사람들을 행복하게 해주진 않기 때문입니다. 예를 들어, 제 친구 중 한 명은 돈은 많이 벌지만 행복하지 않다고 말했습니다. 왜냐하면 그는 가족 및 친구들과 함께할 시간이 없기 때문입니다.

두 번째 이유는, 사람들이 자신이 좋아하는 일을 할 때 성공할 가능성이 더 높기 때문입니다. 이러한 이유들 때문에, 저는 제가 좋아하는 일을 선호합니다.

Question 11
찬반을 묻는 유형

가장 자주 볼 수 있는 문제 유형입니다. 보통 한 개의 statement가 주어지며, 그것에 찬성(agree)하는지 반대(disagree)하는지에 대해 묻는 문제가 출제됩니다.

Q **Do you agree or disagree with the following statement?**
"Students should wear school uniforms."

당신은 다음 의견에 찬성합니까 반대합니까? "학생은 교복을 입어야 한다."

A
- I agree[disagree] with the statement, "A". And there are a few reasons.
- I agree[disagree] with the statement, "Students should wear school uniforms." And there are some reasons.

저는 "학생은 교복을 입어야 한다."라는 의견에 동의[반대]합니다. 그리고 거기엔 몇 가지 이유가 있습니다.

하이라이트된 부분이 찬반 문제 유형의 답변 방법입니다. 동의하면 agree, 반대하면 disagree를 써서 문장을 만들면 되며, "A" 부분에 화면에는 나와 있는 statement를 그대로 넣어 주면 됩니다.

색자로 표시된 부분은 자세한 이유를 말하기 전에 쓸 수 있는 간단한 말로, The reasons are as followed., There are some reasons. 등으로 바꿔 써도 무관합니다. 이와 같이 답변 문장은 질문에 등장한 표현을 그대로 활용해서 만드는 것이 훨씬 더 수월합니다.

 ## 답변 완성하기

주어진 어구를 활용하여 우리말 해석에 맞는 답변을 만들어 보세요.　　🎧 MP3 06-02

* 답변 문장은 질문의 표현을 활용해서 만드는 것이 훨씬 더 수월합니다.

1　Do you agree or disagree with the following statement?
"Nowadays, children are healthier than they were before."

당신은 다음 의견에 찬성합니까 반대합니까? "요즘에는, 아이들이 예전보다 더 건강하다."

찬성

저는 요즘에는 아이들이 예전보다 건강하다는 의견에 찬성합니다.

And there are a few reasons.

반대

저는 요즘에는 아이들이 예전보다 건강하다는 의견에 반대합니다.

And there are a few reasons.

2　Some people believe that it is best to get advice from older people. Do you agree? Why or why not?

어떤 사람들은 더 나이든 사람들에게 조언을 구하는 게 가장 좋다고 생각합니다. 당신은 찬성합니까? 왜 찬성하거나 찬성하지 않습니까?

찬성

저는 더 나이든 사람들에게 조언을 구하는 게 가장 좋다는 의견에 찬성합니다.

And there are a few reasons.

반대

저는 더 나이든 사람들에게 조언을 구하는 게 가장 좋다는 의견에 반대합니다.

And there are a few reasons.

3   Do you agree or disagree with the following statement?
"Advanced technology and high-end electronic products help people to have better lives."

다음 의견에 찬성합니까 반대합니까? "발달된 기술과 첨단 전자 제품들은 사람들이 보다 나은 삶을 살 수 있도록 도와준다."

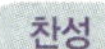
찬성

저는 발달된 기술과 고급 전자 제품들이 사람들이 보다 나은 삶을 살 수 있게 도와준다는 의견에 동의합니다.
And there are a few reasons.

반대

저는 발달된 기술과 고급 전자 제품들이 사람들이 보다 나은 삶을 살 수 있게 도와준다는 의견에 반대합니다.
And there are a few reasons.

4   Some parents say that it is better for their children to spend time with their friends rather than spending time studying or reading books. Do you agree or disagree and why?

어떤 부모들은 그들의 자녀들이 공부를 하거나 책을 읽는 데 시간을 보내는 것보다 친구들과 함께 시간을 보내는 것이 더 낫다고 말합니다. 당신은 동의합니까 반대합니까? 왜 그런가요?

찬성

저는 아이들이 공부를 하거나 책을 읽는 데 시간을 보내는 것보다 친구들과 함께 시간을 보내는 것이 더 낫다는 의견에 동의합니다.
And there are a few reasons.

반대

저는 아이들이 공부를 하거나 책을 읽는 데 시간을 보내는 것보다 친구들과 함께 시간을 보내는 것이 더 낫다는 의견에 반대합니다.
And there are a few reasons.

5 Do you agree with the following statement?

"Books are the best way to get correct information."

당신은 다음 의견에 동의합니까? "책은 정확한 정보를 얻는 가장 좋은 방법이다."

찬성

저는 책은 정확한 정보를 얻는 가장 좋은 방법이라는 의견에 농의합니다.

And there arc a few reasons.

반대

저는 책은 정확한 정보를 얻는 가장 좋은 방법이라는 의견에 반대합니다.

And there are a few reasons.

A n s w e r s

1. **찬성** I agree with the statement that "Nowadays, children are healthier than they were before."
   반대 I disagree with the statement that "Nowadays, children are healthier than they were before."

2. **찬성** I agree with the idea that it is best to get advice from older people.
   반대 I disagree with the idea that it is best to get advice from older people.

3. **찬성** I agree with the statement that "Advanced technology and high-end electronic products help people to have better lives."
   반대 I disagree with the statement that "Advanced technology and high-end electronic products help people to have better lives."

4. **찬성** I agree with the idea that it is better for children to spend time with their friends rather than spending time studying or reading books.
   반대 I disagree with the idea that it is better for children to spend time with their friends rather than spending time studying or reading books.

5. **찬성** I agree with the following statement that "Books are the best way to get correct information".
   반대 I disagree with the following statement that "Books are the best way to get correct information".

선호 사항을 묻는 유형

찬반을 묻는 유형만큼이나 실제 시험에 자주 등장하는 문제 유형이 둘 중 어떤 것이 좋은지를 묻는 문제이므로, '둘 다 선호 하지 않는다' 또는 '둘 다 선호한다'는 식의 답변은 피하는 것이 좋습니다. 하나의 선호 사항을 선택해서 답변을 만들어 보세요.

 Do you prefer to travel alone or with others? Why?
당신은 혼자 여행하는 것과 다른 사람들과 함께 여행하는 것 중 어느 쪽을 선호합니까? 왜 그렇습니까?

 I prefer to + 동사 원형(또는 I prefer -ing). And there are a few reasons.

하이라이트된 부분이 선호 사항 유형의 답변 방법입니다. 앞서 Part 3에서도 다루었듯이, 'prefer -ing', 'prefer to 동사 원형', 또는 'prefer A to B' 등 답변에 쓸 수 있는 표현은 다양합니다. 이들 중 말하기 편한 표현을 가져다 답변을 구성하면 됩니다. 답변 구성 시 화면에 떠 있는 문제를 적극적으로 활용합니다.

파란색으로 쓰여져 있는 부분은 답변에 대한 이유를 말하기 전에 쓸 수 있는 간단한 표현으로, The reasons are as followed., There are some reasons. 등과 바꾸어 써도 좋습니다.

I prefer to travel with others. And the reasons are as followed.
저는 다른 사람들과 함께 여행하는 것을 선호합니다. 그리고 그 이유는 다음과 같습니다.

 **답변 완성하기**

주어진 어구를 활용하여 우리말 해석에 맞는 답변을 만들어 보세요.　　　🎧 MP3 06-03

* 답변 문장은 질문의 표현을 활용해서 만드는 게 훨씬 더 수월합니다.

1　Which do you prefer, watching the news or reading the newspaper and why?

뉴스를 시청하는 것과 신문을 읽는 것 중 어느 것을 선호하며 그 이유는 무엇입니까?

[뉴스 보기]

저는 뉴스 시청하는 것을 선호합니다.

And the reasons are as followed.

[신문 읽기]

저는 신문 읽는 것을 선호합니다.

And the reasons are as followed.

2　Some people like to work with their supervisors while others like to work with their colleagues. Which do you prefer and why?

어떤 사람들은 그들의 상사와 함께 일하는 것을 좋아하고 다른 사람들은 동료와 함께 일하는 것을 좋아합니다. 당신은 어느 쪽을 선호하며 그 이유는 무엇입니까?

[상사와 일하는 것]

저는 상사와 함께 일하는 것을 선호합니다.

And the reasons are as followed.

[동료와 일하는 것]

저는 동료와 함께 일하는 것을 선호합니다.

And the reasons are as followed.

3 ## Which sports do you prefer to play, individual sports or group sports and why?

개인 스포츠와 단체 스포츠 중 어떤 종류의 운동을 하는 것을 선호하며 그 이유는 무엇입니까?

[개인 스포츠]

저는 단체 스포츠보다 개인 스포츠를 하는 것을 선호합니다.

And the reasons are as followed.

[단체 스포츠]

저는 개인 스포츠보다 단체 스포츠를 하는 것을 선호합니다.

And the reasons are as followed.

Answers

1. [뉴스 보기] I prefer watching the news.
   [신문 읽기] I prefer reading newspapers.
2. [상사와 일하는 것] I prefer working with supervisors.
   [동료와 일하는 것] I prefer working with colleagues.
3. [개인 스포츠] I prefer to play individual sports rather than playing group sports.
   [단체 스포츠] I prefer to play group sports rather than playing individual sports.

개인적 의견을 묻는 유형

개인적인 의견을 묻는 질문은 여러 형태로 주어집니다. 이유나 근거를 들기 까다로운 문제가 등장하기도 하니 답변 시 주의해야 합니다.

Example

 What are main factors you consider when shopping for shoes?

신발을 쇼핑할 때 고려하는 중요한 요소들은 무엇입니까?

 There are factor(s) I consider when shopping for shoes. And they are as followed.

❍ There are two factors I consider when I shop for shoes. And the factors are as followed.

제가 신발을 쇼핑할 때 고려하는 것은 두 가지입니다. 그리고 그것들은 다음과 같습니다.

하이라이트된 부분이 개인적인 의견을 묻는 유형의 답변 방법입니다. 이 문제와 같이 '고려하는 중요한 요소'를 묻는 문제도 출제되지만 서술형 문제도 자주 출제되니, 답변 구성 시 화면에 떠 있는 문제를 적극 활용해 답변을 구성해야 합니다.

색자로 표시된 부분은 답변에 대한 이유를 말하기 전에 쓸 수 있는 간단한 표현으로, The reasons are as followed., There are some reasons. 등과 바꿔 써도 무관합니다.

 답변 완성하기

주어진 어구를 활용하여 우리말 해석에 맞는 답변을 만들어 보세요.　　　　🎧 MP3 06-04

* 답변 문장은 질문의 표현을 활용해서 만드는 게 훨씬 더 수월합니다.

1 **What do you think about shopping for groceries online?**

온라인으로 식료품 쇼핑하는 것에 대해 어떻게 생각합니까?

[좋은 생각이다]

____

저는 온라인으로 식료품 쇼핑을 하는 것이 좋은 생각이라고 생각합니다.

And there are some reasons.

[좋은 생각이 아니다]

____

저는 온라인으로 식료품 쇼핑을 하는 것이 좋은 생각이 아니라고 생각합니다.

And there are some reasons.

2 **What is the most important thing you consider when buying electronic products?**

전자 제품을 살 때 고려하는 가장 중요한 것은 무엇입니까?

[품질]

____

제가 전자 제품을 살 때 고려하는 가장 중요한 것은 품질입니다.

And there are some reasons.

[디자인]

____

제가 전자 제품을 살 때 고려하는 가장 중요한 것은 디자인입니다.

And there are some reasons.

3 What is the most important factor when buying a car?

차를 살 때 가장 중요한 요소는 무엇입니까?

[연비]

저는 차를 살 때 가장 중요한 요소는 연비라고 생각합니다

And there are some reasons.

[가격]

저는 차를 살 때 가장 중요한 요소는 가격이라고 생각합니다.

And there are some reasons.

Answers

1. **[좋은 생각이다]** I think shopping for groceries online is a good idea.
   [좋은 생각이 아니다] I think shopping for groceries online is not a good idea.

2. **[품질]** The most important thing I consider when buying electronic products is its quality.
   [디자인] The most important thing I consider when buying electronic products is its design.

3. **[연비]** I think the most important factor when buying a car is the fuel efficiency.
   [가격] I think the most important factor when buying a car is the price.

Actual TEST

실력 점검 실전 모의고사

TOEIC Speaking 파트별 문제 유형을 숙지하셨나요?
파트별로 어떻게 시험이 출제되는지 알았다면, 실제 시험에
도전하기 전에 모의고사로 자신의 위치를 한번 점검해봐야
겠죠? 지금부터 10세트의 Actual Test로 실전에 대비해 완
전 무장해 보세요!

Actual TEST 01

Speaking Test Directions

This is the TOEIC Speaking Test. This test includes eleven questions that measure different aspects of your speaking ability. The test lasts approximately 20 minutes.

Question	Task	Evaluation Criteria
1-2	Read a Text Aloud	• pronunciation • intonation and stress
3	Describe a Picture	all of the above, plus • grammar • vocabulary • cohesion
4-6	Respond to Questions	all of the above, plus • relevance of content • completeness of content
7-9	Respond to Questions Using Information Provided	all of the above
10	Propose a Solution	all of the above
11	Express an Opinion	all of the above

For each type of question, you will be given specific directions, including the time allowed for preparation and speaking.

It is to your advantage to say as much as you can in the time allowed. It is also important that you speak clearly and that you answer each question according to the directions.

Click on **Continue** to go on.

TOEIC Speaking

Questions 1-2: Read a Text Aloud

Directions: In this part of the test, you will read aloud the text on the screen. You will have 45 seconds to prepare. Then you will have 45 seconds to read the text aloud.

TOEIC Speaking

Question 1 of 11

Are you looking for a new phone? Well, we have everything that you are looking for! Randolph Mobile Phones offers the best price in town and we are promoting a special event, "Buy one and get another one for half of the price". So, visit our local store near you.

PREPARATION TIME
00:00:45

RESPONSE TIME
00:00:45

TOEIC Speaking

Question 2 of 11

Attention shoppers. Madison Department Store offers you the best shopping items for this holiday season. We are running children's clothing sales on the 3rd floor, a kitchenware fair on the 4th floor and special sports gear sales in the basement. These events will end tomorrow. Please enjoy shopping at Madison Department Store.

PREPARATION TIME
00:00:45

RESPONSE TIME
00:00:45

Reading **Coach**　[입으로 익히는 훈련북] **실전 상상 트레이닝** 01

TOEIC Speaking

Question 3: Describe a Picture

Directions: In this part of the test, you will describe the picture on your screen in as much detail as you can. You will have 30 seconds to prepare your response. Then, you will have 45 seconds to speak about the picture.

TOEIC Speaking

Question 3 of 11

PREPARATION TIME

00:00:30

RESPONSE TIME

00:00:45

모범 답변   [입으로 익히는 훈련북] 실전 상상 트레이닝 11

 MP3 07-03

TOEIC Speaking

Questions 4-6: Respond to Questions

Directions: In this part of the test, you will answer three questions. For each question, begin responding immediately after you hear a beep. No preparation time is provided. You will have 15 seconds to respond to Questions 4 and 5 and 30 seconds to respond to Question 6.

TOEIC Speaking

Question 4 of 11

Imagine that a Canadian marketing firm is doing research in your country. You have agreed to participate in a telephone interview about school education.

What was your favorite subject in high school and why?

RESPONSE TIME
00:00:15

Imagine that a Canadian marketing firm is doing research in your country. You have agreed to participate in a telephone interview about school education.

How did you choose your subjects when you were in high school?

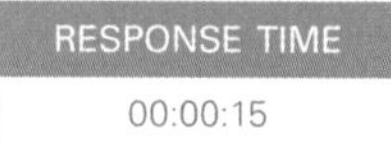

Imagine that a Canadian marketing firm is doing research in your country. You have agreed to participate in a telephone interview about school education.

What subject would you like to learn again among those subjects you did not take from high school?

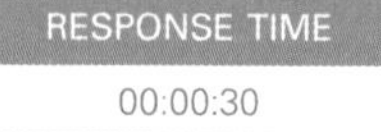

모범 답변   [입으로 익히는 훈련북] 실전 상상 트레이닝 21

TOEIC Speaking

Questions 7-9: Respond to Questions Using Information Provided

Directions: In this part of the test, you will answer three questions based on the information provided. You will have 30 seconds to read the information before the questions begin. For each question, begin responding immediately after you hear a beep. No additional preparation time is provided. You will have 15 seconds to respond to Questions 7 and 8 and 30 seconds to respond to Question 9.

Employees' Family Day Schedule (Official)
Let's all have fun!
Sunday, May 4
EMS Corp. Building
Conference Room 42

Attending: 55
Fail to attend: 0
Awaiting response:

Friendly Contribution
Amy Watson: Refreshments – Tea, soda and fresh juice
Robert Henderson: Paper cups, paper plates and plastic forks and knives
Julie Carter: Finger food – vegetable sticks and mini pizzas

PREPARATION TIME
00:00:30

Q7.
RESPONSE TIME
00:00:15

Q8.
RESPONSE TIME
00:00:15

Q9.
RESPONSE TIME
00:00:30

모범 답변　[입으로 익히는 훈련북] 실전 상상 트레이닝 31

 MP3 07-05

TOEIC Speaking

Question 10: Propose a Solution

Directions: In this part of the test, you will be presented with a problem and asked to propose a solution. You will have 30 seconds to prepare. Then you will have 60 seconds to speak.

In your response, be sure to
• show that you recognize the problem, and
• propose a way of dealing with the problem.

Narration: (Recorded Voice)

In your response, be sure to
- show that you recognize the problem, and
- propose a way of dealing with the problem.

PREPARATION TIME
00:00:30

RESPONSE TIME
00:00:60

모범 답변　[입으로 익히는 훈련북] **실전 상상 트레이닝 41**

 MP3 07-06

TOEIC Speaking

Question 11: Express an Opinion

Directions: In this part of the test, you will give your opinion about a specific topic. Be sure to say as much as you can in the time allowed. You will have 15 seconds to prepare. Then you will have 60 seconds to speak.

TOEIC Speaking

Question 11 of 11

Do you agree or disagree with the following statement?
Nowadays, people need to work harder to be successful than they did before.
Give specific reasons and examples to support your opinion.

PREPARATION TIME
00:00:15

RESPONSE TIME
00:00:60

모범 답변　[입으로 익히는 훈련북] 실전 상상 트레이닝 51

Actual TEST 02

Speaking Test Directions

CONTINUE

This is the TOEIC Speaking Test. This test includes eleven questions that measure different aspects of your speaking ability. The test lasts approximately 20 minutes.

Question	Task	Evaluation Criteria
1-2	Read a Text Aloud	• pronunciation • intonation and stress
3	Describe a Picture	all of the above, plus • grammar • vocabulary • cohesion
4-6	Respond to Questions	all of the above, plus • relevance of content • completeness of content
7-9	Respond to Questions Using Information Provided	all of the above
10	Propose a Solution	all of the above
11	Express an Opinion	all of the above

For each type of question, you will be given specific directions, including the time allowed for preparation and speaking.

It is to your advantage to say as much as you can in the time allowed. It is also important that you speak clearly and that you answer each question according to the directions.

Click on **Continue** to go on.

 실전용 MP3 23-02

 MP3 08-01

TOEIC Speaking

Questions 1-2: Read a Text Aloud

Directions: In this part of the test, you will read aloud the text on the screen. You will have 45 seconds to prepare. Then you will have 45 seconds to read the text aloud.

TOEIC Speaking

Question 1 of 11

May I have your attention please? My name is Meredith Taylor, the president of this book club. As you all know, we invited the most popular horror writer, Amy Watson. Her works include *The Moon*, *Here and After* and *Terrified*. Please welcome Ms. Watson and let's all give her a round of applause.

PREPARATION TIME
00:00:45

RESPONSE TIME
00:00:45

You have reached W.I. International Hotel. Our operators are currently busy. If you know who to speak to, please press the extension number followed by the pound key. If you have general inquiries, please hold the line. Thank you.

PREPARATION TIME
00:00:45

RESPONSE TIME
00:00:45

Reading **Coach** [입으로 익히는 훈련북] **실전 상상 트레이닝** 02

🎧 MP3 08-02

TOEIC Speaking

Question 3: Describe a Picture

Directions: In this part of the test, you will describe the picture on your screen in as much detail as you can. You will have 30 seconds to prepare your response. Then, you will have 45 seconds to speak about the picture.

TOEIC Speaking
Question 3 of 11

PREPARATION TIME

00:00:30

RESPONSE TIME

00:00:45

TOEIC Speaking

Questions 4-6: Respond to Questions

Directions: In this part of the test, you will answer three questions. For each question, begin responding immediately after you hear a beep. No preparation time is provided. You will have 15 seconds to respond to Questions 4 and 5 and 30 seconds to respond to Question 6.

TOEIC Speaking

Question 4 of 11

Imagine that a British marketing firm is doing research in your country. You have agreed to participate in a telephone interview about using Internet.

How much time do you spend on the Internet each day?

RESPONSE TIME
00:00:15

TOEIC Speaking

Question 5 of 11

Imagine that a British marketing firm is doing research in your country. You have agreed to participate in a telephone interview about using Internet.

What kind of information do you look for on the Internet?

RESPONSE TIME

00:00:15

TOEIC Speaking

Question 6 of 11

Imagine that a British marketing firm is doing research in your country. You have agreed to participate in a telephone interview about using Internet.

Do you think it is easy to find information on the Internet?
Why or why not?

RESPONSE TIME

00:00:30

모범 답변   [입으로 익히는 훈련북] 실전 상상 트레이닝 22

TOEIC Speaking

Questions 7-9: Respond to Questions Using Information Provided

Directions: In this part of the test, you will answer three questions based on the information provided. You will have 30 seconds to read the information before the questions begin. For each question, begin responding immediately after you hear a beep. No additional preparation time is provided. You will have 15 seconds to respond to Questions 7 and 8 and 30 seconds to respond to Question 9.

TOEIC Speaking

Questions 7-9 of 11

Interview Schedules

Wednesday, May 21 Interview Room 344

Time	Interviewee	Position applied	Current Job
09:30~10:00 a.m.	Amy Watson	Room service afternoon shift	Just graduated from University
10:00~10:30 a.m.	Daniel Taylor	Waiter / Waitress	T.I.A Thai Restaurant
~~10:30~11:00 a.m.~~	~~Laura Turner~~	~~Front desk manger~~	~~Lotte Duty Free Shop~~
11:00~11:30 a.m.	Joseph Hoffman	Waiter / Waitress	ANA Hotel Fine Dining
11:30~12:00 p.m.	Patricia Carson	Waiter / Waitress	Between the Jobs

PREPARATION TIME
00:00:30

Q7.

RESPONSE TIME
00:00:15

Q8.

RESPONSE TIME
00:00:15

Q9.

RESPONSE TIME
00:00:30

모범 답변 [입으로 익히는 훈련북] 실전 상상 트레이닝 32

TOEIC Speaking

Question 10: Propose a Solution

Directions: In this part of the test, you will be presented with a problem and asked to propose a solution. You will have 30 seconds to prepare. Then you will have 60 seconds to speak.

In your response, be sure to
- show that you recognize the problem, and
- propose a way of dealing with the problem.

TOEIC Speaking

Question 10 of 11

Narration: (Recorded Voice)

In your response, be sure to
- show that you recognize the problem, and
- propose a way of dealing with the problem.

PREPARATION TIME
00:00:30

RESPONSE TIME
00:00:60

모범 답변 　[입으로 익히는 훈련북] 실전 상상 트레이닝 42

TOEIC Speaking

Question 11: Express an Opinion

Directions: In this part of the test, you will give your opinion about a specific topic. Be sure to say as much as you can in the time allowed. You will have 15 seconds to prepare. Then you will have 60 seconds to speak.

TOEIC Speaking

Question 11 of 11

Do you agree or disagree with the following statement?
Teachers should have a good sense of humor.
Give specific reasons and examples to support your opinion.

PREPARATION TIME
00:00:15

RESPONSE TIME
00:00:60

모범 답변 　[입으로 익히는 훈련북] **실전 상상 트레이닝** 52

Actual TEST 03

Speaking Test Directions

`CONTINUE`

This is the TOEIC Speaking Test. This test includes eleven questions that measure different aspects of your speaking ability. The test lasts approximately 20 minutes.

Question	Task	Evaluation Criteria
1-2	Read a Text Aloud	• pronunciation • intonation and stress
3	Describe a Picture	all of the above, plus • grammar • vocabulary • cohesion
4-6	Respond to Questions	all of the above, plus • relevance of content • completeness of content
7-9	Respond to Questions Using Information Provided	all of the above
10	Propose a Solution	all of the above
11	Express an Opinion	all of the above

For each type of question, you will be given specific directions, including the time allowed for preparation and speaking.

It is to your advantage to say as much as you can in the time allowed. It is also important that you speak clearly and that you answer each question according to the directions.

Click on **Continue** to go on.

TOEIC Speaking

Questions 1-2: Read a Text Aloud

Directions: In this part of the test, you will read aloud the text on the screen. You will have 45 seconds to prepare. Then you will have 45 seconds to read the text aloud.

TOEIC Speaking

Question 1 of 11

Good evening, everyone. It has been a tradition of our company to recognize the employees who have done excellent jobs. We have three nominees this year and they are all from the sales department. Ladies and gentlemen, let's give a big hand to Mr. Williams, Mrs. McKenzie and Mr. Sanchez.

PREPARATION TIME
00:00:45

RESPONSE TIME
00:00:45

TOEIC Speaking

Question 2 of 11

Do you want to know about the secret of local business? Well, we have an answer for you. "The Great Viewer" offers the best business solutions such as web design, local paper advertising and Internet promotion. If you want to know about this secret, please call us at (094) 453-5542.

PREPARATION TIME
00:00:45

RESPONSE TIME
00:00:45

Reading **Coach** [입으로 익히는 훈련북] **실전 상상 트레이닝** 03

TOEIC Speaking

Question 3: Describe a Picture

Directions: In this part of the test, you will describe the picture on your screen in as much detail as you can. You will have 30 seconds to prepare your response. Then, you will have 45 seconds to speak about the picture.

TOEIC Speaking

Question 3 of 11

PREPARATION TIME

00:00:30

RESPONSE TIME

00:00:45

모범 답변   [입으로 익히는 훈련북] 실전 상상 트레이닝 13

MP3 09-03

TOEIC Speaking

Questions 4-6: Respond to Questions

Directions: In this part of the test, you will answer three questions. For each question, begin responding immediately after you hear a beep. No preparation time is provided. You will have 15 seconds to respond to Questions 4 and 5 and 30 seconds to respond to Question 6.

TOEIC Speaking

Question 4 of 11

Imagine that a Canadian marketing firm is doing research in your country. You agreed to participate in a telephone interview about the Internet.

Do you currently use the Internet more than you did a year ago?

RESPONSE TIME
00:00:15

Question 5 of 11

Imagine that a Canadian marketing firm is doing research in your country. You agreed to participate in a telephone interview about the Internet.

What is a reason for people to use the Internet?

RESPONSE TIME

00:00:15

TOEIC Speaking

Question 6 of 11

Imagine that a Canadian marketing firm is doing research in your country. You agreed to participate in a telephone interview about the Internet.

What are some disadvantages of getting information through the Internet?

RESPONSE TIME

00:00:30

모범 답변 [입으로 익히는 훈련북] **실전 상상 트레이닝** 23

TOEIC Speaking

Questions 7-9: Respond to Questions Using Information Provided

Directions: In this part of the test, you will answer three questions based on the information provided. You will have 30 seconds to read the information before the questions begin. For each question, begin responding immediately after you hear a beep. No additional preparation time is provided. You will have 15 seconds to respond to Questions 7 and 8 and 30 seconds to respond to Question 9.

Mariva Hair
Products Marketing Schedule

Date	Events
October 24	Promotional Event: New York , Los Angeles
November 4	Publicity Ad: Magazine: *Hair Today, New Fashions, Celebrity Weekly* TV Channel: *Fashion Network, Style Channel*
November 21	Hair Show: W Hotel, Grand Ballroom Scheduled soon to be advised

** Products in Stores: October 23*

PREPARATION TIME
00:00:30

Q7.

RESPONSE TIME
00:00:15

Q8.

RESPONSE TIME
00:00:15

Q9.

RESPONSE TIME
00:00:30

모범 답변　[입으로 익히는 훈련북] 실전 상상 트레이닝 33

TOEIC Speaking

Question 10: Propose a Solution

Directions: In this part of the test, you will be presented with a problem and asked to propose a solution. You will have 30 seconds to prepare. Then you will have 60 seconds to speak.

In your response, be sure to
• show that you recognize the problem, and
• propose a way of dealing with the problem.

Narration: (Recorded Voice)

In your response, be sure to
• show that you recognize the problem, and
• propose a way of dealing with the problem.

PREPARATION TIME
00:00:30

RESPONSE TIME
00:00:60

모범 답변   [입으로 익히는 훈련북] **실전 상상 트레이닝** 43

MP3 09-06

TOEIC Speaking

Question 11: Express an Opinion

Directions: In this part of the test, you will give your opinion about a specific topic. Be sure to say as much as you can in the time allowed. You will have 15 seconds to prepare. Then you will have 60 seconds to speak.

TOEIC Speaking

Question 11 of 11

What is the most important characteristic of a good politician?
Give specific reasons and examples to support your opinion.

PREPARATION TIME
00:00:15

RESPONSE TIME
00:00:60

모범 답변   [입으로 익히는 훈련북] 실전 상상 트레이닝 53

Actual TEST 04

Speaking Test Directions

CONTINUE

This is the TOEIC Speaking Test. This test includes eleven questions that measure different aspects of your speaking ability. The test lasts approximately 20 minutes.

Question	Task	Evaluation Criteria
1-2	Read a Text Aloud	• pronunciation • intonation and stress
3	Describe a Picture	all of the above, plus • grammar • vocabulary • cohesion
4-6	Respond to Questions	all of the above, plus • relevance of content • completeness of content
7-9	Respond to Questions Using Information Provided	all of the above
10	Propose a Solution	all of the above
11	Express an Opinion	all of the above

For each type of question, you will be given specific directions, including the time allowed for preparation and speaking.

It is to your advantage to say as much as you can in the time allowed. It is also important that you speak clearly and that you answer each question according to the directions.

Click on **Continue** to go on.

 MP3 10-01

TOEIC Speaking

Questions 1-2: Read a Text Aloud

Directions: In this part of the test, you will read aloud the text on the screen. You will have 45 seconds to prepare. Then you will have 45 seconds to read the text aloud.

TOEIC Speaking

Question 1 of 11

Thank you for attending this meeting. Today, we are going to go through the business plan for next month, information about clients in China and their itinerary at the end of this month. I am going to start now but if you have any questions, please wait till I finish this presentation. Thanks.

PREPARATION TIME
00:00:45

RESPONSE TIME
00:00:45

Thank you for calling Shangri-La Honeymoon. If you would like to know about today's departures and arrivals, please press 1. If you would like to speak to one of our representatives about our fantastic honeymoon packages, please leave your name and phone number after the beep. And we will get back to you as soon as possible. Thank you.

PREPARATION TIME
00:00:45

RESPONSE TIME
00:00:45

Reading Coach [입으로 익히는 훈련북] **실전 상상 트레이닝** 04

🎧 MP3 10-02

TOEIC Speaking

Question 3: Describe a Picture

Directions: In this part of the test, you will describe the picture on your screen in as much detail as you can. You will have 30 seconds to prepare your response. Then, you will have 45 seconds to speak about the picture.

TOEIC Speaking

Question 3 of 11

PREPARATION TIME

00:00:30

RESPONSE TIME

00:00:45

모범 답변　[입으로 익히는 훈련북] **실전 상상 트레이닝 14**

TOEIC Speaking

Questions 4-6: Respond to Questions

Directions: In this part of the test, you will answer three questions. For each question, begin responding immediately after you hear a beep. No preparation time is provided. You will have 15 seconds to respond to Questions 4 and 5 and 30 seconds to respond to Question 6.

TOEIC Speaking

Question 4 of 11

Imagine that a New Zealand marketing firm is doing research in your country. You have agreed to participate in a telephone interview about eating breakfast.

Do you eat breakfast every day? Why or why not?

RESPONSE TIME

00:00:15

TOEIC Speaking

Question 5 of 11

Imagine that a New Zealand marketing firm is doing research in your country. You have agreed to participate in a telephone interview about eating breakfast.

Do you have any typical type of food you eat for breakfast?

RESPONSE TIME

00:00:15

TOEIC Speaking

Question 6 of 11

Imagine that a New Zealand marketing firm is doing research in your country. You have agreed to participate in a telephone interview about eating breakfast.

How have your breakfast habits changed since you were a child?

RESPONSE TIME

00:00:30

모범 답변　[입으로 익히는 훈련북] 실전 상상 트레이닝 24

Questions 7-9: Respond to Questions Using Information Provided

Directions: In this part of the test, you will answer three questions based on the information provided. You will have 30 seconds to read the information before the questions begin. For each question, begin responding immediately after you hear a beep. No additional preparation time is provided. You will have 15 seconds to respond to Questions 7 and 8 and 30 seconds to respond to Question 9.

SKY ROCK LODGE

We climb with you to the top!!!

42 Poplar Street, Helena, Montana

Programs	Adult	Child (under 16)
Climbing a mountain	$80	$60
Travel the Mt. Expedite	$105	$80
Explore the wild	$150	$115

Accommodation	Price	Amenities
Lodge the Standard (Sleep 4)	$100	Fire place, kitchen, laundry
Lodge the Special (Sleep 6)	$120	Fireplace, Kitchen, laundry, hot tub

PREPARATION TIME

00:00:30

Q7.

RESPONSE TIME

00:00:15

Q8.

RESPONSE TIME

00:00:15

Q9.

RESPONSE TIME

00:00:30

모범 답변 [입으로 익히는 훈련북] 실전 상상 트레이닝 34

TOEIC Speaking

Question 10: Propose a Solution

Directions: In this part of the test, you will be presented with a problem and asked to propose a solution. You will have 30 seconds to prepare. Then you will have 60 seconds to speak.

In your response, be sure to
• show that you recognize the problem, and
• propose a way of dealing with the problem.

Narration: (Recorded Voice)

In your response, be sure to
• show that you recognize the problem, and
• propose a way of dealing with the problem.

PREPARATION TIME
00:00:30

RESPONSE TIME
00:00:60

모범 답변   [입으로 익히는 훈련북] **실전 상상 트레이닝 44**

TOEIC Speaking

Question 11: Express an Opinion

Directions: In this part of the test, you will give your opinion about a specific topic. Be sure to say as much as you can in the time allowed. You will have 15 seconds to prepare. Then you will have 60 seconds to speak.

TOEIC Speaking

Question 11 of 11

What is the most important factor to live a healthy life?
• Magazine
• Family and Friends
• Fitness Instructor
Give specific reasons and examples to support your opinion.

PREPARATION TIME
00:00:15

RESPONSE TIME
00:00:60

모범 답변　[입으로 익히는 훈련북] **실전 상상 트레이닝** 54

Actual TEST 05

Speaking Test Directions

This is the TOEIC Speaking Test. This test includes eleven questions that measure different aspects of your speaking ability. The test lasts approximately 20 minutes.

Question	Task	Evaluation Criteria
1-2	Read a Text Aloud	• pronunciation • intonation and stress
3	Describe a Picture	all of the above, plus • grammar • vocabulary • cohesion
4-6	Respond to Questions	all of the above, plus • relevance of content • completeness of content
7-9	Respond to Questions Using Information Provided	all of the above
10	Propose a Solution	all of the above
11	Express an Opinion	all of the above

For each type of question, you will be given specific directions, including the time allowed for preparation and speaking.

It is to your advantage to say as much as you can in the time allowed. It is also important that you speak clearly and that you answer each question according to the directions.

Click on **Continue** to go on.

TOEIC Speaking

Questions 1-2: Read a Text Aloud

Directions: In this part of the test, you will read aloud the text on the screen. You will have 45 seconds to prepare. Then you will have 45 seconds to read the text aloud.

TOEIC Speaking

Question 1 of 11

Good morning, everyone. As Vice President of Global Learning, I am very excited to introduce our company. We are currently located in the center of LA and have more than 100 employees. Today, I am very pleased to announce the official opening of our first Asian branch in China. Thank you.

PREPARATION TIME
00:00:45

RESPONSE TIME
00:00:45

TOEIC Speaking

Question 2 of 11

Are you tired of the same old weekends? We are here to help you with your weekend getaway. Log on to www.tours4u.com and find your best weekend getaway for under $300. The offer ends soon, so hurry.

PREPARATION TIME
00:00:45

RESPONSE TIME
00:00:45

Reading Coach [입으로 익히는 훈련북] **실전 상상 트레이닝 05**

TOEIC Speaking

Question 3: Describe a Picture

Directions: In this part of the test, you will describe the picture on your screen in as much detail as you can. You will have 30 seconds to prepare your response. Then, you will have 45 seconds to speak about the picture.

TOEIC Speaking
Question 3 of 11

PREPARATION TIME

00:00:30

RESPONSE TIME

00:00:45

모범 답변 [입으로 익히는 훈련북] **실전 상상 트레이닝** 15

TOEIC Speaking

Questions 4-6: Respond to Questions

Directions: In this part of the test, you will answer three questions. For each question, begin responding immediately after you hear a beep. No preparation time is provided. You will have 15 seconds to respond to Questions 4 and 5 and 30 seconds to respond to Question 6.

TOEIC Speaking

Question 4 of 11

Imagine that an Australian marketing firm is doing research in your country. You have agreed to participate in a telephone interview about cold weather clothes.

When did you buy your coat or jacket and where?

RESPONSE TIME

00:00:15

Imagine that an Australian marketing firm is doing research in your country. You have agreed to participate in a telephone interview about cold weather clothes.

Do you think it is important to own more than one coat or jacket? Why or why not?

RESPONSE TIME

00:00:15

Imagine that an Australian marketing firm is doing research in your country. You have agreed to participate in a telephone interview about cold weather clothes.

Describe your favorite coat or jacket.

RESPONSE TIME

00:00:30

모범 답변　[입으로 익히는 훈련북] 실전 상상 트레이닝 25

MP3 11-04

Questions 7-9: Respond to Questions Using Information Provided

Directions: In this part of the test, you will answer three questions based on the information provided. You will have 30 seconds to read the information before the questions begin. For each question, begin responding immediately after you hear a beep. No additional preparation time is provided. You will have 15 seconds to respond to Questions 7 and 8 and 30 seconds to respond to Question 9.

Lake View Hotel

Intern Orientation Program Schedule

Monday, Oct. 22

09:30 - 10:30	Welcome Breakfast and Greeting
10:30 - 11:00	Introduction (Get to know each other)
11:00 - Noon	Journalism Ethics
Noon - 01:00	Lunch
01:00 - 01:30	Introduction to Payroll (Cancelled)
01:30 - 03:00	Building Tour
03:00 - 04:00	Group Activity

PREPARATION TIME

00:00:30

Q7.

RESPONSE TIME

00:00:15

Q8.

RESPONSE TIME

00:00:15

Q9.

RESPONSE TIME

00:00:30

모범 답변 　[입으로 익히는 훈련북] 실전 상상 트레이닝 35

MP3 11-05

TOEIC Speaking

Question 10: Propose a Solution

Directions: In this part of the test, you will be presented with a problem and asked to propose a solution. You will have 30 seconds to prepare. Then you will have 60 seconds to speak.

In your response, be sure to
• show that you recognize the problem, and
• propose a way of dealing with the problem.

Narration: (Recorded Voice)

In your response, be sure to
• show that you recognize the problem, and
• propose a way of dealing with the problem.

PREPARATION TIME
00:00:30

RESPONSE TIME
00:00:60

모범 답변　[입으로 익히는 훈련북] **실전 상상 트레이닝** 45

🎧 MP3 11-06

TOEIC Speaking

Question 11: Express an Opinion

Directions: In this part of the test, you will give your opinion about a specific topic. Be sure to say as much as you can in the time allowed. You will have 15 seconds to prepare. Then you will have 60 seconds to speak.

TOEIC Speaking

Question 11 of 11

What is the most effective way to get information?
• Internet
• Newspapers
• SNS
Give specific reasons and examples to support your opinion.

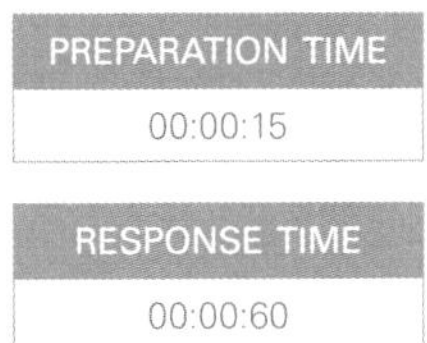

모범 답변　[입으로 익히는 훈련북] 실전 상상 트레이닝 55

Actual TEST 06

Speaking Test Directions

CONTINUE

This is the TOEIC Speaking Test. This test includes eleven questions that measure different aspects of your speaking ability. The test lasts approximately 20 minutes.

Question	Task	Evaluation Criteria
1-2	Read a Text Aloud	• pronunciation • intonation and stress
3	Describe a Picture	all of the above, plus • grammar • vocabulary • cohesion
4-6	Respond to Questions	all of the above, plus • relevance of content • completeness of content
7-9	Respond to Questions Using Information Provided	all of the above
10	Propose a Solution	all of the above
11	Express an Opinion	all of the above

For each type of question, you will be given specific directions, including the time allowed for preparation and speaking.

It is to your advantage to say as much as you can in the time allowed. It is also important that you speak clearly and that you answer each question according to the directions.

Click on **Continue** to go on.

MP3 12-01

TOEIC Speaking

Questions 1-2: Read a Text Aloud

Directions: In this part of the test, you will read aloud the text on the screen. You will have 45 seconds to prepare. Then you will have 45 seconds to read the text aloud.

TOEIC Speaking

Question 1 of 11

Do you need a new school bag this semester? "Bags Are Us" has the largest range of bags of all kinds, from children's school bags to travel luggage. Please come and visit us and get the best deal ever this school holiday.

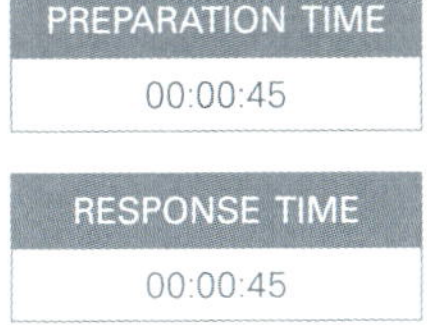

Could I have everyone's attention, please? Tomorrow, the North Gate parking lot will be closed, due to annual maintenance work. The East Gate will still be open, so if you park your car on the North Gate, we advise you to use public transportation tomorrow. Thank you for your cooperation.

PREPARATION TIME
00:00:45

RESPONSE TIME
00:00:45

Reading Coach [입으로 익히는 훈련북] **실전 상상 트레이닝** 06

MP3 12-02

TOEIC Speaking

Question 3: Describe a Picture

Directions: In this part of the test, you will describe the picture on your screen in as much detail as you can. You will have 30 seconds to prepare your response. Then, you will have 45 seconds to speak about the picture.

TOEIC Speaking

Question 3 of 11

PREPARATION TIME

00:00:30

RESPONSE TIME

00:00:45

모범 답변　【입으로 익히는 훈련북】 **실전 상상 트레이닝 16**

TOEIC Speaking

Questions 4-6: Respond to Questions

Directions: In this part of the test, you will answer three questions. For each question, begin responding immediately after you hear a beep. No preparation time is provided. You will have 15 seconds to respond to Questions 4 and 5 and 30 seconds to respond to Question 6.

TOEIC Speaking

Question 4 of 11

Imagine that a Canadian marketing firm is doing research in your country. You have agreed to participate in a telephone interview about watching the news.

How often do you watch the news?

RESPONSE TIME
00:00:15

TOEIC Speaking

Question 5 of 11

Imagine that a Canadian marketing firm is doing research in your country. You have agreed to participate in a telephone interview about watching news.

Why do you watch the news?

RESPONSE TIME

00:00:15

TOEIC Speaking

Question 6 of 11

Imagine that a Canadian marketing firm is doing research in your country. You have agreed to participate in a telephone interview about watching news.

Why do you think watching the news is better than reading newspapers?

RESPONSE TIME

00:00:30

모범 답변 [입으로 익히는 훈련북] 실전 상상 트레이닝 26

Questions 7-9: Respond to Questions Using Information Provided

Directions: In this part of the test, you will answer three questions based on the information provided. You will have 30 seconds to read the information before the questions begin. For each question, begin responding immediately after you hear a beep. No additional preparation time is provided. You will have 15 seconds to respond to Questions 7 and 8 and 30 seconds to respond to Question 9.

TOEIC Speaking

Questions 7-9 of 11

C&R Art School – Fall Semester

Class	Starting Date	Registration	Fee	Instructor
Basic Drawing	October 1	September 28-29	$150/month	Rachael Cox
Computer Graphics	October 3	September 30	$280/month[*]	Jamie McKenzie
Intermediate Painting	October 5	September 28-29	$150/month	Rachael Cox
Basic Sculpture	October 1	September 28-29	$250/month[**]	Scott Gear

To register, please call 234-3044 or visit at www.cnrschool.com

*Online registration only

**Material fee is included.

PREPARATION TIME
00:00:30

Q7.

RESPONSE TIME
00:00:15

Q8.

RESPONSE TIME
00:00:15

Q9.

RESPONSE TIME
00:00:30

모범 답변　[입으로 익히는 훈련북] 실전 상상 트레이닝 36

TOEIC Speaking

Question 10: Propose a Solution

Directions: In this part of the test, you will be presented with a problem and asked to propose a solution. You will have 30 seconds to prepare. Then you will have 60 seconds to speak.

In your response, be sure to
• show that you recognize the problem, and
• propose a way of dealing with the problem.

Narration: (Recorded Voice)

In your response, be sure to

- show that you recognize the problem, and
- propose a way of dealing with the problem.

PREPARATION TIME
00:00:30

RESPONSE TIME
00:00:60

모범 답변　[입으로 익히는 훈련북] **실전 상상 트레이닝 46**

TOEIC Speaking

Question 11: Express an Opinion

Directions: In this part of the test, you will give your opinion about a specific topic. Be sure to say as much as you can in the time allowed. You will have 15 seconds to prepare. Then you will have 60 seconds to speak.

TOEIC Speaking

Question 11 of 11

Some people like to do grocery shopping online while others like to buy groceries at local stores. Which do you prefer and why?
Give specific reasons and examples to support your opinion.

PREPARATION TIME
00:00:15

RESPONSE TIME
00:00:60

모범 답변　[입으로 익히는 훈련북] 실전 상상 트레이닝 56

Actual TEST 07

Speaking Test Directions

CONTINUE

This is the TOEIC Speaking Test. This test includes eleven questions that measure different aspects of your speaking ability. The test lasts approximately 20 minutes.

Question	Task	Evaluation Criteria
1-2	Read a Text Aloud	• pronunciation • intonation and stress
3	Describe a Picture	all of the above, plus • grammar • vocabulary • cohesion
4-6	Respond to Questions	all of the above, plus • relevance of content • completeness of content
7-9	Respond to Questions Using Information Provided	all of the above
10	Propose a Solution	all of the above
11	Express an Opinion	all of the above

For each type of question, you will be given specific directions, including the time allowed for preparation and speaking.

It is to your advantage to say as much as you can in the time allowed. It is also important that you speak clearly and that you answer each question according to the directions.

Click on **Continue** to go on.

TOEIC Speaking

Questions 1-2: Read a Text Aloud

Directions: In this part of the test, you will read aloud the text on the screen. You will have 45 seconds to prepare. Then you will have 45 seconds to read the text aloud.

TOEIC Speaking

Question 1 of 11

Attention all tourists. The Wow City Tour bus will be leaving in 30 minutes. Copies of our daily schedule will be provided by one of our tour guides, Scarlet, near the reception area. Also, you can purchase beverages and snacks at the gate, so please visit our snack bar before leaving.

PREPARATION TIME
00:00:45

RESPONSE TIME
00:00:45

TOEIC Speaking

Question 2 of 11

Welcome to the 15th annual fundraising dinner for "Save Children in Africa Foundation". I am pleased to introduce our keynote speaker, Mr. Anderson. Mr. Anderson is one of the original members of this foundation and he has put a lot of effort in our latest project in Africa. Ladies and gentlemen, please welcome Mr. Anderson.

PREPARATION TIME
00:00:45

RESPONSE TIME
00:00:45

Reading **Coach** [입으로 익히는 훈련북] **실전 상상 트레이닝** 07

Question 3: Describe a Picture

Directions: In this part of the test, you will describe the picture on your screen in as much detail as you can. You will have 30 seconds to prepare your response. Then, you will have 45 seconds to speak about the picture.

Question 3 of 11

PREPARATION TIME
00:00:30

RESPONSE TIME
00:00:45

MP3 13-03

TOEIC Speaking

Questions 4-6: Respond to Questions

Directions: In this part of the test, you will answer three questions. For each question, begin responding immediately after you hear a beep. No preparation time is provided. You will have 15 seconds to respond to Questions 4 and 5 and 30 seconds to respond to Question 6.

TOEIC Speaking

Question 4 of 11

Imagine that an American marketing firm is doing research in your country. You have agreed to participate in a telephone interview about clothing.

What kind of clothes do people wear at your school or work?

RESPONSE TIME
00:00:15

Question 5 of 11

Imagine that an American marketing firm is doing research in your country.
You have agreed to participate in a telephone interview about clothing.

How often do you buy clothes?

RESPONSE TIME
00:00:15

TOEIC Speaking

Question 6 of 11

Imagine that an American marketing firm is doing research in your country.
You have agreed to participate in a telephone interview about clothing.

What kind of features should a good clothing store have?

RESPONSE TIME
00:00:30

모범 답변   [입으로 익히는 훈련북] 실전 상상 트레이닝 27

TOEIC Speaking

Questions 7-9: Respond to Questions Using Information Provided

Directions: In this part of the test, you will answer three questions based on the information provided. You will have 30 seconds to read the information before the questions begin. For each question, begin responding immediately after you hear a beep. No additional preparation time is provided. You will have 15 seconds to respond to Questions 7 and 8 and 30 seconds to respond to Question 9.

Student Committee Film Festival
Fri. April 1 2011

Title	Running Time	Genre	Showing	Remarks
The King's Speech	87 mins.	Drama	09:00 10:40 12:00 17:00	
Hannah	94 mins.	Action	10:00 11:40 13:30 20:00	
Here After	110 mins.	Romantic Comedy	*12:30 15:00 22:00	*Director's Talk
Fast and Furious	160 mins.	Action	*10:30 14:00 19:00 23:15	*Director's Talk

PREPARATION TIME
00:00:30

Q7.

RESPONSE TIME
00:00:15

Q8.

RESPONSE TIME
00:00:15

Q9.

RESPONSE TIME
00:00:30

모범 답변 [입으로 익히는 훈련북] 실전 상상 트레이닝 37

MP3 13-05

TOEIC Speaking

Question 10: Propose a Solution

Directions: In this part of the test, you will be presented with a problem and asked to propose a solution. You will have 30 seconds to prepare. Then you will have 60 seconds to speak.

In your response, be sure to
• show that you recognize the problem, and
• propose a way of dealing with the problem.

Narration: (Recorded Voice)

In your response, be sure to

• show that you recognize the problem, and

• propose a way of dealing with the problem.

PREPARATION TIMF
00:00:30

RESPONSE TIME
00:00:60

모범 답변　[입으로 익히는 훈련북] 실전 상상 트레이닝 47

🎧 MP3 13-06

TOEIC Speaking

Question 11: Express an Opinion

Directions: In this part of the test, you will give your opinion about a specific topic. Be sure to say as much as you can in the time allowed. You will have 15 seconds to prepare. Then you will have 60 seconds to speak

TOEIC Speaking
Question 11 of 11

Do you agree or disagree with the following statement?
Nowadays, people are not better at making public speeches than they were before.
Give specific reasons and examples to support your opinion.

PREPARATION TIME
00:00:15

RESPONSE TIME
00:00:60

모범 답변 [입으로 익히는 훈련북] 실전 상상 트레이닝 57

Actual TEST 08

Speaking Test Directions

This is the TOEIC Speaking Test. This test includes eleven questions that measure different aspects of your speaking ability. The test lasts approximately 20 minutes.

Question	Task	Evaluation Criteria
1-2	Read a Text Aloud	• pronunciation • intonation and stress
3	Describe a Picture	all of the above, plus • grammar • vocabulary • cohesion
4-6	Respond to Questions	all of the above, plus • relevance of content • completeness of content
7-9	Respond to Questions Using Information Provided	all of the above
10	Propose a Solution	all of the above
11	Express an Opinion	all of the above

For each type of question, you will be given specific directions, including the time allowed for preparation and speaking.

It is to your advantage to say as much as you can in the time allowed. It is also important that you speak clearly and that you answer each question according to the directions.

Click on **Continue** to go on.

실전용 MP3 23-08

MP3 14-01

TOEIC Speaking

Questions 1-2: Read a Text Aloud

Directions: In this part of the test, you will read aloud the text on the screen. You will have 45 seconds to prepare. Then you will have 45 seconds to read the text aloud.

TOEIC Speaking

Question 1 of 11

You can buy real bread at Croissant Bakery. We sell various types of delicacies like white bread for breakfast, cookies for the afternoon and beautiful cakes for special occasions. So, please visit us and try something special for you and your family.

PREPARATION TIME
00:00:45

RESPONSE TIME
00:00:45

Attention travelers. This is the last call for Safenet Airline flight SE243. The flight will be delayed by 5 hours due to a possible typhoon near the airport area. We apologize for any inconvenience. Please stand by and wait for another announcement soon. Thank you.

PREPARATION TIME
00:00:45

RESPONSE TIME
00:00:45

Reading **Coach** [입으로 익히는 훈련북] **실전 상상 트레이닝** 08

🎧 MP3 14-02

TOEIC Speaking

Question 3: Describe a Picture

Directions: In this part of the test, you will describe the picture on your screen in as much detail as you can. You will have 30 seconds to prepare your response. Then, you will have 45 seconds to speak about the picture.

TOEIC Speaking

Question 3 of 11

PREPARATION TIME

00:00:30

RESPONSE TIME

00:00:45

모범 답변　[입으로 익히는 훈련북] 실전 상상 트레이닝 18

TOEIC Speaking

Questions 4-6: Respond to Questions

Directions: In this part of the test, you will answer three questions. For each question, begin responding immediately after you hear a beep. No preparation time is provided. You will have 15 seconds to respond to Questions 4 and 5 and 30 seconds to respond to Question 6.

TOEIC Speaking

Question 4 of 11

Imagine that an Australian marketing firm is doing research in your country. You have agreed to participate in a telephone interview about a trip you have taken.

How long was your last trip and where did you go?

RESPONSE TIME
00:00:15

TOEIC Speaking

Question 5 of 11

Imagine that an Australian marketing firm is doing research in your country. You have agreed to participate in a telephone interview about trip.

Where would you like to go on your next holiday?

RESPONSE TIME

00:00:15

TOEIC Speaking

Question 6 of 11

Imagine that an Australian marketing firm is doing research in your country. You have agreed to participate in a telephone interview about trip.

Which do you prefer, to travel alone or with an organized group?

RESPONSE TIME

00:00:30

모범 답변 [입으로 익히는 훈련북] 실전 상상 트레이닝 28

Questions 7-9: Respond to Questions Using Information Provided

Directions: In this part of the test, you will answer three questions based on the information provided. You will have 30 seconds to read the information before the questions begin. For each question, begin responding immediately after you hear a beep. No additional preparation time is provided. You will have 15 seconds to respond to Questions 7 and 8 and 30 seconds to respond to Question 9.

TOEIC Speaking

Questions 7-9 of 11

Good-bye Dinner Party for Joanne Clark!!

Date: January 29th, 5:30 p.m.

Location: Banquet Hall, 2nd floor

Bring your own!!

Menu	Number needed	Names (Put your name down)
Green Salad	2	Derek White Christina Yang
Fried or mashed potato	3	Mark Hill Alex Mao ( )
Uncooked red meat (beef or pork)	3	Amy Johnson ( ) ( )
Dessert	2	Dgee Wane Rebecca Gee

PREPARATION TIME

00:00:30

Q7.

RESPONSE TIME

00:00:15

Q8.

RESPONSE TIME

00:00:15

Q9.

RESPONSE TIME

00:00:30

모범 답변 [입으로 익히는 훈련북] 실전 상상 트레이닝 38

TOEIC Speaking

Question 10: Propose a Solution

Directions: In this part of the test, you will be presented with a problem and asked to propose a solution. You will have 30 seconds to prepare. Then you will have 60 seconds to speak.

In your response, be sure to
• show that you recognize the problem, and
• propose a way of dealing with the problem.

TOEIC Speaking

Question 10 of 11

Narration: (Recorded Voice)

In your response, be sure to
• show that you recognize the problem, and
• propose a way of dealing with the problem.

PREPARATION TIME
00:00:30

RESPONSE TIME
00:00:60

모범 답변   [입으로 익히는 훈련북] **실전 상상 트레이닝 48**

TOEIC Speaking

Question 11: Express an Opinion

Directions: In this part of the test, you will give your opinion about a specific topic. Be sure to say as much as you can in the time allowed. You will have 15 seconds to prepare. Then you will have 60 seconds to speak.

TOEIC Speaking

Question 11 of 11

What is the most important lesson for parents to teach their children?
• How to set a goal
• How to overcome a failure
• How to make friends
Give specific reasons and examples to support your opinion.

PREPARATION TIME
00:00:15

RESPONSE TIME
00:00:60

모범 답변　[입으로 익히는 훈련북] **실전 상상 트레이닝 58**

Actual TEST 09

CONTINUE

This is the TOEIC Speaking Test. This test includes eleven questions that measure different aspects of your speaking ability. The test lasts approximately 20 minutes.

Question	Task	Evaluation Criteria
1-2	Read a Text Aloud	• pronunciation • intonation and stress
3	Describe a Picture	all of the above, plus • grammar • vocabulary • cohesion
4-6	Respond to Questions	all of the above, plus • relevance of content • completeness of content
7-9	Respond to Questions Using Information Provided	all of the above
10	Propose a Solution	all of the above
11	Express an Opinion	all of the above

For each type of question, you will be given specific directions, including the time allowed for preparation and speaking.

It is to your advantage to say as much as you can in the time allowed. It is also important that you speak clearly and that you answer each question according to the directions.

Click on **Continue** to go on.

 MP3 15-01

TOEIC Speaking

Questions 1-2: Read a Text Aloud

Directions: In this part of the test, you will read aloud the text on the screen. You will have 45 seconds to prepare. Then you will have 45 seconds to read the text aloud.

TOEIC Speaking

Question 1 of 11

You are listening to WDLS Radio Station. After the short break, we are going to have Selma, the winner of a music award in Canada. She will sing the megahit song, *Don't You Remember*, live, here at WDLS Studio. So, don't go away.

PREPARATION TIME
00:00:45

RESPONSE TIME
00:00:45

TOEIC Speaking

Question 2 of 11

Before we start this meeting, I would like to announce that we have received an award from the Department of Energy for being one of the most environmental-friendly companies in our community. Our hard work on reducing paper usage and using less power in the office has finally paid off. Let's keep up our good work.

PREPARATION TIME
00:00:45

RESPONSE TIME
00:00:45

Reading **Coach**　[입으로 익히는 훈련북] **실전 상상 트레이닝 09**

TOEIC Speaking

Question 3: Describe a Picture

Directions: In this part of the test, you will describe the picture on your screen in as much detail as you can. You will have 30 seconds to prepare your response. Then, you will have 45 seconds to speak about the picture.

TOEIC Speaking

Question 3 of 11

PREPARATION TIME

00:00:30

RESPONSE TIME

00:00:45

TOEIC Speaking

Questions 4-6: Respond to Questions

Directions: In this part of the test, you will answer three questions. For each question, begin responding immediately after you hear a beep. No preparation time is provided. You will have 15 seconds to respond to Questions 4 and 5 and 30 seconds to respond to Question 6.

TOEIC Speaking

Question 4 of 11

Imagine that an Irish marketing firm is doing research in your country. You have agreed to participate in a telephone interview about working out.

How often do you work out?

RESPONSE TIME

00:00:15

Imagine that an Irish marketing firm is doing research in your country. You have agreed to participate in a telephone interview about working out.

Where do you go to work out?

RESPONSE TIME

00:00:15

Imagine that an Irish marketing firm is doing research in your country. You have agreed to participate in a telephone interview about working out.

What kind of exercises do you usually do?

RESPONSE TIME

00:00:30

모범 답변   [입으로 익히는 훈련북] 실전 상상 트레이닝 29

TOEIC Speaking

Questions 7-9: Respond to Questions Using Information Provided

Directions: In this part of the test, you will answer three questions based on the information provided. You will have 30 seconds to read the information before the questions begin. For each question, begin responding immediately after you hear a beep. No additional preparation time is provided. You will have 15 seconds to respond to Questions 7 and 8 and 30 seconds to respond to Question 9.

Labrador Community Library

Seminar Hall Reservation availability
from December 20 to December 23

Tue December 20	~~Save Children Community Annual Meetings~~
Wed December 21	Available
Thu December 22	Book signing, author Pauline Gee
Fri December 23	Local high school students' Creative Writing Award Ceremony

All the events will only be held from 10 a.m. to 12:30 p.m. Afternoon is available.

– To reserve venues, please visit our website at www.comlibrary.com
– The hall cannot be used from Dec. 24th to Dec. 26th, due to Christmas holiday.

PREPARATION TIME
00:00:30

Q7.
RESPONSE TIME
00:00:15

Q8.
RESPONSE TIME
00:00:15

Q9.
RESPONSE TIME
00:00:30

모범 답변 [입으로 익히는 훈련북] 실전 상상 트레이닝 39

MP3 15-05

Question 10: Propose a Solution

Directions: In this part of the test, you will be presented with a problem and asked to propose a solution. You will have 30 seconds to prepare. Then you will have 60 seconds to speak.

In your response, be sure to
• show that you recognize the problem, and
• propose a way of dealing with the problem.

Narration: (Recorded Voice)

In your response, be sure to
• show that you recognize the problem, and
• propose a way of dealing with the problem.

PREPARATION TIME
00:00:30

RESPONSE TIME
00:00:60

모범 답변 [입으로 익히는 훈련북] **실전 상상 트레이닝** 49

 MP3 15-06

TOEIC Speaking

Question 11: Express an Opinion

Directions: In this part of the test, you will give your opinion about a specific topic. Be sure to say as much as you can in the time allowed. You will have 15 seconds to prepare. Then you will have 60 seconds to speak.

TOEIC Speaking
Question 11 of 11

Do you think confidence is the most important factor for a successful job interview? Why or why not?
Give specific reasons and examples to support your opinion.

PREPARATION TIME
00:00:15

RESPONSE TIME
00:00:60

모범 답변　[입으로 익히는 훈련북] 실전 상상 트레이닝 59

Actual TEST 10

Speaking Test Directions

CONTINUE

This is the TOEIC Speaking Test. This test includes eleven questions that measure different aspects of your speaking ability. The test lasts approximately 20 minutes.

Question	Task	Evaluation Criteria
1-2	Read a Text Aloud	• pronunciation • intonation and stress
3	Describe a Picture	all of the above, plus • grammar • vocabulary • cohesion
4-6	Respond to Questions	all of the above, plus • relevance of content • completeness of content
7-9	Respond to Questions Using Information Provided	all of the above
10	Propose a Solution	all of the above
11	Express an Opinion	all of the above

For each type of question, you will be given specific directions, including the time allowed for preparation and speaking.

It is to your advantage to say as much as you can in the time allowed. It is also important that you speak clearly and that you answer each question according to the directions.

Click on **Continue** to go on.

MP3 16-01

TOEIC Speaking

Questions 1-2: Read a Text Aloud

Directions: In this part of the test, you will read aloud the text on the screen. You will have 45 seconds to prepare. Then you will have 45 seconds to read the text aloud.

TOEIC Speaking

Question 1 of 11

Attention employees. We will be holding a party to commemorate the new vehicle launch at the end of this month. And the marketing department will be sending invitations, so please attend and grace us with your presence. Thank you.

PREPARATION TIME
00:00:45

RESPONSE TIME
00:00:45

As you can see in the report, the response to the new car in the US market hasn't been so favorable. Its sales are about 10% lower than we expected. Therefore, we're going to have to lower the order. Are there any questions?

PREPARATION TIME

00:00:45

RESPONSE TIME

00:00:45

Reading **Coach**　[입으로 익히는 훈련북] **실전 상상 트레이닝** 10

TOEIC Speaking

Question 3: Describe a Picture

Directions: In this part of the test, you will describe the picture on your screen in as much detail as you can. You will have 30 seconds to prepare your response. Then, you will have 45 seconds to speak about the picture.

TOEIC Speaking

Question 3 of 11

PREPARATION TIME
00:00:30

RESPONSE TIME
00:00:45

모범 답변　[입으로 익히는 훈련북] 실전 상상 트레이닝 20

TOEIC Speaking

Questions 4-6: Respond to Questions

Directions: In this part of the test, you will answer three questions. For each question, begin responding immediately after you hear a beep. No preparation time is provided. You will have 15 seconds to respond to Questions 4 and 5 and 30 seconds to respond to Question 6.

TOEIC Speaking

Question 4 of 11

Imagine that a New Zealand marketing firm is doing research in your country. You have agreed to participate in a telephone interview about digital cameras.

What is the most important feature you look for in a camera?

RESPONSE TIME
00:00:15

TOEIC Speaking

Question 5 of 11

Imagine that a New Zealand marketing firm is doing research in your country. You have agreed to participate in a telephone interview about digital cameras.

On what occasions do you use your camera?

RESPONSE TIME

00:00:15

TOEIC Speaking

Question 6 of 11

Imagine that a New Zealand marketing firm is doing research in your country. You have agreed to participate in a telephone interview about digital cameras.

What are the advantages of using a digital camera?

RESPONSE TIME

00:00:30

모범 답변　[입으로 익히는 훈련북] 실전 상상 트레이닝 30

Questions 7-9: Respond to Questions Using Information Provided

Directions: In this part of the test, you will answer three questions based on the information provided. You will have 30 seconds to read the information before the questions begin. For each question, begin responding immediately after you hear a beep. No additional preparation time is provided. You will have 15 seconds to respond to Questions 7 and 8 and 30 seconds to respond to Question 9.

Questions 7-9 of 11

Ride with U

13 Main Street, Brisbane Queensland

Scooters rentals available for Nov 6-13

Bike	Fee	Nov 6	Nov 7	Nov 8	Nov 9
Harley Davidson (1,000cc or less)	$220	X		X	
Indian (1,000cc or less)	$250		X		
Harley Davidson (1,000cc and over)	$400	X	X		X
Scooters (Less than 250cc)	$75			X	X

PREPARATION TIME
00:00:30

Q7.

RESPONSE TIME
00:00:15

Q8.

RESPONSE TIME
00:00:15

Q9.

RESPONSE TIME
00:00:30

모범 답변   [입으로 익히는 훈련북] 실전 상상 트레이닝 40

TOEIC Speaking

Question 10: Propose a Solution

Directions: In this part of the test, you will be presented with a problem and asked to propose a solution. You will have 30 seconds to prepare. Then you will have 60 seconds to speak.

In your response, be sure to
• show that you recognize the problem, and
• propose a way of dealing with the problem.

TOEIC Speaking

Question 10 of 11

Narration: (Recorded Voice)

In your response, be sure to

• show that you recognize the problem, and

• propose a way of dealing with the problem.

PREPARATION TIME
00:00:30

RESPONSE TIME
00:00:60

모범 답변　[입으로 익히는 훈련북] 실전 상상 트레이닝 50

TOEIC Speaking

Question 11: Express an Opinion

Directions: In this part of the test, you will give your opinion about a specific topic. Be sure to say as much as you can in the time allowed. You will have 15 seconds to prepare. Then you will have 60 seconds to speak.

TOEIC Speaking

Question 11 of 11

Do you agree or disagree with the following statement?
Nowadays, young people are influenced by movies more than they were before.
Give specific reasons and examples to support your opinion.

PREPARATION TIME
00:00:15

RESPONSE TIME
00:00:60

모범 답변　【입으로 익히는 훈련북】 **실전 상상 트레이닝** 60

Self-evaluation Sheet
스스로 채점표

Actual Test 세트 별로 얼마나 답변할 수 있었는지 스스로의 실력을 점검해 보세요.
내가 녹음한 답변을 듣고, 스스로 TOEIC Speaking 채점관이 되어 아래와 같이 A~D로 채점해 봅시다.

★ 이 채점 기준은 TOEIC Speaking 채점 기준이 아니며 스스로의 실력 점검을 위한 약식 채점 기준입니다.
A. 자신 있게 주어진 시간 내에 모범 답변과 비슷한 구조로 답변했음.
B. 그럭저럭 시간은 많이 남았지만 주어진 시간 내에 관련된 몇 문장으로 답변했음.
C. 단답형 답변만 하고 문장으로 답변을 전개하지 못했음.
D. 문제조차 이해하지 못했거나 무슨 말을 어떻게 해야 할지 몰라 아예 답변을 못 했음.

	Part 1	Part 2	Part 3	Part 4	Part 5	Part 6
Actual Test 01						
Actual Test 02						
Actual Test 03						
Actual Test 04						
Actual Test 05						
Actual Test 06						
Actual Test 07						
Actual Test 08						
Actual Test 09						
Actual Test 10						
Average Score						

스스로 만든 위의 채점표를 통해 자신의 취약점을 찾아냈다면,
〈입으로 익히는 훈련북〉에서 해당 파트를 집중 훈련해 보세요!

각 step을 따라 입을 열고 훈련하다 보면 영어 말하기 실력도 업그레이드되고 파트 별 문제 적응력도 높아져
어느새 토익 스피킹이 친숙하게 느껴지는 순간이 올 것입니다.

토익 스피킹
집중 훈련 선언

하나. 내가 실제로 말할 수 있는 쉬운 답변으로

□ 일 동안 훈련한다!

둘. 60개의 모범 답변을 완전히 내 것으로 만들기 위해

최소 하루에 □ 시간씩 훈련한다!

셋. 체화한 모범 답변을 토대로

나의 상황에 맞는 답변을 만드는 것을
최종 목표로 한다!

TOEIC

SPEAKING

실전유형훈련

READ a text aloud
DESCRIBE a picture
RESPOND to Questions
RESPOND TO QUESTIONS
USING INFORMATION PROVIDED
PROPOSE a solution
EXPRESS an Opinion

입으로
익히는 훈련북

사람in
saram in.com

TOEIC Speaking 실전 유형 훈련

저자 하미진
초판 1쇄 인쇄 2013년 5월 1일 **초판 1쇄 발행** 2013년 5월 8일

발행인 박효상 **책임 편집** 강성실 **편집** 박운희 **디자인·조판** the PAGE 박성미 **영업** 이종선, 이태호, 이전희

출판등록 제10-1835호 **발행처** 사람in **주소** 121-839 서울시 마포구 양화로 11길 378-16번지 4F
전화 02) 338-3555(代) **팩스** 02) 338-3545 **E-mail** saramin@netsgo.com **Homepage** www.saramin.com

책값은 뒤표지에 있습니다.
파본은 바꾸어 드립니다.

ⓒ 하미진 2013

ISBN 978-89-6049-345-2 18740

사람이 중심이 되는 세상, 세상과 소통하는 책
기획편집팀 강성실, 박운희 **디자인팀** 손정수 **마케팅** 이종선, 이태호, 이전희 **디지털사업팀** 이지호 **관리** 남채윤

입 으 로 익 히 는 **훈련북** 훈련 단계

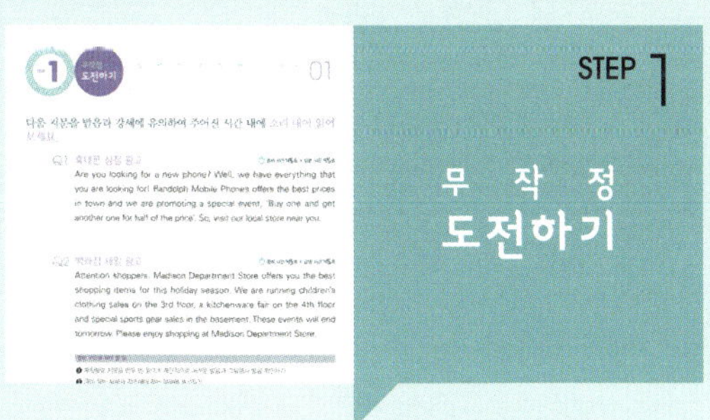

STEP 1

무 작 정 도전하기

실전 문제가 제시되고, 많은 힌트가 주어지지 않은 상태에서 실전을 상상하며 스스로 답변 만들기에 무작정 도전해 봅니다. 무작정 도전하기가 너무 어려운 학습자는 빨리 Step 2 답변 마법사 활용하기로 넘어가는 것이 좋습니다.

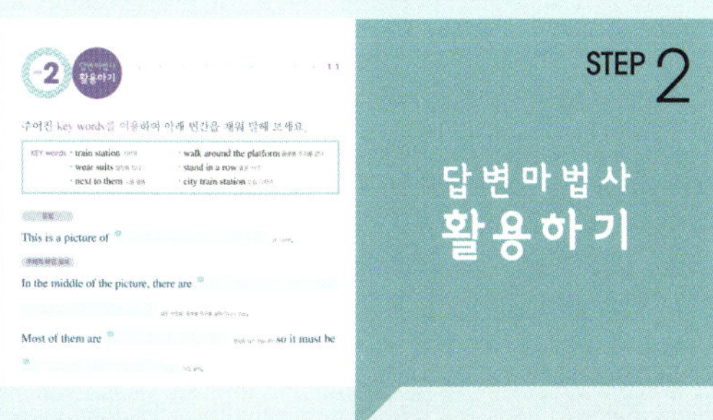

STEP 2

답 변 마 법 사 활용하기

답변 마법사 활용하기에서는 문제의 해석, 영어 어순의 의미 단위 모범 답변 해석 등 학습자가 모범 답변을 스스로 만들어볼 수 있도록 여러 가지 장치를 마련해 놓았습니다. 주어진 clue들을 최대한 활용하여 답변을 만들어 보세요.

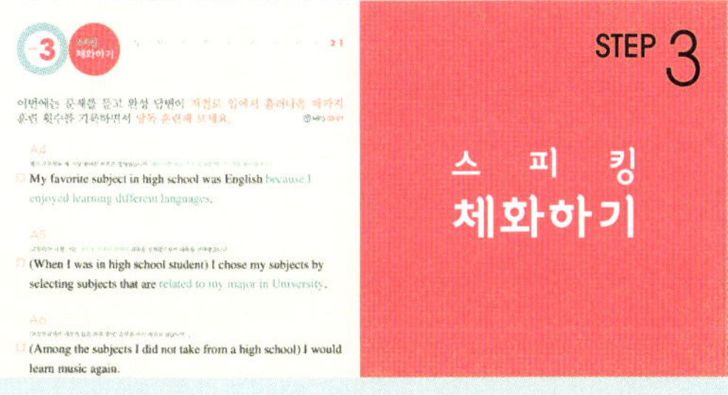

STEP 3

스 피 킹 체화하기

Step 2에서 답변을 만들어보았다면 Step 3에서는 그 답변이 잘 만들어졌는지 모범 답변을 확인할 수 있습니다. 모범 답변을 확인한 후, 훈련용 MP3를 들으면서 문장 단위로 따라 읽기 훈련을 하여 모범 답변들이 확실히 내 것이 될 수 있도록 체화시킵니다. 훈련 횟수를 기록하면서 훈련하세요.

실전 상상 MP3 CD   TOEIC Speaking 훈련이니까 당연히 듣고 따라할 수 있는 오디오가 책의 짝꿍이 되어야겠죠? MP3 음원을 MP3 플레이어나 휴대폰에 담아 가지고 다니면서 끊임없이 반복 청취와 따라 읽기 훈련을 해보세요! 이때 중요한 것은 실제 시험장을 상상하면서 말하기 훈련을 해보는 것입니다. 실전에 돌입하는 그날을 위해 꾸준히 훈련하세요!

유형북 폴더

유형북에 담겨 있는 Try it yourself 와 파트별 답변 완성하기, Actual Test 10회분이 파트별로 녹음되어 있습니다.

훈련북 폴더

훈련북에 담겨 있는 실전 상상 훈련 60의 모범 답변이 전체 음원과 문장 단위 훈련용 음원으로 나뉘어져 있습니다.

Actual Test 실전용 폴더

실제 시험과 같이 편집된 Actual Test 10회분의 통파일 음원입니다.

실전상상 트레이닝 60

바로 실전 돌입이 어려운 학습자를 위한
친절한 3단계 트레이닝

훈련북에서는 실제로 시험을 보는 실전 상황을 상상하면서 각 파트 별로 10세트씩 집중 말하기 훈련을 해봅니다. 바로 실전에 돌입하는 것을 어려워하는 학습자들을 위해 실전과 똑같은 시험 조건은 알려주되, 단계별 훈련을 통해 실전에 도달하는 방법을 제시합니다.

토익 스피킹 시험을 처음 준비하는 학습자도 안심하고 훈련을 시작해 보세요. 훈련이 끝날 때 즈음에는 자신도 모르는 사이 실전 시험에 응시할 자신감을 얻게 될 것입니다.

훈련북을 모두 마치고 난 후에는 Actual Test(머리로 익히는 유형북 p.144)로 돌아가서 다시 실전 모의고사에 도전해 보고 자신의 실력 향상도를 점검하는 것도 잊지 마세요!

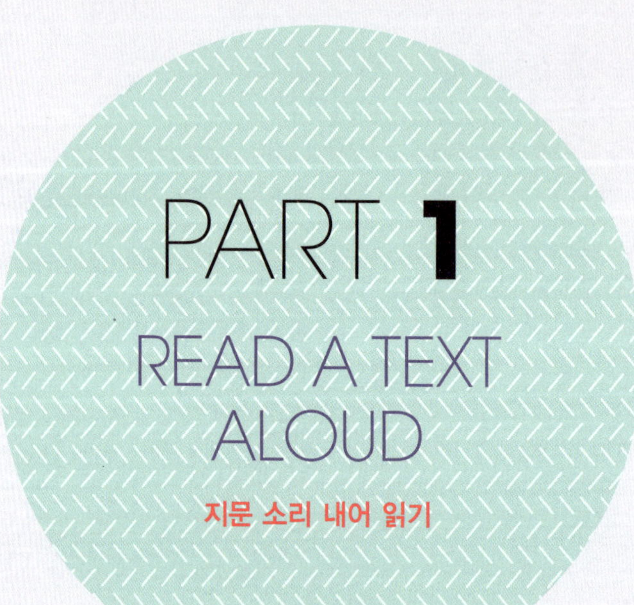

Part 1은 Question 1, 2 두 문제가 출제됩니다. 3~4 문장 길이의 지문을 주어진 시간 안에 발음, 억양, 강세에 주의하여 소리 내어 읽으면 되는 유형으로, 아직 유창하게 읽는 것에 자신이 없는 학습자라면 해당 과제를 수행하기 전 아래 사항들을 먼저 체크하는 것이 좋습니다.

문제가 화면에 뜨면
❶ 개인적으로 힘들거나 어려운 발음(r, f, v 등)을 찾아 빨간색으로 동그라미 치고 정확한 발음이나 읽는 방법을 확인합니다.
❷ 끊어 읽어야 하는 곳에 표시합니다. (부사구, 전치사구 등)
❸ Part 1에 꼭 등장하는 나열문(A,B and/or C) 또는 고유명사를 찾아 놓습니다.
❹ 위의 작업이 마무리된 후, 45초 안에 지문을 큰 소리로 읽어 봅니다. 본인이 읽은 내용은 녹음하여 다음 문제를 읽기 전에 녹음 상태를 꼭 확인하세요.

다음은 Part 1 시험이 시작될 때 나오는 지시문입니다.

> TOEIC Speaking
>
> **Questions 1-2:** Read a Text Aloud
>
> **Directions:** In this part of the test, you will read aloud the text on the screen. You will have 45 seconds to prepare. Then you will have 45 seconds to read the text aloud.

이번 파트의 시험에서는 스크린에 있는 지문을 크게 읽어야 합니다. 45초의 준비 시간이 주어지고 그 후 45초 동안 지문을 소리 내어 읽습니다.

다음 지문을 발음과 강세에 유의하여 주어진 시간 내에 소리 내어 읽어 보세요.

🎧 MP3 07-01

Q1 휴대폰 상점 광고
⏱ 준비 시간 **45**초 + 답변 시간 **45**초

Are you looking for a new phone? Well, we have everything that you are looking for! Randolph Mobile Phones offers the best price in town and we are promoting a special event, "Buy one and get another one for half of the price". So, visit our local store near you.

Q2 백화점 세일 광고
⏱ 준비 시간 **45**초 + 답변 시간 **45**초

Attention shoppers. Madison Department Store offers you the best shopping items for this holiday season. We are running children's clothing sales on the 3rd floor, a kitchenware fair on the 4th floor and special sports gear sales in the basement. These events will end tomorrow. Please enjoy shopping at Madison Department Store.

준비 시간에 해야 할 일

❶ 혼잣말로 지문을 한두 번 읽으며 개인적으로 어려운 발음과 고유명사 발음 확인하기
❷ 끊어 읽는 부분과 강조해야 하는 부분에 표시하기

Coaching *for Reading Aloud* ▶

Q1 phone의 ph는 [f]로 발음되며 half의 l은 소리가 나지 않는 묵음입니다. offer의 o 발음은 '오'와 '어'의 중간 발음을 내도록 노력해 보세요. 고유명사 Randolph는 [랜돌프]와 비슷하게 발음하며, 이때 ph는 [f]로 발음된다는 것도 기억하세요.

Q2 3rd(third)와 4th(fourth) 등 서수가 포함된 지문은 시험에 자주 출제되므로, 평소 서수 읽는 법을 알아두면 도움이 됩니다. clothing을 발음할 때는 [th] 발음에 유의하여 [클로우딩]으로 읽습니다.

끊어 읽기 및 주의해야 할 발음을 확인한 후, 지문 읽기가 익숙해질 때까지 낭독 훈련하세요. / 끊어 읽기, **볼드** 강세를 두어 읽는 부분, 색자 주의해야 할 발음, ⌃ 억양

A1

🎧 MP3 17-01(전체) **17-02**(문장)

☐ Are **you looking** for a new **phone**?⌃/ Well, we have **every-thing**/ that you are **looking** for! **Randolph** Mobile **Phones offers**/ the **best** price in **town**/ and we are **promoting** a special **event**,/ "**Buy** one/ and get **another** one for **half** of the **price**". So,/ **visit** our local **store** near **you**.

새로운 전화기를 찾고 계십니까? 우리는 당신이 찾고 있는 모든 것을 가지고 있습니다! Randolph 휴대 전화는 지역에서 가장 좋은 가격을 제시하고 있으며 '하나 사면, 다른 하나는 반값' 특별 행사를 진행하고 있습니다. 가까운 저희 지역 매장을 방문해 주세요.

VOCA   **offer** 제공하다 **promote** 홍보하다 **special event** 특별 행사 **local** 지방의, 지역의

A2

🎧 MP3 17-03(전체) **17-04**(문장)

☐ **Attention** shoppers./ **Madison** Department Store **offers you**/ the **best** shopping items for this **holiday season**./ We are running **children's clothing** sales on the **3rd floor**⌃,/ a **kitchenware fair** on the **4th floor**⌃/ and **special sports gear** sales in the **basement**⌄./ These **events** will **end tomorrow**. Please enjoy **shopping** at/ **Madison** Department Store.

쇼핑객 여러분. 안내 말씀 드리겠습니다. 저희 Madison 백화점은 이번 연휴 고객님들께 최고의 쇼핑 품목들을 제공하고 있습니다. 아동복 세일이 3층에서, 주방용품은 4층에서, 그리고 스포츠용품 특별 세일은 지하에서 진행되고 있습니다. 이 행사들은 내일 끝이 납니다. Madison 백화점에서 즐거운 쇼핑 되십시오.

VOCA   **shopper** 쇼핑객 **kitchenware** 주방 용품 **sports gear** 스포츠 용품 **basement** 지하층

다음 지문을 발음과 강세에 유의하여 주어진 시간 내에 소리 내어 읽어 보세요.

🎧 MP3 08-01

Q1 인물(작가) 소개

⏱ 준비 시간 **45**초 + 답변 시간 **45**초

May I have your attention please? My name is Meredith Taylor, the president of this book club. As you all know, we invited the most popular horror writer, Amy Watson. Her works include *The Moon*, *Here and After* and *Terrified*. Please welcome Ms. Watson and let's all give her a round of applause.

Q2 전화 자동 응답 메시지

⏱ 준비 시간 **45**초 + 답변 시간 **45**초

You have reached W.I. International Hotel. Our operators are currently busy. If you know who to speak to, please press the extension number followed by the pound key. If you have general inquiries, please hold the line. Thank you.

준비 시간에 해야 할 일

❶ 혼잣말로 지문을 한두 번 읽으며 개인적으로 어려운 발음과 고유명사 발음 확인하기
❷ 끊어 읽는 부분과 강조해야 하는 부분에 표시하기

Coaching *for Reading Aloud*

Q1 Meredith는 [메러디th]라고 발음하며, Taylor는 미국의 대표적 성으로 [테일러]로 발음합니다. 성 Watson은 예상하셨듯이 [왓슨]이라고 발음하면 됩니다. horror writer는 복합 명사로 공포 소설 작가라는 의미가 있으며 [r] 발음이 연달아 나오기 때문에 발음에 주의해야 합니다. applause에서 -au-는 [오]와 [어]의 중간 발음으로 내야 합니다. 비슷한 발음을 가지고 있는 단어로는 because, laundry 등이 있습니다.

Q2 reached는 [i:] 소리가 길게 나는 장음이며 강세가 1음절에 있습니다. currently를 종종 [쿠런틀리]로 발음하는 경향이 있는데 [커런틀리]가 올바른 발음이며, extension[iksténʃn]에서 s 다음에 오는 자음 t는 된소리로 [익스땐션]과 비슷하게 소리납니다. inquiry는 미국식과 영국식 발음이 강세 위치가 다르므로 주의해야 합니다. 미국식 발음은 [인쿼리], 영국식 발음은 [인콰이어리]입니다.

끊어 읽기 및 주의해야 할 발음을 확인한 후, 지문 읽기가 익숙해질 때까지 낭독 훈련하세요. / 끊어 읽기, **볼드** 강세를 두어 읽는 부분, 색자 주의해야 할 발음, ⌒ 억양

A1

🎧 MP3 **17-05**(전체) **17-06**(문장)

☐ May I **have** your **attention, please?**⌒/ My **name** is Meredith Taylor,/ the **president** of this **book club**./ As you **all know**,/ we **invited** the **most popular** horror writer,/ **Amy Watson**./ Her **works** include/ *The Moon*⌒,/ *Here and After*⌒/ and *Terrified*⌒./ **Please welcome**/ Ms. **Watson**/ and let's **all give** her/ a round of applause.

모두 여기를 주목해 주시겠습니까? 저는 이 북 클럽의 회장인 Meredith Taylor입니다. 모두 아시다시피, 가장 유명한 공포 소설 작가이신 Amy Watson 씨를 초대했습니다. 저자분의 작품으로는 'The Moon', 'Here and After' 그리고 'Terrified'가 있습니다. 모두 큰 박수로 Amy Watson 씨를 환영해 주세요.

VOCA **president** (클럽이나 사업체 등의) 회장: 대통령 **horror** 공포, 경악 **applause** 박수, 갈채, 박수갈채

A2

🎧 MP3 **17-07**(전체) **17-08**(문장)

☐ You have reached/ **W.I. International Hotel.**/ Our **operators** are currently **busy**./ If you know **who** to **speak** to,/ please **press** the extension **number**/ followed by the **pound** key./ If you have general inquiries,/ please **hold** the **line**./ **Thank** you.

W.I International Hotel에 전화하셨습니다. 현재 모든 교환원들이 통화 중입니다. 통화하고자 하는 사람을 아실 경우 내선 번호를 누르신 후 샵 버튼을 눌러 주세요. 만약 일반적인 문의가 있으시면, 대기하여 주십시오. 감사합니다.

VOCA **reach** ~에 닿다[도달하다] **currently** 현재, 지금 **extension number** 내선 번호 **pound key** 우물 정(#)버튼 **inquiry** 질문, 조사

다음 지문을 발음과 강세에 유의하여 주어진 시간 내에 소리 내어 읽어 보세요.

 MP3 09-01

Q1 인물(수상 후보) 소개

준비 시간 **45**초 + 답변 시간 **45**초

Good evening, everyone. It has been a tradition of our company to recognize the employees who have done excellent jobs. We have three nominees this year and they are all from the sales department. Ladies and gentlemen, let's give a big hand to Mr. Williams, Mrs. McKenzie and Mr. Sanchez.

Q2 회사 광고

준비 시간 **45**초 + 답변 시간 **45**초

Do you want to know about the secret of local business? Well, we have an answer for you. "The Great Viewer" offers the best business solutions such as web design, local paper advertising and Internet promotion. If you want to know about this secret, please call us at (094) 453-5542.

준비 시간에 해야 할 일

❶ 혼잣말로 지문을 한두 번 읽으며 개인적으로 어려운 발음과 고유명사 발음 확인하기
❷ 끊어 읽는 부분과 강조해야 하는 부분에 표시하기

Coaching *for Reading Aloud*

Q1 Williams, McKenzie, Sanchez는 모두 사람 이름으로, [윌리엄즈], [멕켄지], [산체스]로 발음됩니다. employee와 nominee의 -ee는 장음으로 끝 음을 [i:]라고 길게 늘여 발음해 주세요.

Q2 local의 올바른 발음은 [로컬]입니다. 지문에 전화번호가 등장하면 괄호나 대쉬(–)에 상관없이 차례로 숫자 하나씩 읽어 주면 됩니다. (094) 453-5542는 'o-nine-four, four-five-three, five-five-four-two'로 읽어 주세요. 숫자가 겹칠 때는 'double five-four-two'와 같이 읽을 수도 있습니다.

끊어 읽기 및 주의해야 할 발음을 확인한 후, 지문 읽기가 익숙해질 때까지 낭독 훈련하세요. / 끊어 읽기, **볼드** 강세를 두어 읽는 부분, 색자 주의해야 할 발음, ↗↘ 억양

A1

MP3 17-09(전체) 17-10(문장)

Good **evening**, everyone./ It has been a **tradition** of our **company**/ to **recognize** the employees/ who have **done excellent jobs**./ We have **three** nominees this year/ and they are **all** from the **sales** department./ **Ladies** and **gentlemen**,/ let's give a **big hand** to/ Mr. Williams↗,/ Mrs. McKenzie↗/ and Mr. Sanchez↘.

여러분 안녕하세요 훌륭한 업무 성과를 낸 직원들을 인정하는 것은 그간 우리 회사의 전통이었습니다. 올해는 3명의 후보자들이 있는데, 그들은 모두 영업부에서 일하고 있습니다. 모두 큰 박수로 환영해 주시기 바랍니다. Willams 씨, McKenzie 씨 그리고 Sanchez 씨입니다.

VOCA **recognize** 알아보다, 인정하다 **nominee** 후보 **sales department** 영업부 **applause** 박수, 갈채, 박수갈채

A2

MP3 17-11(전체) 17-12(문장)

Do **you want** to **know** about the **secret**/ of local business?↗/ Well,/ we have an **answer**/ for you./ "The **Great Viewer**"/ offers the **best** business **solutions**/ such as/ **web design**↗,/ local paper **advertising**↗/ and **Internet promotion**↘./ If you **want** to know about this **secret**↗,/ please **call** us at/ (094) 453-5542.

지역 상거래의 성공 비결을 알고 싶으세요? 저희는 당신에게 필요한 해결책을 갖고 있습니다. 'The Great Viewer'는 웹 디자인, 지역 신문 광고 그리고 인터넷 홍보 같은 최선의 비즈니스 솔루션을 제공합니다. 이 비결을 알고 싶으시다면 (094) 453-5542로 전화 주세요.

VOCA **local** 지역의, 현지의 **solution** 해법, 해결책 **local paper** 지역 신문

다음 지문을 발음과 강세에 유의하여 주어진 시간 내에 소리 내어 읽어 보세요.

🎧 MP3 10-01

Q1 회의 안내
⏱ 준비 시간 **45**초 + 답변 시간 **45**초

Thank you for attending this meeting. Today, we are going to go through the business plan for next month, information about clients in China and their itinerary at the end of this month. I am going to start now but if you have any questions, please wait till I finish this presentation. Thanks.

Q2 전화 자동 응답 메시지
⏱ 준비 시간 **45**초 + 답변 시간 **45**초

Thank you for calling Shangri-La Honeymoon. If you would like to know about today's departures and arrivals, please press 1. If you would like to speak to one of our representatives about our fantastic honeymoon packages, please leave your name and phone number after the beep. And we will get back to you as soon as possible. Thank you.

준비 시간에 해야 할 일

❶ 혼잣말로 지문을 한두 번 읽으며 개인적으로 어려운 발음과 고유명사 발음 확인하기
❷ 끊어 읽는 부분과 강조해야 하는 부분에 표시하기

Coaching *for Reading Aloud*

Q1 어휘가 비교적 쉬운 지문입니다. through에서 마지막 -gh-는 묵음으로 소리가 나지 않습니다. month를 발음할 때도 마지막 -th 발음을 놓치지 마세요. 또한 A, B and/or C 형태의 나열이 단어가 아닌 구로 지문에 등장했으니 주의해서 읽어 주세요.

Q2 흔히 '상그릴라'라고 읽는 Shangri-La의 발음에는 [r]이 포함되어 있습니다. [샹그리r라]로 발음을 연습해 보세요. representative는 Part 1에 자주 등장하는 어휘들 중 하나입니다. 발음은 [레프리**젠**터티브]로 [젠]에 강세를 넣어 발음합니다. beep은 '삐- 소리'의 의미로 [빕:]이라고 발음합니다.

끊어 읽기 및 주의해야 할 발음을 확인한 후, 지문 읽기가 익숙해질 때까지 낭독 훈련하세요.
/ 끊어 읽기, **볼드** 강세를 두어 읽는 부분, 색자 주의해야 할 발음, ⌢ 억양

A1
🎧 MP3 **17-13**(전체) **17-14**(문장)

☐ **Thank** you for **attending** this **meeting**./ **Today**,/ we are going to **go** through the **business plan** for **next** month⌃,/ **information** about **clients** in **China**⌃/ and their **itinerary** at the **end** of this **month**⌄./ I am going to **start now**/ but if you have any **questions**,/ please **wait** till I **finish** this **presentation**./ **Thanks**.

이 회의에 참석해 주셔서 감사합니다. 오늘 우리는 다음 달 사업 계획과, 중국 고객 관련 정보 그리고 그들의 이달 말 여행 일정에 대해 살펴볼 것입니다. 지금 시작할 건데 질문이 있으시다면 이 프레젠테이션이 끝날 때까지 기다려 주시기 바랍니다. 감사합니다.

VOCA **go through** 살펴보다; 통과(성사)되다 **business plan** 사업 계획 **itinerary** 여행 일정

A2
🎧 MP3 **17-15**(전체) **17-16**(문장)

☐ **Thank** you for **calling** Shangri-La **Honeymoon**./ If you would **like** to **know** about **today's departures** and **arrivals**,/ please **press 1**./ If you would like to **speak** to one of our representatives/ about our fantastic **honeymoon packages**⌃,/ please **leave** your **name** and **phone number**/ after the beep./ And we will get **back** to you/ as **soon** as **possible**./ **Thank** you.

Shangri-La Honeymoon에 전화 주셔서 감사합니다. 오늘의 출국과 입국 일정에 관해 알고 싶으시면 1번을 눌러 주세요. 저희 상담원과 환상적인 신혼여행 패키지에 대해 이야기 나누고 싶으시면 삐 소리 후 성함과 전화번호를 남겨 주세요. 가능한 한 빨리 연락 드리겠습니다. 감사합니다.

VOCA **departure** 떠남, 출발 **arrival** 도착 **representative** 대표, 대리인, 직원 **beep** '삐-' 소리

다음 지문을 발음과 강세에 유의하여 주어진 시간 내에 소리 내어 읽어
보세요.   🎧 MP3 11-01

Q1 회사 소개 연설
⏱ 준비 시간 **45**초 + 답변 시간 **45**초

Good morning, everyone. As Vice President of Global Learning, I am
very excited to introduce our company. We are currently located
in the center of LA and have more than 100 employees. Today, I
am very pleased to announce the official opening of our first Asian
branch in China. Thank you.

Q2 인터넷 상품 광고
⏱ 준비 시간 **45**초 + 답변 시간 **45**초

Are you tired of the same old weekends? We are here to help you
with your weekend getaway. Log on to www.tours4u.com and find
your best weekend getaway for under $300. The offer ends soon, so
hurry.

준비 시간에 해야 할 일

❶ 혼잣말로 지문을 한두 번 읽으며 개인적으로 어려운 발음과 고유명사 발음 확인하기
❷ 끊어 읽는 부분과 강조해야 하는 부분에 표시하기

Coaching *for Reading Aloud* ···•

Q1 vice의 [v]발음에 주의하시구요, 숫자 100은 one hundred라고 읽으면 됩니다. pleased를 발음할 때 마지막
-ed의 발음에 유의해서 [플리:즈드]라고 발음하세요. '리' 부분에 강세가 있으며 장음입니다. announce를 종종 [아나운
스]로 발음하는 분들이 있습니다. 정확한 발음은 [어나운스]입니다. opening의 o는 [오우]로 발음합니다.

Q2 웹사이트의 주소는 보통 복합명사로 되어 있습니다. 위 지문에서는 tours-for-you로 읽어 주면 됩니다. $300은
three hundred dollars로 읽는데 dollar는 [딸라]가 아닌 [덜러r]에 더 가깝게 소리가 납니다. offer에서 앞의 o는 [오]
와 [어]의 중간 발음으로 발음합니다.

끊어 읽기 및 주의해야 할 발음을 확인한 후, 지문 읽기가 익숙해질 때까지 낭독 훈련하세요. / 끊어 읽기, **볼드** 강세를 두어 읽는 부분, 색자 주의해야 할 발음, ↗↘ 억양

A1
MP3 17-17(전체) 17-18(문장)

Good **morning**, everyone./ As **Vice President** of **Global Learning** ↗,/ I am very **excited** to **introduce**/ our **company**./ We are currently **located** in the **center** of **LA**/ and **have** more than **100 employees**./ **Today** ↗,/ I am very **pleased** to **announce** the official **opening**/ of our **first Asian branch**/ in **China**./ **Thank** you.

여러분 안녕하세요. Global Learning의 부회장으로서 저희 회사를 소개하게 되어 매우 기쁩니다. 현재 저희는 LA 중심에 위치해 있으며 100명 이상의 직원들이 있습니다. 오늘, 중국에서 저희 첫 번째 아시아 지점 공식 개업 발표를 하게 되어 매우 기쁩니다. 감사합니다

VOCA **vice president** 부회(사)장; 부통령 **introduce** 소개하다 **announce** 발표(공표)하다 **branch** 지점

A2
MP3 17-19(전체) 17-20(문장)

Are you **tired** of the **same old weekends**? ↗/ We are **here**/ to **help** you with your **weekend getaway**./ **Log on** to **www.tours4u**.com/ and **find** your **best weekend getaway**/ for under **$300**./ The **offer** **ends soon**,/ so **hurry**.

매일 똑같은 지루한 주말에 싫증 나나요? 저희가 당신의 주말 휴가를 도와 드리겠습니다. www.tours4u.com에 접속해서 최고의 주말 여행을 300달러 이하의 가격으로 찾아 보세요. 이 제안은 곧 마감되니 서둘러 주세요.

VOCA **weekend** 주말 **getaway** 도주; 휴가 **offer** 제안; 제안하다

다음 지문을 발음과 강세에 유의하여 주어진 시간 내에 소리 내어 읽어 보세요.

🎧 MP3 12-01

Q1 가방 가게 광고
⏱ 준비 시간 **45**초 + 답변 시간 **45**초

Do you need a new school bag this semester? "Bags Are Us" has the largest range of bags of all kinds, from children's school bags to travel luggage. Please come and visit us and get the best deal ever this school holiday.

Q2 안내 방송
⏱ 준비 시간 **45**초 + 답변 시간 **45**초

Could I have everyone's attention, please? Tomorrow, the North Gate parking lot will be closed, due to annual maintenance work. The East Gate will still be open, so if you park your car on the North Gate, we advise you to use public transportation tomorrow. Thank you for your cooperation.

준비 시간에 해야 할 일

❶ 혼잣말로 지문을 한두 번 읽으며 개인적으로 어려운 발음과 고유명사 발음 확인하기
❷ 끊어 읽는 부분과 강조해야 하는 부분에 표시하기

Coaching *for Reading Aloud*

Q1 고유명사로 등장한 'Bags Are Us'는 한 단어처럼 읽습니다. largest range는 [r] 발음이 연이어 나오니 발음에 주의하세요. 또한 range를 발음할 때는 [랜지]가 아닌 [뤠인지]와 비슷하게 발음합니다.

Q2 public transportation은 '대중 교통'이란 의미입니다. north를 발음할 때는 [th] 발음에 유의하세요. cooperation을 발음할 때는 corporation과 혼돈하지 않도록 주의하면서 [코우어퍼뤠이션]과 같이 발음합니다.

끊어 읽기 및 주의해야 할 발음을 확인한 후, 지문 읽기가 익숙해질 때까지 낭독 훈련하세요. / 끊어 읽기, **볼드** 강세를 두어 읽는 부분, 색자 주의해야 할 발음, ⌒ 억양

A1

🎧 MP3 **17-21**(전체) **17-22**(문장)

Do **you need** a new **school bag** this **semester?**⌒/ "**Bags Are Us**" has the **largest** range of **bags**/ of all kinds,/ from **children's school bags**/ to **travel luggage**./ Please **come** and **visit** us/ and get the **best deal ever**/ this **school holiday**.

이번 학기에 새 책가방이 필요한가요? 'Bags Are Us'는 어린이 책가방에서부터 여행 가방에 이르기까지 가장 다양한 종류의 가방을 보유하고 있습니다. 이번 방학 때 저희를 방문하셔서 최상의 가격으로 가져가세요.

VOCA **semester** 학기 **range** 범위, 폭 **luggage** 짐, 수화물 **school holiday** 학교 방학

A2

🎧 MP3 **17-23**(전체) **17-24**(문장)

Could I have **everyone's attention**, please?⌒/ **Tomorrow**⌒,/ the **North** Gate parking lot will be **closed**,/ due to **annual maintenance work**./ The **East Gate** will **still** be **open**,/ so if you **park** your **car** on the **North Gate**,/ we **advise** you to use **public transportation** tomorrow./ **Thank** you for your **cooperation**.

여러분 주목해 주시겠습니까? 내일 North Gate 주차장이 연례 정비 작업으로 문을 닫습니다. East Gage는 문을 여니 만약 North Gate에 주차를 하신다면 내일 하루 대중교통을 이용할 것을 권합니다. 협조해 주셔서 감사합니다.

VOCA **attention** 주의, 주목 **due to** ~ 때문에 **maintenance** 유지 **advise** 조언[충고]하다 **transportation** 운송, 수송 **cooperation** 협조

다음 지문을 발음과 강세에 유의하여 주어진 시간 내에 소리 내어 읽어 보세요.

🔊 MP3 13-01

Q1 시내 관광 버스 안내 방송
⏱ 준비 시간 **45**초 + 답변 시간 **45**초

Attention all tourists. The Wow City Tour bus will be leaving in 30 minutes. Copies of our daily schedule will be provided by one of our tour guides, Scarlet, near the reception area. Also, you can purchase beverages and snacks at the gate, so please visit our snack bar before leaving.

Q2 연설자 소개문
⏱ 준비 시간 **45**초 + 답변 시간 **45**초

Welcome to the 15th annual fundraising dinner for "Save Children in Africa Foundation". I am pleased to introduce our keynote speaker, Mr. Anderson. Mr. Anderson is one of the original members of this foundation and he has put a lot of effort in our latest project in Africa. Ladies and gentlemen, please welcome Mr. Anderson.

준비 시간에 해야 할 일

❶ 혼잣말로 지문을 한두 번 읽으며 개인적으로 어려운 발음과 고유명사 발음 확인하기
❷ 끊어 읽는 부분과 강조해야 하는 부분에 표시하기

Coaching *for Reading Aloud*

Q1 purchase와 beverage는 Part 1에 자주 등장하며 [퍼r쳐스]와 [베버리쥐]로 발음합니다. 사람 이름인 Scarlet은 [스칼렛]으로 발음하며, area의 발음은 [에어리어]로 마지막에 [r] 발음을 붙여 [에어리얼]로 발음하지 않도록 주의하세요.

Q2 사람 이름인 Anderson은 [앤더r슨]으로 발음합니다. pleased to는 마지막 -ed가 [드]로 발음되지만 뒤에 따라오는 [t] 발음과 연음되어 거의 소리가 들리지 않게 [플리즈투] 정도로 발음하면 됩니다.

끊어 읽기 및 주의해야 할 발음을 확인한 후, 지문 읽기가 익숙해질
때까지 낭독 훈련하세요. / 끊어 읽기, **볼드** 강세를 두어 읽는 부분, 색자 주의해야 할 발음, ⌒ 억양

A1

🎧 MP3 17-25(전체) **17-26**(문장)

 **Attention** all **tourists**./ The **Wow City Tour bus** will be **leaving**/ in **30 minutes**./ **Copies** of our **daily schedule** will be **provided** by/ one of our **tour guides**,/ Scarlet ⌒,/ near the **reception** area ⌍./ Also,/ you can purchase beverages and **snacks** at the **gate**,/ so please **visit** our **snack bar**/ before **leaving**.

모든 여행객 여러분. Wow City Tour 버스가 30분 후에 출발합니다. 일정표는 저희 투어 가이드 중 한 명인 Scarlet이 로비에서 제공해
드릴 것입니다. 또한, 여러분은 음료와 간식거리를 출입구에서 구입할 수 있으니 출발 전에 저희 스내바를 방문해 주세요..

VOCA **provide** 제공하다 **tour guide** 여행 가이드 **reception area** 안내실, 로비 **purchase** 구매하다 **beverage** 음료
snack 스낵

A2

🎧 MP3 17-27(전체) **17-28**(문장)

 **Welcome**/ to the **15th annual fundraising dinner** for/ "Save **Children in Africa Foundation**"./ I am pleased to **introduce** our keynote **speaker** ⌒,/ Mr. Anderson./ **Mr. Anderson**/ is one of the **original members** of this **foundation**/ and he has **put** a lot of **effort** in our **latest project**/ in **Africa**./ **Ladies** and **gentlemen**,/ please **welcome Mr. Anderson**.

'Save Children in Africa Foundation'의 15회 연례 모금 행사 디너에 오신 것을 환영합니다. 기조 연설자인 Anderson씨를 소개하게 되
어 기쁩니다. Anderson 씨는 이 재단의 설립 멤버 중 한 명으로 최근 아프리카 관련 프로젝트에서도 많은 애를 써 주셨습니다. 신사 숙녀
여러분, Anderson 씨를 환영해 주세요.

VOCA **annual** 연례의, 매년의 **fundraise** 자금을 조달하다 **foundation** 토대, 기초; 재단 **original** 원래의, 본래의; 독창적인
effort 수고, 노력

다음 지문을 발음과 강세에 유의하여 주어진 시간 내에 소리 내어 읽어 보세요.

🎧 MP3 14-01

Q1 제과점 광고

⏱ 준비 시간 **45**초 + 답변 시간 **45**초

You can buy real bread at Croissant Bakery. We sell various types of delicacies like white bread for breakfast, cookies for the afternoon and beautiful cakes for special occasions. So, please visit us and try something special for you and your family.

Q2 공항 안내 방송

⏱ 준비 시간 **45**초 + 답변 시간 **45**초

Attention travelers. This is the last call for Safenet Airline flight SE243. The flight will be delayed by 5 hours due to a possible typhoon near the airport area. We apologize for any inconvenience. Please stand by and wait for another announcement soon. Thank you.

준비 시간에 해야 할 일

❶ 혼잣말로 지문을 한두 번 읽으며 개인적으로 어려운 발음과 고유명사 발음 확인하기
❷ 끊어 읽는 부분과 강조해야 하는 부분에 표시하기

Coaching *for Reading Aloud*

Q1　제과점 이름인 Croissant Bakery는 [크루ㅇ상t 베이커리]라고 발음합니다. various는 [배리어스]가 아닌 [배어리어스]로 발음하며, occasion의 적절한 발음은 [어케이젼]입니다.

Q2　회사 이름은 파트 1에 자주 등장하는 고유명사 중 하나입니다. 일반적으로 복합명사가 등장하는 경우가 많지만 지문에 등장한 Safenet은 [세이프넷]이라고 발음하면 됩니다. '태풍'이라는 뜻의 typhoon은 ph가 [f] 발음이 나므로 [타이프(f)ㄴ]으로 발음합니다.

끊어 읽기 및 주의해야 할 발음을 확인한 후, 지문 읽기가 익숙해질 때까지 낭독 훈련하세요. / 끊어 읽기, **볼드** 강세를 두어 읽는 부분, 색자 주의해야 할 발음, ⌒ 억양

A1
🎧 MP3 17-29(전체) **17-30**(문장)

☐ You can **buy real bread**/ at Croissant Bakery./ We **sell various** types of **delicacies**/ like **white bread** for **breakfast**↗,/ **cookies** for the **afternoon**↗/ and beautiful **cakes** for **special occasions**↘./ So,/ please **visit** us/ and **try something special** for **you**/ and your **family**.

Croissant Bakery에서는 진짜 빵을 구입할 수 있습니다. 저희는 아침 식사를 위한 흰 빵에서부터 오후에 먹을 쿠키 그리고 특별한 행사들을 위한 아름다운 케이크에 이르기까지 다양한 종류의 빵을 구비하고 있습니다. 그러니 저희를 방문하셔서 여러분과 여러분 가족을 위해 특별한 것을 준비해 보세요.

VOCA **bakery** 빵집, 제과점 **various** 다양한 **delicacy** 진미, 별미, 사려깊은 **special occasion** 특별한 행사

A2
🎧 MP3 17-31(전체) **17-32**(문장)

☐ **Attention** travelers./ This is the **last call**/ for Safenet **Airline flight SE243**./ The **flight** will be **delayed** by **5 hours**/due to a **possible** typhoon/ near the **airport** area./ We **apologize** for any **inconvenience**./ Please **stand** by/ and **wait** for **another announcement soon**./ **Thank** you.

여행객 여러분. Safenet 항공 SE243기 마지막 탑승 안내입니다. 공항 근처 지역이 태풍의 영향을 받을 수 있기 때문에 항공편이 5시간 연착될 것입니다. 불편을 드려 죄송합니다. 곧 있을 다음 안내를 잠시 기다려 주십시오. 감사합니다.

VOCA **traveler** 여행객 **last call** 마지막 탑승 안내 **typhoon** 태풍 **apologize** 사과하다 **inconvenience** 불편, 애로 **announcement** 발표, 안내

 09

다음 지문을 발음과 강세에 유의하여 주어진 시간 내에 소리 내어 읽어 보세요.

🎧 MP3 15-01

Q1 라디오 방송

⏱ 준비 시간 **45**초 + 답변 시간 **45**초

You are listening to WDLS Radio Station. After the short break, we are going to have Selma, the winner of a music award in Canada. She will sing the megahit song, "Don't You Remember", live, here at WDLS Studio. So, don't go away.

Q2 회의 중 수상 공지

⏱ 준비 시간 **45**초 + 답변 시간 **45**초

Before we start this meeting, I would like to announce that we have received an award from the Department of Energy for being one of the most environmental-friendly companies in our community. Our hard work on reducing paper usage and using less power in the office has finally paid off. Let's keep up our good work.

준비 시간에 해야 할 일

❶ 혼잣말로 지문을 한두 번 읽으며 개인적으로 어려운 발음과 고유명사 발음 확인하기
❷ 끊어 읽는 부분과 강조해야 하는 부분에 표시하기

Coaching *for Reading Aloud*

Q1 사람 이름인 Selma 는 [쎌마]라고 읽습니다. After the short break는 띄어 읽지 말고 한 단어처럼 쭉~ 읽어 주세요. award는 [r] 발음에 주의하며 [어워r드]로 발음하세요.

Q2 one of the most와 paper usage는 한 단어씩 끊어 읽기보다는 마치 전체가 한 단어인 것처럼 읽어 주세요. 이때 of는 내용어가 아닌 전치사이므로 약하게 발음합니다. 단어 usage는 [유씨-쥐]로 발음합니다.

끊어 읽기 및 주의해야 할 발음을 확인한 후, 지문 읽기가 익숙해질 때까지 낭독 훈련하세요.   / 끊어 읽기, **볼드** 강세를 두어 읽는 부분, 색자 주의해야 할 발음, ↗↘ 억양

A1

🎧 MP3 17-33(전체) **17-34**(문장)

You are **listening** to/ **WDLS Radio Station.**/ **After** the **short break,**/ we are going to have **Selma**↗,/ the **winner** of a **music award**/ in **Canada.**/ She will **sing** the **megahit song**↗,/ *Don't You Remember,*/ **live**↗,/ **here** at **WDLS Studio.**/ So, **don't go away.**

여러분은 지금 WDLS 라디오를 듣고 계십니다. 잠시 쉰 뒤, 캐나다 음악상 수상자인 Selma를 모시겠습니다. 그녀의 대히트곡인 'Don't You Remember'를 이곳 WDLS 스튜디오에서 라이브로 부를 예정입니다. 그러니, 잠시만 기다려 주세요.

VOCA **radio station** 라디오 방송국 **award** 상, 보수, 수여 **megahit** 대히트

A2

🎧 MP3 17-35(전체) **17-36**(문장)

Before we **start** this **meeting,**/ I would like to **announce** that/ we have **received** an **award**/ from the **Department of Energy**/ for **being** one of the **most** environmental-friendly **companies** in our **community.**/ Our **hard work**/ on **reducing** paper usage/ and **using** less **power** in the **office**/ has finally **paid off.**/ Let's **keep up** our **good work.**

이 미팅을 시작하기 전에, 우리 회사가 에너지국으로부터 우리 지역에서 가장 환경 친화적인 회사 중 하나로 상을 받았다는 걸 알려드리고 싶습니다. 사무실에서 종이 사용량을 줄이고 더 적은 전기를 쓰려고 애쓴 것이 마침내 성과를 거뒀습니다. 지금까지처럼 열심히 합시다.

VOCA **environmental-friendly** 환경 친화적인 **community** 지역 사회 **usage** 사용, 용법 **pay off** 성공하다, 성과를 올리다

다음 지문을 발음과 강세에 유의하여 주어진 시간 내에 소리 내어 읽어 보세요. 🎧 MP3 16-01

Q1 행사 공지를 위한 사내 방송　⏱ 준비 시간 **45**초 + 답변 시간 **45**초

Attention employees. We will be holding a party to commemorate the new vehicle launch at the end of this month. And the markcting department will be sending invitations, so please attend and grace us with your presence. Thank you.

Q2 영업 결과 보고　⏱ 준비 시간 **45**초 + 답변 시간 **45**초

As you can see in the report, the response to the new car in the US market hasn't been so favorable. Its sales are about 10% lower than we expected. Therefore, we're going to have to lower the order. Are there any questions?

준비 시간에 해야 할 일

❶ 혼잣말로 지문을 한두 번 읽으며 개인적으로 어려운 발음과 고유명사 발음 확인하기
❷ 끊어 읽는 부분과 강조해야 하는 부분에 표시하기

Coaching *for Reading Aloud*

Q1　vehicle을 발음할 때는 한 음절씩 정확하게 [v히클]이라고 발음합니다. launch의 발음은 lunch와 혼동하지 않도록 주의하세요. 앞 음절 lau-는 [로]와 [러]의 중간 발음을 내어 읽습니다.

Q2　비즈니스 영어에 자주 쓰이는 어휘들이 많이 나열되어 있는 지문입니다. 10%는 ten percent라고 읽어 주면 되며, 단어 response[rispáns]와 expect[ikspékt]는 [s] 발음 뒤에 자음이 있으므로 그 자음들을 각각 된소리로 [뤼스빤스]와 [익쓰빽트] 식으로 발음합니다.

끊어 읽기 및 주의해야 할 발음을 확인한 후, 지문 읽기가 익숙해질 때까지 낭독 훈련하세요. / 끊어 읽기, **볼드** 강세를 두어 읽는 부분, 색자 주의해야 할 발음, ⌒ 억양

A1
🎧 MP3 17-37(전체) 17-38(문장)

☐ **Attention** employees./ We will be **holding** a **party**/ to **commemorate** the **new** vehicle launch/ at the **end** of this **month**./ And the **marketing** department will be **sending invitations**,/ so please **attend**/ and **grace** us with your **presence**./ **Thank** you.

직원 여러분, 저희는 이달 말에 새로운 자동차 출시를 기념하기 위해 파티를 열 예정입니다. 그리고 마케팅 부서에서 초대장을 발송할 것이니, 오셔서 자리를 빛내 주시기 바랍니다. 감사합니다.

VOCA **commemorate** 기념하다 **vehicle** 차량, 운송 수단 **launch** 출시, 착수 **presence** 참석, 존재
Please attend and grace us with your presence. 오셔서 자리를 빛내 주십시오.

A2
🎧 MP3 17-39(전체) 17-40(문장)

☐ As **you** can **see** in the **report**,/ the response to the **new car** in the **US market**/ hasn't been so **favorable**./ Its **sales** are about 10% **lower** than we expected./ **Therefore**,/ we're going to have to **lower** the **order**./ Are there any **questions**?⌒

보고서에 나와 있듯, 미국 시장에서 새로운 자동차에 대한 반응이 그간 그리 좋지 않았습니다. 판매는 우리가 예상했던 것보다 10% 가량 적었습니다. 그러므로, 우리는 주문을 줄여야 합니다. 질문 있으세요?

VOCA **report** 보고서 **response** 응답; 반응 **favorable** 호의적인, 순조로운 **expect** 기대하다 **lower** 낮추다, 줄이다

PART 2

DESCRIBE A PICTURE

사진 묘사하기

이번에는 Part 2를 집중적으로 훈련해보는 순서입니다. Part 2는 난이도가 높은 파트는 아니지만 학습자들이 사진의 구도를 잡아 설명하는 것을 어려워하는 경우가 많습니다. 이에 대한 해결 방안은 사진 유형에 맞는 답변 템플릿을 외워두는 것입니다.

문제가 화면에 뜨면

❶ 인물 중심 사진인지 배경 중심 사진인지 사진의 유형을 파악합니다.

❷ 사진의 장소 및 주제를 파악합니다.

❸ 주제와 관련된 key words를 중심으로 사진 유형에 따른 묘사 순서에 따라 문장을 만듭니다.

❹ 묘사 마지막 부분에는 사진과 관련된 개인적 느낌이나 생각을 덧붙입니다.

다음은 Part 2 시험이 시작될 때 나오는 지시문입니다.

TOEIC Speaking

Question 3: Describe a Picture

Directions: In this part of the test, you will describe the picture on your screen in as much detail as you can. You will have 30 seconds to prepare your response. Then, you will have 45 seconds to speak about the picture.

이번 파트에서는 스크린에 주어진 사진을 가능한 한 자세히 묘사해야 합니다. 답변 준비 시간은 30초이며, 그 후 사진을 묘사하는 데 45초가 주어집니다.

다음 사진의 상황을 영어로 묘사해 보세요. 답변을 직접 만드는 것이
어렵다면 다음 페이지의 답변 마법사를 활용해 보세요.

준비 시간 **30**초 + 답변 시간 **45**초 MP3 07-02

유형: 배경 중심 사진

준비 시간에 해야 할 일

❶ 사진을 보고 장소 및 주제 파악

❷ 관련 key words를 뽑아
   문장 만들기

Brainstorm & Write to Speak

❶ 사진의 장소 | 1~2문장 |

❷ 사진에서 가장 눈에 띄는 장면 묘사 | 2~3문장 |

❸ 부차적 장면 묘사 | 1~2문장 |

❹ 사진과 관련된 개인적 생각이나 느낌 | 1~2문장 |

주어진 key words를 이용하여 아래 빈칸을 채워 말해 보세요.

> **KEY words**
> - **train station** 기차역
> - **wear suits** 정장을 입다
> - **next to them** 그들 옆에
> - **walk around the platform** 플랫폼 주위를 걷다
> - **in a row** 줄 지어, 일렬로
> - **city train station** 도심 기차역

도입

This is a picture of 큰 기차역.

구체적 배경 묘사

In the middle of the picture, there are

많은 사람들/ 플랫폼 주위를 걸어 다니고 있는.

Most of them 정장을 입고 있습니다 so it must be

아침 일찍.

On the left side of the picture, I can see

많은 기둥들/ 한 줄로 서 있는 and there are

많은 카트들/ 그것들 옆에.

On the right side of this picture, I can see trains and

문들이 열려 있습니다.

마무리

Overall, it looks like 번잡한 도심 기차역.

빈칸에 들어갈 말은 STEP 3 스피킹 체화하기에서 확인하세요!

완성 답변이 저절로 입에서 흘러나올 때까지 훈련 횟수를 기록하면서 낭독 훈련해 보세요.

MP3 18-01 (전체) 18-02 (문장)

이것은 큰 기차역의 사진입니다.

☐ **This is a picture of a big train station.**

사진 가운데에는 많은 사람들이 플랫폼 주위를 걸어 다니고 있습니다.

☐ **In the middle of the picture, there are many people walking around the platform.**

그들 대부분이 정장을 입고 있기 때문에 아침 일찍인 것 같습니다.

☐ **Most of them are wearing suits so it must be early in the morning.**

사진의 왼쪽에는, 많은 기둥들이 한 줄로 서 있는 게 보이고 그것들 옆에 많은 카트들이 있습니다.

☐ **On the left side of the picture, I can see many poles in a row and there are many carts next to them.**

사진의 오른쪽에는 기차가 보이고 문들이 열려 있습니다.

☐ **On the right side of this picture, I can see trains and the doors are opened.**

전반적으로, 번잡한 도심 기차역처럼 보입니다.

☐ **Overall, it looks like a busy city train station.**

다음 사진의 상황을 영어로 묘사해 보세요. 답변을 직접 만드는 것이
어렵다면 다음 페이지의 답변 마법사를 활용해 보세요.

⏱ 준비 시간 **30**초 + 답변 시간 **45**초 🎧 MP3 08-02

유형: 배경 중심 사진

준비 시간에 해야 할 일

❶ 사진을 보고 장소 및 주제 파악

❷ 관련 key words를 뽑아
   문장 만들기

Brainstorm & Write to Speak

❶ **사진의 장소** | 1~2문장 |

💬

❷ **중심이 되는 인물(들) 묘사** | 2~3문장 |

💬

❸ **사진의 배경 묘사** | 1~2문장 |

💬

❹ **사진과 관련된 개인적 생각이나 느낌** | 1~2문장 |

💬

주어진 key words를 이용하여 아래 빈칸을 채워 말해 보세요.

> **KEY words** · **talk to each other** 서로 이야기하다   · **sit around a table** 테이블에 둘러 앉다
> · **another group of people** 다른 무리의 사람들   · **take orders** 주문을 받다
> · **a wide window** 넓은 창   · **relaxing** 여유로운

도입

Here is a picture taken at   카페.

구체적 인물 묘사

What I can see first in this picture is

                          두 여자/ 커피를 마시면서 대화를 나누고 있는.

They are sitting around a table and

                    작은 접시들과 메뉴가 있습니다/ 테이블 위에.

                    젊은 여자는 입고 있습니다/ 빨간색 블라우스를

and the other woman is wearing a white cardigan.

배경 묘사

In the background of the picture, I can see

                    또 다른 한 무리의 사람들/ 테이블에 둘러 앉아 있는 and a waiter

                    주문을 받고 있습니다 from them.

On the left side of this picture, I can see   넓은 창이.

마무리

The whole scene looks   아주 여유로워.

빈칸에 들어갈 말은 STEP 3 스피킹 체화하기에서 확인하세요!

완성 답변이 저절로 입에서 흘러나올 때까지 훈련 횟수를 기록하면서 낭독 훈련해 보세요.

🎧 MP3 18-03(전체) 18-04(문장)

여기에 카페에서 찍힌 사진이 있습니다.

☐ Here is a picture taken at a café.

이 사진에서 가장 먼저 보이는 것은 커피를 마시면서 대화를 나누고 있는 두 여자입니다.

☐ What I can see first in this picture is two women drinking coffee and talking to each other.

그들은 테이블에 둘러 앉아 있고 작은 접시들과 메뉴가 그 위에 올려져 있습니다.

☐ They are sitting around a table and there are small plates and a menu on the table.

젊은 여자는 빨간색 블라우스를 입고 있고 또 다른 여자는 흰색 카디건을 입고 있습니다.

☐ The young woman is wearing a red blouse and the other woman is wearing a white cardigan.

사진 뒤쪽에는 또 다른 한 무리의 사람들이 테이블에 둘러 앉아 있는 게 보이고 웨이터 한 명이 주문을 받고 있습니다.

☐ In the background of the picture, I can see another group of people sitting around a table and a waiter is taking orders from them.

사진의 왼편에는 넓은 창이 보입니다.

☐ On the left side of the picture, I can see a wide window.

전체 풍경이 아주 여유로워 보입니다.

☐ The whole scene looks very relaxing.

다음 사진의 상황을 영어로 묘사해 보세요. 답변을 직접 만드는 것이
어렵다면 다음 페이지의 답변 마법사를 활용해 보세요.

준비 시간 **30**초 + 답변 시간 **45**초 MP3 09-02

유형: 인물 중심 사진

준비 시간에 해야 할 일

❶ 사진을 보고 장소 및 주제 파악

❷ 관련 key words를 뽑아
   문장 만들기

Brainstorm & Write to Speak

유형: 인물 중심 사진

❶ **사진의 장소** | 1~2문장 |

❷ **중심이 되는 인물(들) 묘사** | 2~3문장 |

❸ **사진의 배경 묘사** | 1~2문장 |

❹ **사진과 관련된 개인적 생각이나 느낌** | 1~2문장 |

주어진 key words를 이용하여 아래 빈칸을 채워 말해 보세요.

> **KEY words** · meeting room 회의실　　　　· formal suits 정장
> · point at something 무언가를 가리키다　· on a white board 화이트보드 위의
> · sit at a table 테이블에 앉다　　　　· serious 심각한

도입

This is a picture of 💬　　　　　　　　　　　　　　회의실.

구체적 인물 묘사

The first thing I can see in this picture is 💬

몇몇 사람들/ 정장을 입고 있는.

A man in the middle 💬

무언가를 가리키고 있습니다/ 화이트보드 위의. I think he is explaining something.

Behind him, I can see a chart and there are pie charts and bar graphs.

On the left side of the picture, there are 💬

두 여자와 한 남자가 테이블에 앉아 쓰고 있습니다/ 무언가를.

배경 묘사

In the foreground of this picture, there is 💬

깨끗한 유리 테이블 and I can see those people reflected on the table.

마무리

Overall, it looks like 💬　　　　　　　　　　심각한 미팅.

빈칸에 들어갈 말은 STEP 3 스피킹 체화하기에서 확인하세요!

완성 답변이 저절로 입에서 흘러나올 때까지 훈련 횟수를 기록하면서 낭독 훈련해 보세요. 🎧 MP3 18-05(전체) 18-06(문장)

이것은 회의실의 사진입니다.

☐ **This is a picture of a meeting room.**

이 사진에서 처음으로 볼 수 있는 것은 정장을 입고 있는 몇몇 사람들입니다.

☐ **The first thing I can see in this picture is some people dressed in formal suits.**

가운데 있는 남자는 화이트보드 위의 무언가를 가리키고 있습니다.

☐ **A man in the middle is pointing at something on a whiteboard.**

제 생각에 그는 무언가를 설명하고 있는 것 같습니다.

☐ **I think he is explaining something.**

그의 뒤로는 차트가 보이고 파이 차트와 막대 그래프들이 있습니다.

☐ **Behind him, I can see a chart and there are pie charts and bar graphs.**

사진의 왼쪽에는 두 여자와 한 남자가 테이블에 앉아 무언가를 쓰고 있습니다.

☐ **On the left side of the picture, there are two women and a man sitting at a table and writing down something.**

이 사진의 앞쪽에는 깨끗한 유리 테이블이 있고 그 사람들의 모습이 테이블에 비치는 게 보입니다.

☐ **In the foreground of this picture, there is a clean glass table and I can see those people reflected on the table.**

전반적으로, 심각한 미팅 같습니다.

☐ **Overall, it looks like a serious meeting.**

다음 사진의 상황을 영어로 묘사해 보세요. 답변을 직접 만드는 것이
어렵다면 다음 페이지의 답변 마법사를 활용해 보세요.

준비 시간 **30**초 + 답변 시간 **45**초 MP3 10-02

유형: 인물 중심 사진

준비 시간에 해야 할 일

❶ 사진을 보고 장소 및 주제 파악

❷ 관련 key words를 뽑아
   문장 만들기

Brainstorm & Write to Speak

❶ **사진의 장소** | 1~2문장 |

💬

❷ **중심이 되는 인물(들) 묘사** | 2~3문장 |

💬

❸ **사진의 배경 묘사** | 1~2문장 |

💬

❹ **사진과 관련된 개인적 생각이나 느낌** | 1~2문장 |

💬

주어진 key words를 이용하여 아래 빈칸을 채워 말해 보세요.

> **KEY words**
> - **on a road** 길에서
> - **casual clothes** 캐주얼한 옷
> - **musical instrument** 악기
> - **in the middle of a road** 길 한가운데에
> - **stand near them** 그들 가까이에 서 있다
> - **go somewhere together** 함께 어딘가로 가다

도입

Here is a picture taken _______________________ 공원의 길에서.

구체적 인물 묘사

What I can see first is _______________________

_______________________ 한 무리의 젊은이들/ 서 있는/ 길 한가운데에.

_______________________ 그들 대부분은 입고 있습니다/ 캐주얼한 옷을.

Some of them are talking to each other and _______________________

_______________________ 다른 이들은 그냥 서 있습니다/ 그들 가까이에.

Also, a man _______________________ 어떤 종류의 악기를

메고 있는데 and I think it is a guitar.

배경 묘사

On both sides of the picture, there are _______________________

_______________________ 몇몇 나무와 잔디가 and on the left side of this picture,

_______________________ ~이 있습니다/ 갈색 벤치들.

마무리

I think

이 사람들은 가고 있는 것 같습니다/ 어딘가로/ 함께.

빈칸에 들어갈 말은 STEP 3 스피킹 체화하기에서 확인하세요!

완성 답변이 저절로 입에서 흘러나올 때까지 훈련 횟수를 기록하면서 낭독 훈련해 보세요.

🎧 MP3 18-07 (전체) 18-08 (문장)

여기에 공원의 길에서 찍은 사진이 있습니다.

☐ Here is a picture taken on a road in a park.

가장 처음 보이는 것은 길 한가운데에 서 있는 한 무리의 젊은이들입니다.

☐ What I can see first is a group of young people standing in the middle of a road.

그들의 대부분이 캐주얼한 옷을 입고 있습니다.

☐ Most of them are dressed in casual clothes.

그들 중 몇몇은 서로 이야기를 하고 있고 다른 이들은 그들 가까이에 그냥 서 있습니다.

☐ Some of them are talking to each other and the others are just standing near them.

또한, 한 남자가 어떤 종류의 악기를 메고 있는데, 내 생각엔 기타인 것 같습니다.

☐ Also, a man is carrying some kind of musical instrument and I think it is a guitar.

사진의 양쪽에는 몇몇 나무와 잔디가 있고 사진의 왼쪽에는 갈색 벤치들이 있습니다.

☐ On both sides of the picture, there are some trees and grass and on the left side of this picture, there are brown benches.

내 생각에 이 사람들은 함께 어딘가로 가고 있는 것 같습니다.

☐ I think these people are going somewhere together.

다음 사진의 상황을 영어로 묘사해 보세요. 답변을 직접 만드는 것이 어렵다면 다음 페이지의 답변 마법사를 활용해 보세요.

준비 시간 **30**초 + 답변 시간 **45**초   MP3 11-02

유형: 인물 중심 사진

준비 시간에 해야 할 일

❶ 사진을 보고 장소 및 주제 파악

❷ 관련 key words를 뽑아
   문장 만들기

Brainstorm & Write to Speak

❶ **사진의 장소** | 1~2문장 |

💬

❷ **중심이 되는 인물(들) 묘사** | 2~3문장 |

💬

❸ **사진의 배경 묘사** | 1~2문장 |

💬

❹ **사진과 관련된 개인적 생각이나 느낌** | 1~2문장 |

💬

주어진 key words를 이용하여 아래 빈칸을 채워 말해 보세요.

> **KEY words** • in chef's uniforms 요리사 유니폼을 입고 있는 • on the right 오른쪽에 (있는)
> • a green container 초록색 용기 • on a grill 그릴 위에
> • kitchen counter 주방 조리대 • prepare meals 음식을 준비하다

도입

This is a picture of ___________________ 주방.

구체적 인물 묘사

The first thing I can see in this picture is ___________________

___________________ 두 남자/ 입고 있는/ 주방장 유니폼을.

___________________ 남자는/ 오른쪽에 있는 is picking up something

by using tongs. They look like potatoes and steaks.

The man on the left ___________________ 닦고 있습니다/ 녹색 용기를.

배경 묘사

In front of them, there are ___________________ 약간의 고기/

그릴 위에 and in the background of this picture, ___________________

___________________ 주방 조리대가 있고/ 약간의 음식이/ 그 위에.

마무리

Overall, it looks like ___________________ 그들은 준비하고 있는 중이다/

음식을 for many people.

빈칸에 들어갈 말은 STEP 3 스피킹 체화하기에서 확인하세요!

완성 답변이 저절로 입에서 흘러나올 때까지 훈련 횟수를 기록하면서 낭독 훈련해 보세요.

🎧 MP3 18-09(전체) **18-10**(문장)

이것은 주방의 사진입니다.
☐ **This is a picture of a kitchen.**

이 사진에서 가장 먼저 보이는 것은 주방장 유니폼을 입고 있는 두 남자입니다.
☐ **The first thing I can see in this picture is two men in chef's uniforms.**

오른쪽에 있는 남자는 집게를 이용해서 무언가를 집어 올리고 있습니다.
☐ **The man on the right is picking up something by using tongs.**

그것들은 감자와 스테이크처럼 보입니다.
☐ **They look like potatoes and steaks.**

왼쪽에 있는 남자는 초록색 용기를 씻고 있습니다.
☐ **The man on the left is washing a green container.**

그들의 앞에는 그릴 위에 약간의 고기가 있고, 사진 뒤편에는 주방 조리대가 있고 그 위에 약간의 음식이 있습니다.
☐ **In front of them, there are some meat on a grill and in the background of this picture, there is a kitchen counter and some food on it.**

전반적으로, 그들은 많은 사람들을 위해 음식을 준비하고 있는 것처럼 보입니다.
☐ **Overall, it looks like they are preparing meals for many people.**

다음 사진의 상황을 영어로 묘사해 보세요. 답변을 직접 만드는 것이
어렵다면 다음 페이지의 답변 마법사를 활용해 보세요.

⏱ 준비 시간 **30**초 + 답변 시간 **45**초 🎧 MP3 12-02

유형: 인물 중심 사진

준비 시간에 해야 할 일

❶ 사진을 보고 장소 및 주제 파악
❷ 관련 key words를 뽑아
　 문장 만들기

Brainstorm & Write to Speak

❶ 사진의 장소 ㅣ 1~2문장 ㅣ

💬

❷ 중심이 되는 인물(들) 묘사 ㅣ 2~3문장 ㅣ

💬

❸ 사진의 배경 묘사 ㅣ 1~2문장 ㅣ

💬

❹ 사진과 관련된 개인적 생각이나 느낌 ㅣ 1~2문장 ㅣ

💬

주어진 key words를 이용하여 아래 빈칸을 채워 말해 보세요.

> **KEY words**
> - **have a meeting** 회의를 하다
> - **shake hands with** ~와 악수하다
> - **talk on a phone** 전화 통화를 하다
> - **man in the middle** 가운데 있는 남자
> - **sit next to him** 그의 옆에 앉다
> - **a laptop on the table** 테이블 위에 노트북

도입

This is a picture of some people ⬚ 미팅을 하고 있는.

구체적 인물 묘사

The first thing I can see in this picture is ⬚

⬚ 정장을 입고 있는 몇 사람.

⬚ 가운데 있는 남자 is wearing a navy suit and

shaking hands with another man.

And ⬚ 한 남자/ 그의 옆에 앉아 있는 has short hair.

On the left side of the picture, ⬚

한 여자/ 흰색 셔츠를 입은 is holding a pen and talking on her phone.

배경 묘사

In the foreground of this picture, there are ⬚

약간의 서류와 노트북/ 테이블 위에.

마무리

I think these people are having a good meeting because ⬚

그들이 모두 웃고 있는 중이다.

빈칸에 들어갈 말은 STEP 3 스피킹 체화하기에서 확인하세요!

완성 답변이 저절로 입에서 흘러나올 때까지 훈련 횟수를 기록하면서 낭독 훈련해 보세요.

🎧 MP3 **18-11** (전체) **18-12** (문장)

이것은 미팅을 하고 있는 몇 사람의 사진입니다.

☐ This is a picture of some people having a meeting.

이 사진에서 가장 먼저 볼 수 있는 것은 정장을 입고 있는 몇 사람입니다.

☐ The first thing I can see in this picture is some people wearing suits.

가운데 있는 남자는 남색 정장을 입고 있고 다른 남자와 악수를 하고 있습니다.

☐ The man in the middle is wearing a navy suit and shaking hands with another man.

그리고 그의 옆에 앉아 있는 한 남자는 머리가 짧습니다.

☐ And a man sitting next to him has short hair.

사진의 오른쪽에는 흰색 셔츠를 입은 한 여자가 손에 펜을 들고 전화 통화를 하고 있습니다.

☐ On the right side of the picture, a woman wearing a white shirt is holding a pen and talking on her phone.

이 사진의 앞쪽에는 테이블 위에 약간의 서류와 노트북이 있습니다.

☐ In the foreground of this picture, there are some documents and a laptop on the table.

그들이 모두 웃고 있기 때문에 이 사람들은 좋은 미팅을 갖고 있는 것 같습니다.

☐ I think these people are having a good meeting because they are all smiling.

다음 사진의 상황을 영어로 묘사해 보세요. 답변을 직접 만드는 것이 어렵다면 다음 페이지의 답변 마법사를 활용해 보세요.

준비 시간 **30**초 + 답변 시간 **45**초 MP3 13-02

유형: 배경 중심 사진

준비 시간에 해야 할 일

❶ 사진을 보고 장소 및 주제 파악

❷ 관련 key words를 뽑아
  문장 만들기

Brainstorm & Write to Speak

❶ **사진의 장소** | 1~2문장 |

💬

❷ **사진에서 가장 눈에 띄는 장면 묘사** | 2~3문장 |

💬

❸ **부차적 장면 묘사** | 1~2문장 |

💬

❹ **사진과 관련된 개인적 생각이나 느낌** | 1~2문장 |

💬

주어진 key words를 이용하여 아래 빈칸을 채워 말해 보세요.

> **KEY words** • **city street** 도심의 거리
> • **on both sides** 양쪽에는
> • **located** ~에 위치해 있는
> • **stroll on the street** 거리를 걷다
> • **be erected** 서 있다
> • **typical scene** 전형적인 풍경

도입

This picture was taken at ___________ 도심의 거리.

구체적 배경 묘사

In the middle of this picture, there are ___________

___________ 많은 사람들/ 거리를 걷고 있는.

Most of them are wearing short-sleeve or sleeveless shirts, ___________

___________ 여름임이 분명합니다.

___________ 이 사진의 양쪽에는, some buildings are erected

along the street.

On the right side of the picture, there are some stores and shops

___________ 위치한/ 1층에.

In the background of the picture, I can see some part of an apartment

and ___________ 하늘이 푸릅니다.

마무리

Overall, it looks like ___________ 전형적인 풍경/ 도심 거리의.

빈칸에 들어갈 말은 STEP 3 스피킹 제화하기에서 확인하세요!

완성 답변이 저절로 입에서 흘러나올 때까지 훈련 횟수를 기록하면서 낭독 훈련해 보세요.

🎧 MP3 18-13(전체) **18-14**(문장)

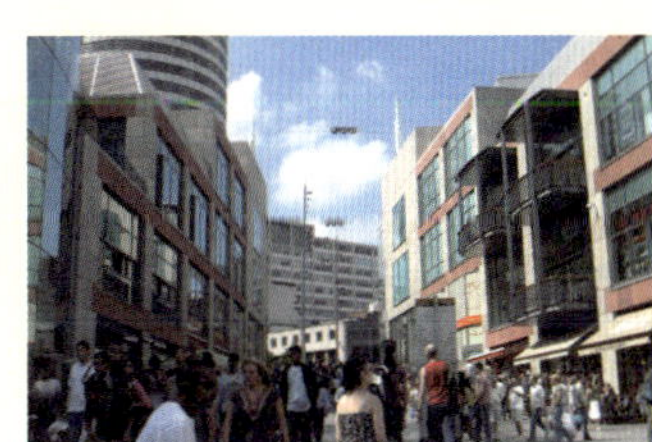

이 사진은 도심의 거리에서 찍은 것입니다.

☐ This picture was taken at a city street.

이 사진의 중앙에는 거리를 걷고 있는 많은 사람들이 있습니다.

☐ In the middle of this picture, there are many people strolling on the street.

그들의 대부분이 반소매나 민소매 옷을 입고 있어, 여름임이 분명합니다.

☐ Most of them are wearing short-sleeve or sleeveless shirts, so it must be summer.

이 사진의 양쪽에는 거리를 따라 몇몇 건물이 서 있습니다.

☐ On both sides of this picture, some buildings are erected along the street.

사진의 오른쪽에는 1층에 위치한 몇몇 상점과 숍들이 있습니다.

☐ On the right side of the picture, there are some stores and shops located on the first floor.

사진의 뒤쪽에는 아파트의 일부분이 보이고 하늘이 푸릅니다.

☐ In the background of the picture, I can see some part of an apartment and the sky is blue.

전반적으로, 전형적인 도심 거리 풍경처럼 보입니다.

☐ Overall, it looks like a typical scene of a city street.

다음 사진의 상황을 영어로 묘사해 보세요. 답변을 직접 만드는 것이
어렵다면 다음 페이지의 답변 마법사를 활용해 보세요.

준비 시간 **30**초 + 답변 시간 **45**초   MP3 14-02

유형: 인물 중심 사진

준비 시간에 해야 할 일

❶ 사진을 보고 장소 및 주제 파악

❷ 관련 key words를 뽑아
   문장 만들기

Brainstorm & Write to Speak

❶ **사진의 장소** | 1~2문장 |

···

❷ **중심이 되는 인물(들) 묘사** | 2~3문장 |

···

❸ **사진의 배경 묘사** | 1~2문장 |

···

❹ **사진과 관련된 개인적 생각이나 느낌** | 1~2문장 |

···

주어진 key words를 이용하여 아래 빈칸을 채워 말해 보세요.

> **KEY words**
> - **relax in the kitchen** 주방에서 쉬다
> - **with a laptop** 노트북으로
> - **hold a cup** 컵을 들고 있다
> - **do something** 뭔가를 하다
> - **various fruits** 다양한 과일
> - **a clean-looking kitchen** 깨끗해 보이는 주방

도입

This is a picture of   한 가족 / 주방에 있는.

구체적 인물 묘사

The first thing I can see in this picture is

한 가족 / 주방에서 쉬고 있는.

Two children   무언가 하고 있습니다 / 흰색 노트북으로.

They   보고 있습니다 / 컴퓨터 모니터를.

And next to them, there are various fruits, such as apples and

bananas   테이블 위에. Also, there is a plant

그들 뒤에.

배경 묘사

In the background of this picture, there is a couple.

같아 보인다 they are husband and wife.

그들은 컵을 들고 and talking to each other.

Also, a clean-looking kitchen area is in the back.

마무리

Overall, it looks like 

평범한 주말 아침/ 한 가족의.

빈칸에 들어갈 말은 **STEP 3** 스피킹 체화하기에서 확인하세요!

완성 답변이 저절로 입에서 흘러나올 때까지 훈련 횟수를 기록하면서 낭독 훈련해 보세요.　🎧 MP3 18-15(전체) 18-16(문장)

이것은 주방에 있는 한 가족의 사진입니다.

☐ **This is a picture of a family in a kitchen.**

이 사진에서 자장 먼저 볼 수 있는 것은 주방에서 쉬고 있는 한 가족입니다.

☐ **The first thing I can see in this picture is a family relaxing in the kitchen.**

두 아이가 흰색 노트북으로 무언가를 하고 있습니다.

☐ **Two children are doing something with a white laptop.**

그들은 컴퓨터 모니터를 보고 있습니다.

☐ **They are looking at the computer monitor.**

그리고 그들 옆에는 사과와 바나나 같은 다양한 과일들이 테이블 위에 있습니다. 또한 그들 뒤에는 식물이 있습니다.

☐ **And next to them, there are various fruits, such as apples and bananas on the table. Also, there is a plant behind them.**

이 사진의 뒤쪽에는 한 커플이 있습니다. 그들은 부부 같아 보입니다.

☐ **In the background of this picture, there is a couple. It looks like they are husband and wife.**

그들은 컵을 들고 서로 얘기하고 있습니다.

☐ **They are holding cups and talking to each other.**

또한, 깨끗해 보이는 주방이 뒤편에 있습니다.

☐ **Also, a clean-looking kitchen area is in the back.**

전반적으로, 한 가족의 평범한 주말 아침 같아 보입니다.

☐ **Overall, it looks like a regular weekend morning of a family.**

다음 사진의 상황을 영어로 묘사해 보세요. 답변을 직접 만드는 것이 어렵다면 다음 페이지의 답변 마법사를 활용해 보세요.

준비 시간 **30**초 + 답변 시간 **45**초 ⬆ MP3 15-02

유형: 인물 중심 사진

준비 시간에 해야 할 일

❶ 사진을 보고 장소 및 주제 파악

❷ 관련 key words를 뽑아
  문장 만들기

Brainstorm & Write to Speak

❶ **사진의 장소** | 1~2문장 |

💬

❷ **중심이 되는 인물(들) 묘사** | 2~3문장 |

💬

❸ **사진의 배경 묘사** | 1~2문장 |

💬

❹ **사진과 관련된 개인적 생각이나 느낌** | 1~2문장 |

💬

주어진 key words를 이용하여 아래 빈칸을 채워 말해 보세요.

> **KEY words**
> - **a few customers** 몇몇 손님들
> - **colorful fruits** 컬러플한 과일들
> - **wear an apron** 앞치마를 입고 있다
> - **stand in the aisle** 통로에 서 있다
> - **red shopping baskets** 빨간색 장바구니들
> - **local supermarket** 동네 슈퍼마켓

도입

This picture was taken at ⬝⬝⬝ 슈퍼마켓에서.

구체적 인물 묘사

What I can see first in this picture are ⬝⬝⬝

몇몇 손님들/ 통로에 서 있는.

On the left, there are two women standing ⬝⬝⬝

가까이/ 컬러플한 과일들. One of them is holding a baby.

Also, there are ⬝⬝⬝

다른 사람들/ 들고 있는/ 빨간색 장바구니를 or shopping for groceries. A man, wearing an

apron, ⬝⬝⬝ 몇 종류의 제품을 채우고 있는 중.

배경 묘사

In the background of this picture, I can see some bread and ⬝⬝⬝

다른 제품들/ 선반에 진열되어 있는.

마무리

It looks like a typical scene of ⬝⬝⬝ 동네 슈퍼마켓.

빈칸에 들어갈 말은 STEP 3 스피킹 체화하기에서 확인하세요!

완성 답변이 저절로 입에서 흘러나올 때까지 훈련 횟수를 기록하면서 낭독 훈련해 보세요.

🎧 MP3 18-17(전체) 18-18(문장)

이 사진은 슈퍼마켓에서 찍은 것입니다.

☐ This picture was taken at a supermarket.

이 사진에서 가장 먼저 보이는 것은 통로에 서 있는 몇몇 손님들입니다.

☐ What I can see first in this picture are a few customers standing in the aisle.

왼편에는, 두 여자가 컬러풀한 과일들 가까이 서 있습니다.

☐ On the left, there are two women standing near some colorful fruits.

그들 중 한 명은 아기를 안고 있습니다.

☐ One of them is holding a baby.

또한, 빨간색 장바구니를 들고 있거나 식료품을 쇼핑하고 있는 다른 사람들도 있습니다.

☐ Also, there are other people holding red shopping baskets or shopping for groceries.

앞치마를 입고 있는 한 남자가 몇 종류의 제품을 채우고 있습니다.

☐ A man, wearing an apron, is stacking some kinds of products.

사진의 뒤편에는 빵과 다른 제품들이 선반에 진열되어 있는 것이 보입니다.

☐ In the background of this picture, I can see some bread and other products displayed on shelves.

전형적인 동네 슈퍼마켓의 풍경처럼 보입니다.

☐ It looks like a typical scene of a local supermarket.

다음 사진의 상황을 영어로 묘사해 보세요. 답변을 직접 만드는 것이 어렵다면 다음 페이지의 답변 마법사를 활용해 보세요.

준비 시간 **30**초 + 답변 시간 **45**초 MP3 16-02

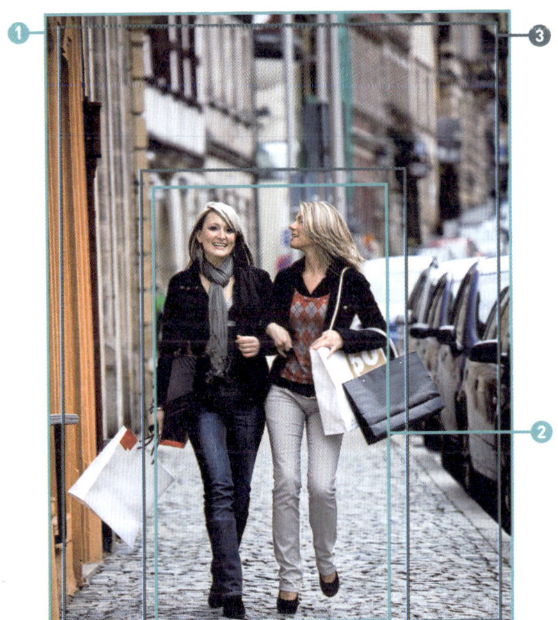

유형: 인물 중심 사진

준비 시간에 해야 할 일
❶ 사진을 보고 장소 및 주제 파악
❷ 관련 key words를 뽑아
　문장 만들기

Brainstorm & Write
to Speak

❶ **사진의 장소** | 1~2문장 |

💬

❷ **중심이 되는 인물(들) 묘사** | 2~3문장 |

💬

❸ **사진의 배경 묘사** | 1~2문장 |

💬

❹ **사진과 관련된 개인적 생각이나 느낌** | 1~2문장 |

💬

주어진 key words를 이용하여 아래 빈칸을 채워 말해 보세요.

> **KEY words**　· walk along the road 길을 따라 걷다　· have blonde hair 금발 머리이다
> · a pair of blue jeans 청바지 한 벌　· parked in a row 일렬로 주차된
> · on the first floor 1층에　· have a good time 즐거운 시간을 보내다

도입

This is a picture of 　　　　　　　　　　　　　　　　　　　　　두 여자/ 길을 따라 걷고 있는.

구체적 인물 묘사

The first thing I can see in this picture are

　　　　　　　　　　　　　　　　두 여자/ 많은 쇼핑백을 들고 있는.

　　　　　　　　　　왼쪽에 있는 여자는 has blonde hair and

　　　　　　　　　　　　　　　　입고 있습니다/ 청바지와 검은색 재킷을.

The woman on the right also has blonde hair and is dressed in a red

checked sweater and 　　　　　　　　　　　들고 가고 있습니다/ 큰 검은색 가방을.

배경 묘사

On the right side of this picture, there are some cars

　　　　　주차되어 있는/ 한 줄로. And on the left side of this picture, there

are 　　　　　　　　　　　　　　　　상점들이/ 위치한/ 1층에.

마무리

I think these ladies 💬 즐거운 시간을 보내고 있는 중 shopping together.

빈칸에 들어갈 말은 STEP 3 스피킹 제화하기에서 확인하세요!

완성 답변이 저절로 입에서 흘러나올 때까지 훈련 횟수를 기록하면서 낭독 훈련해 보세요. 🎧 MP3 18-19(전체) **18-20**(문장)

이것은 길을 따라 걷고 있는 두 여자의 사진입니다.

☐ This is a picture of two women walking along the road.

이 사진에서 가장 먼저 볼 수 있는 것은 많은 쇼핑백을 들고 있는 두 여자입니다.

☐ The first thing I can see in this picture are two women holding many shopping bags.

왼쪽에 있는 여자는 금발 머리이며 청바지와 검은색 재킷을 입고 있습니다.

☐ The woman on the left has blonde hair and is wearing a pair of blue jeans and a black jacket.

오른쪽에 있는 여자도 금발 머리이며, 빨간색 체크 스웨터를 입고 있고 큰 검은색 가방을 들고 가고 있습니다.

☐ The woman on the right also has blonde hair and is dressed in a red checked sweater and carrying a big black bag.

이 사진의 오른쪽에는 한 줄로 주차된 몇 대의 차가 있습니다.

☐ On the right side of this picture, there are some cars parked in a row.

그리고 이 사진의 왼쪽에는 1층에 위치한 상점들이 있습니다.

☐ And on the left side of this picture, there are shops located on the first floor.

이 여자들은 함께 쇼핑을 하며 즐거운 시간을 보내고 있는 것 같습니다.

☐ I think these ladies are having a good time shopping together.

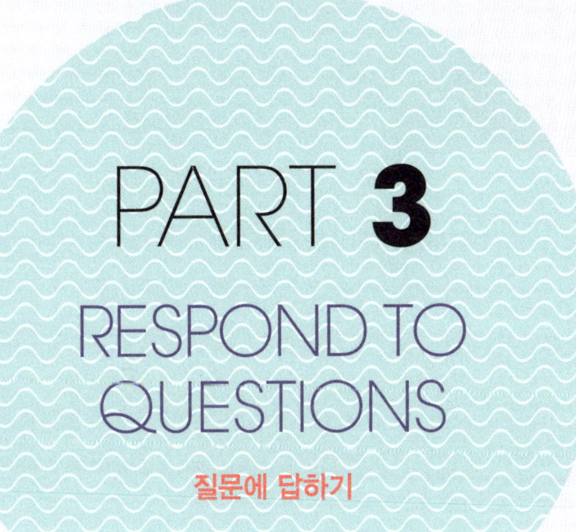

Part 3의 Question 4~6를 풀 때는 각 문제를 눈으로 보고 해석하는 습관을 길러야 합니다. 세 문제 모두 모니터에 보여지기 때문에 듣기에 의지해서 풀지 않아도 되기 때문이죠. 또한, 문제에서 사용된 어휘를 활용해서 답변하는 훈련을 하는 것이 중요합니다.

문제가 화면에 뜨면

❶ 문제를 재빨리 눈으로 읽고 문제에서 요구하는 것이 무엇인지 파악하세요.

❷ 답변 신호음과 함께 질문에서 나온 영어 표현을 활용하여 답변을 시작하세요.

❸ 이때 각 질문에서 어떤 의문사 의문문이었는지를 기억하여 답변하세요.

❹ Level 6 이상의 점수를 원하는 학습자는 Question 4, 5번 답변 시 두 문장 이상을 말해야 한다는 점을 기억하세요.

다음은 Part 3 시험이 시작될 때 나오는 지시문입니다.

> **TOEIC Speaking**
>
> **Questions 4-6:** Respond to Questions
>
> **Directions:** In this part of the test, you will answer three questions. For each question, begin responding immediately after you hear a beep. No preparation time is provided. You will have 15 seconds to respond to Questions 4 and 5 and 30 seconds to respond to Question 6.

이번 파트의 시험에서는 세 문제에 답변을 해야 합니다. 각각의 문제는 삐 소리가 난 직후 답변해야 합니다. 준비 시간은 주어지지 않습니다. 3번과 4번 문제의 답변 시간은 15초이며 6번 문제의 답변 시간은 30초입니다.

아래 상황을 가정하여 질문에 답하세요. 질문에 답하는 것이 어렵다면 다음 페이지의 답변 마법사를 활용해 보세요.

Part 3는 준비 시간이 주어지지 않습니다. MP3 07-03

Imagine that a Canadian marketing firm is doing research in your country. You have agreed to participate in a telephone interview about school education.

Q4 What was your favorite subject in high school and why?

A4 답변 시간 15초

Q5 How did you choose your subjects when you were in high school?

A5 답변 시간 15초

Q6 What subject would you like to learn again among those subjects you did not take from high school?

A6 답변 시간 30초

아래 주어진 기본 패턴 문형과 영어 어순을 그대로 반영한 우리말 답변을 참고로 빈칸을 채워 말해 보세요.

Imagine that a Canadian marketing firm is doing research in your country. You have agreed to participate in a telephone interview about school education.

캐나다 마케팅 회사에서 여론조사를 진행한다고 가정해 보세요. 여러분은 학교 교육에 대한 전화 인터뷰에 동의했습니다.

 **What was your favorite subject in high school and why?**
고등학교 시절 가장 좋아했던 과목은 무엇이고 왜입니까?

 **My favorite subject in high school was English** 

.

왜냐하면/ 저는 좋아했거든요/ 다른 언어들을 배우는 것을.

Q5 **How did you choose your subjects when you were in high school?**
고등학교 시절 어떻게 과목을 선택했습니까?

A5 **(When I was a high school student) I chose subjects that are**

.

관련 있는/ 나의 전공과/ 대학교에서.

Q6 What subject would you like to learn again among those subjects you did not take from high school? 고등학교 시절 배우지 않았던 과목들 중 어떤 과목을 다시 배우고 싶습니까?

A6 **도입**

(Among the subjects I did not take from high school) I would like to learn music again.

이유

The reason is that 저는 깨달았습니다/ 연주하는 것이/ 악기를 is good for relieving stress.

부연 설명

For example, my sister learned 연주하는 법을/ 바이올린을 when she was a high school student and 그것이 보였습니다/ 정말로 그녀에게 도움이 됐던 것처럼 relieve stress.

And I wish 제가 배웠더라면 how to play a musical instrument.

마무리

Therefore, I think I would learn music again.

빈칸에 들어갈 말은 STEP 3 스피킹 체화하기에서 확인하세요!

이번에는 문제를 듣고 완성 답변이 저절로 입에서 흘러나올 때까지
훈련 횟수를 기록하면서 낭독 훈련해 보세요. ⓣ MP3 19-01(전체) 19-02(문장)

A4

제가 고등학교 때 가장 좋아한 과목은 영어였습니다. 왜냐하면 저는 다른 언어들을 배우는 것을 좋아했거든요.

☐ My favorite subject in high school was English because I
enjoyed learning different languages.

A5

(고등학교 시절) 저는 대학교 전공과 관련된 과목을 선택함으로써 과목을 선택했습니다.

☐ (When I was a high school student) I chose subjects that are
related to my major in University.

A6

(고등학교에서 배우지 않은 과목 중에) 음악을 다시 배우고 싶습니다. .

☐ (Among the subjects I did not take from high school) I would
like to learn music again.

이유는 악기를 연주하는 것이 스트레스 해소에 좋다는 것을 깨달았기 때문입니다. .

☐ The reason is that I realize that playing a musical instrument is
good for relieving stress.

예를 들어 제 여동생은 고등학교 때 바이올린 연주하는 법을 배웠었는데, 그게 그녀가 스트레스를 푸는 데 정말 도움이 됐던 것 같습니다.

☐ For example, my sister learned how to play violin when she
was a high school student and it seemed like it really helped
her relieve stress.

그리고 저는 제가 악기 연주하는 법을 배웠더라면 싶습니다.

☐ And I wish I had learned how to play a musical instrument.

그래서 저는 음악을 다시 배울 것입니다.

☐ Therefore, I think I would learn music again.

VOCA   **subject** 과목   **related to** ~와 관련된   **major** 전공   **take** 과목을 수강하다   **musical instrument** 악기   **among** ~중에 **relieve stress** 스트레스를 완화하다

아래 상황을 가정하여 질문에 답하세요. 질문에 답하는 것이 어렵다면 다음 페이지의 답변 마법사를 활용해 보세요.

Part 3는 준비 시간이 주어지지 않습니다. MP3 08-03

Imagine that a British marketing firm is doing research in your country. You have agreed to participate in a telephone interview about using Internet.

Q4 How much time do you spend on the Internet each day?

A4 답변 시간 **15**초

Q5 What kind of information do you look for on the Internet?

A5 답변 시간 **15**초

Q6 Do you think it is easy to find information on the Internet?
Why or why not?

A6 답변 시간 **30**초

아래 주어진 기본 패턴 문형과 영어 어순을 그대로 반영한 우리말 답변을 참고로 빈칸을 채워 말해 보세요.

Imagine that a British marketing firm is doing research in your country. You have agreed to participate in a telephone interview about Internet use.

영국 마케팅 회사에서 여론조사를 진행한다고 가정해 보세요. 여러분은 인터넷 사용에 대한 전화 인터뷰에 동의했습니다.

Q4 How much time do you spend on the Internet each day?
당신은 매일 얼마나 많은 시간을 인터넷을 하는 데 보냅니까?

A4 I spend ___________________________ 약 두 시간을 **on the Internet each day.**

Q5 What kind of information do you look for on the Internet?
당신은 인터넷에서 어떤 종류의 정보를 찾습니까?

A5 I look for ___________________________

연예 뉴스와 쇼핑 정보를 **on the Internet.**

___________________________ 그것은 좋습니다 **killing time.**

Q6 Do you think it is easy to find information on the Internet? Why or why not?
당신은 인터넷으로 정보를 찾는 것이 쉽다고 생각합니까? 왜 그렇다고 또는 왜 그렇지 않다고 생각합니까?

A6  도입

No, I think it is not easy to find information on the Internet. 아니오./ 저는 생각합니다/ 그것이 쉽지 않다고/ 정보를 찾기가/ 인터넷에서.

 이유

The reason is that 

있습니다/ 너무 많은 정보가 on the Internet.

부연 설명

For example, I searched some information

가방에 관한/ 제가 원하는. However, there was too much information and

그것은 어려웠습니다/ 제게 to make a decision.

마무리

Therefore, I think it is not easy to find information on the Internet. 그러므로,/ 저는 생각합니다./ 쉽지 않다고/ 정보를 찾는 것이/ 인터넷에서.

빈칸에 들어갈 말은 STEP 3 스피킹 체화하기에서 확인하세요!

이번에는 문제를 듣고 완성 답변이 저절로 입에서 흘러나올 때까지
훈련 횟수를 기록하면서 낭독 훈련해 보세요.   🎧 MP3 19-03(전체) 19-04(문장)

A4

저는 하루에 약 두 시간을 인터넷을 하며 보냅니다.

☐ I spend about two hours on the Internet each day.

A5

저는 인터넷에서 연예 뉴스와 쇼핑 정보를 찾습니다.

☐ I look for entertainment news and shopping information on the
Internet.

그것은 시간을 죽이는 데 좋습니다.

☐ It is good for killing time.

A6

아니오, 저는 인터넷에서 정보를 찾는 것이 쉽지 않다고 생각합니다.

☐ No, I think it is not easy to find information on the Internet.

그 이유는 인터넷에는 너무 많은 정보가 있기 때문입니다.

☐ The reason is that there is too much information on the Internet.

예를 들어, 저는 제가 원하는 가방에 대한 정보를 찾았습니다.

☐ For example, I searched some information about the bag I
want.

하지만 정보가 너무 많아 결정하기가 어려웠습니다.

☐ However, there was too much information and it was hard for me to make a decision.

그러므로, 저는 인터넷에서 정보를 찾는 것이 쉽지 않다고 생각합니다.

☐ Therefore, I think it is not easy to find information on the Internet.

VOCA **entertaintment** 오락, 여흥, 연예 **good for** ~에 알맞은; ~에 견디는 **kill time** 시간을 죽이다
make a decision 결정하다

아래 상황을 가정하여 질문에 답하세요. 질문에 답하는 것이 어렵다면
다음 페이지의 답변 마법사를 활용해 보세요.

⏱ Part 3는 준비 시간이 주어지지 않습니다. 🎧 MP3 09-03

Imagine that a Canadian marketing firm is doing research in your country. You
have agreed to participate in a telephone interview about the Internet.

Q4 Do you currently use the Internet more than you did a year ago?

A4 💬   답변 시간 15초

Q5 What is a reason for people to use the Internet?

A5 💬   답변 시간 15초

Q6 What are some disadvantages of getting information through the
Internet?

A6 💬   답변 시간 30초

아래 주어진 기본 패턴 문형과 영어 어순을 그대로 반영한 우리말 답변을 참고로 빈칸을 채워 말해 보세요.

Imagine that a Canadian marketing firm is doing research in your country. You have agreed to participate in a telephone interview about the Internet.

캐나다 마케팅 회사에서 여론조사를 진행한다고 가정해 보세요. 여러분은 인터넷에 대한 전화 인터뷰에 동의했습니다.

Q4　Do you currently use the Internet more than you did a year ago?
당신은 현재 1년 전보다 인터넷을 더 많이 사용하고 있습니까?

A4　Yes, I do. Nowadays, I do Internet banking and shopping online 　　　　　　　더 많이/ 1년 전보다.

Q5　What is a reason for people to use the Internet? (What is a reason = Why)
사람들이 인터넷을 사용하는 이유가 무엇입니까?

A5　I think people use the Internet because 　　　　그것은 편리하고 and usually 　　　　더 쌉니다/ 뭔가를 사는 데.

Q6 What are some disadvantages of getting information through the Internet?
인터넷으로 정보를 얻는 것의 단점은 무엇입니까?

A6 **도입** (질문의 특성상 답변이 곧 이유인 경우)

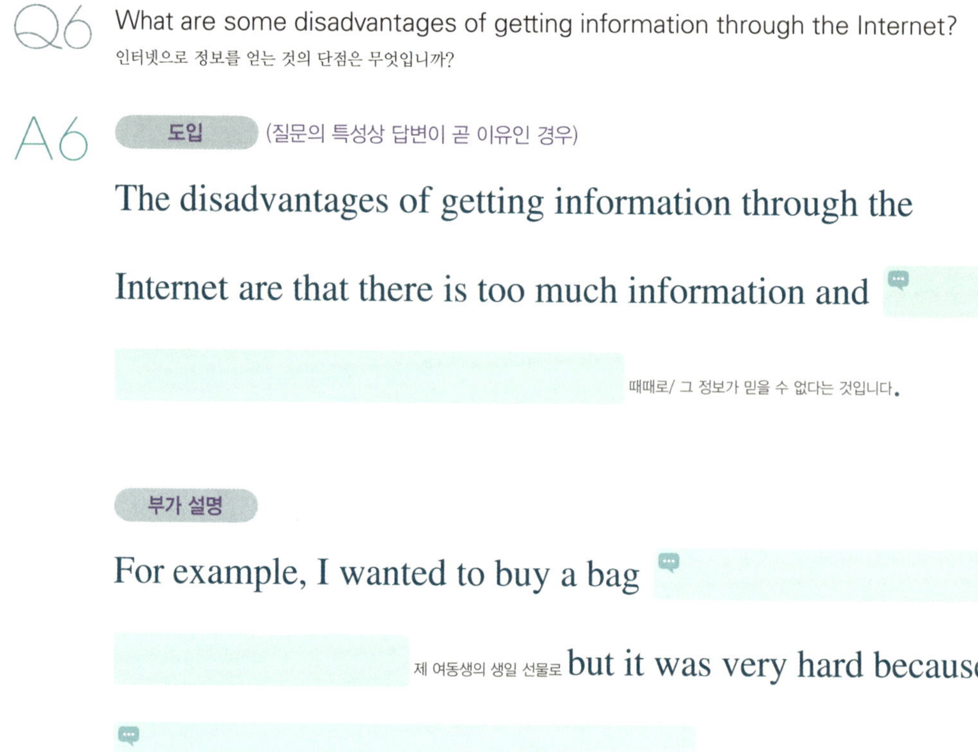

The disadvantages of getting information through the

Internet are that there is too much information and

때때로/ 그 정보가 믿을 수 없다는 것입니다.

부가 설명

For example, I wanted to buy a bag

제 여동생의 생일 선물로 but it was very hard because

정보가 아주 달랐기 때문입니다.

마무리

Therefore, I think unreliable information is a disadvantage
of getting information through the Internet.

그러므로/ 저는 생각합니다/ 믿을 수 없는 정보가/ 단점이라고/ 정보를 얻는 것의/ 인터넷을 통해.

빈칸에 들어갈 말은 STEP 3 스피킹 체화하기에서 확인하세요!

이번에는 문제를 듣고 완성 답변이 저절로 입에서 흘러나올 때까지
훈련 횟수를 기록하면서 낭독 훈련해 보세요.   🎧 MP3 19-05(전체) **19-06**(문장)

A4

네, 그렇습니다. 요즘 저는 1년 전보나 더 많이 인터넷 뱅킹과 온라인 쇼핑을 합니다.

☐ Yes, I do. Nowadays, I do Internet banking and shopping online more than a year ago.

A5

사람들은 편리하고 뭔가를 사는 데 대개 더 싸기 때문에 인터넷을 사용하는 것 같습니다.

☐ I think people use the Internet because it is convenient and usually cheaper to buy something.

A6

인터넷으로 정보를 얻는 것의 단점은 너무 많은 정보가 있고 때때로 그 정보가 믿을 수 없다는 것입니다.

☐ The disadvantages of getting information through the Internet are that there is too much information and sometimes the information is not reliable.

예를 들어, 저는 제 여동생의 생일 선물로 가방을 사고 싶었지만 아주 힘들었습니다. 왜냐하면 정보가 아주 달랐기 때문입니다.

☐ For example, I wanted to buy a bag for my sister's birthday but it was very hard because the information was very different.

그러므로, 저는 믿을 수 없는 정보가 인터넷으로 정보를 얻는 것의 단점이라고 생각합니다.

☐ Therefore, I think unreliable information is a disadvantage of getting information through the Internet.

VOCA   **convenient** 편리한   **disadvantage** 단점   **through** ~을 통해   **reliable** 믿을 수 있는   **unreliable** 믿을 수 없는

아래 상황을 가정하여 질문에 답하세요. 질문에 답하는 것이 어렵다면
다음 페이지의 답변 마법사를 활용해 보세요.

Part 3는 준비 시간이 주어지지 않습니다.   MP3 10-03

Imagine that a Canadian marketing firm is doing research in your country. You
have agreed to participate in a telephone interview about eating habits.

Q4   Do you eat breakfast every day? Why or why not?

A4   답변 시간 15초

Q5   Do you have any typical type of food you eat for breakfast?

A5   답변 시간 15초

Q6   How have your breakfast habits changed since you were a child?

A6   답변 시간 30초

아래 주어진 기본 패턴 문형과 영어 어순을 그대로 반영한 우리말 답변을 참고로 빈칸을 채워 말해 보세요.

Imagine that a Canadian marketing firm is doing research in your country. You have agreed to participate in a telephone interview about eating habits.

뉴질랜드 마케팅 회사에서 여론조사를 진행한다고 가정해 보세요. 여러분은 아침 식사에 대한 전화 인터뷰에 동의했습니다.

Q4 Do you eat breakfast every day? Why or why not?
당신은 매일 아침 식사를 하나요? 왜 그러거나 또는 그러지 않습니까?

A4 Yes, I do. I eat breakfast every day. Because eating

breakfast is   좋습니다/ 당신의 건강에.

Q5 Do you have any typical type of food you eat for breakfast?
당신이 아침 식사로 먹는 전형적인 음식이 있나요?

A5 Yes, I do.   우리는 먹습니다/ 쌀밥을

for breakfast in Korea.   이는 ~와 같습니다

eating cereal in countries like the US and Canada.

STEP 2 답변 마법사 활용하기

Q6 How have your breakfast habits changed since you were a child?

어린 시절 이후 당신의 아침 식사 습관은 어떻게 바뀌었습니까?

A6 도입

I think my breakfast habits changed ______ 더 좋게.

이유

The reason is that I did not eat breakfast ______

______ 저는 어렸을 때.

부가 설명

However, my parents always tell me ______

______ 중요성에 대해/ 아침 식사를 하는 것의 every day.

And ______ 저는/ 아침 식사를 합니다/ 매일 now.

마무리

Therefore, my breakfast habits changed for the better.

그러므로/ 저의 아침 식사 습관은 바뀌었습니다/ 더 좋게.

빈칸에 들어갈 말은 STEP 3 스피킹 체화하기에서 확인하세요!

이번에는 문제를 듣고 완성 답변이 저절로 입에서 흘러나올 때까지 훈련 횟수를 기록하면서 낭독 훈련해 보세요. 　MP3 19-07(전체) 19-08(문장)

A4

네, 그렇습니다. 저는 매일 아침 식사를 합니다.

☐ Yes, I do. I eat breakfast every day.

왜냐하면 아침 식사를 하는 것이 건강에 좋기 때문이죠.

☐ Because eating breakfast is good for your health.

A5

네, 그렇습니다. 한국에서 우리는 아침 식사로 쌀밥을 먹습니다.

☐ Yes, I do. We eat steamed-rice for breakfast in Korea.

이는 미국이나 캐나다 같은 나라들에서 씨리얼을 먹는 것과 같습니다.

☐ It is like eating cereal in countries like the US and Canada.

A6

저의 아침 식사 습관은 더 좋게 바뀐 것 같습니다.

☐ I think my breakfast habits changed for the better.

그 이유는 저는 어렸을 때 아침 식사를 하지 않았기 때문입니다.

☐ The reason is that I did not eat breakfast when I was young.

하지만 저희 부모님은 늘 제게 매일 아침 식사를 하는 것의 중요성에 대해 말씀하십니다.

☐ However, my parents always tell me about the importance of having breakfast every day.

그리고 지금 저는 매일 아침 식사를 하고 있습니다.

☐ And I eat breakfast every day now.

그러므로 저의 아침 식사 습관은 더 좋게 바뀌었습니다.

☐ Therefore, my breakfast habits changed for the better.

VOCA **good for health** 건강에 좋은 **steamed-rice** 쌀밥 **cereal** 씨리얼 **habit** 습관, 버릇 **parent** 부모
importance 중요성

아래 상황을 가정하여 질문에 답하세요. 질문에 답하는 것이 어렵다면
다음 페이지의 답변 마법사를 활용해 보세요.

Part 3는 준비 시간이 주어지지 않습니다.   MP3 11-03

Imagine that an Australian marketing firm is doing research in your country. You
have agreed to participate in a telephone interview about cold weather clothes.

Q4 When did you buy your coat or jacket and where?

A4 💬   답변 시간 **15**초

Q5 Do you think it is important to own more than one coat or jacket?
Why or why not?

A5 💬   답변 시간 **15**초

Q6 Describe your favorite coat or jacket.

A6 💬   답변 시간 **30**초

아래 주어진 기본 패턴 문형과 영어 어순을 그대로 반영한 우리말 답변을 참고로 빈칸을 채워 말해 보세요.

Imagine that an Australian marketing firm is doing research in your country. You have agreed to participate in a telephone interview about cold weather clothes.

호주 마케팅 회사에서 여론조사를 진행한다고 가정해 보세요. 여러분은 추운 날씨에 입는 옷에 대한 전화 인터뷰에 동의했습니다.

Q4 When did you buy your coat or jacket and where?

당신은 언제 코트나 재킷을 샀습니까 그리고 어디에서 샀습니까?

A4 I bought a jacket ⬚　　　　　　　　　　　　　　작년 겨울에.

I bought it ⬚　　　　　　　　　　　　　　백화점에서.

Q5 Do you think it is important to own more than one coat or jacket? Why or why not? 당신은 한 벌 이상의 코트나 재킷을 소유하는 것이 중요하다고 생각합니까? 왜 그렇게 또는 그렇지 않게 생각하나요?

A5 I think it is important to own more than one coat or jacket

because if you ⬚

입는다면/ 같은 옷을/ 오래, they will ⬚　　　　　　　　　닳을 것입니다/ 쉽게.

Q6 Describe your favorite coat or jacket.

당신이 가장 좋아하는 코트나 재킷에 대해 묘사해 보세요.

A6　도입

My favorite coat is ⬚　　　　　　　　　　제 검은색 겨울 코트입니다.

묘사 ❶

My boyfriend bought it for me

생일 선물로/ 작년에. It has a real simple

design and 그것은 검은색입니다.

묘사 ❷

So, 그건 잘 어울립니다 most of my winter

clothes. Also

그건 아주 쉽습니다/ 입기에 and not heavy. I wear it most of the time
during winter.

빈칸에 들어갈 말은 STEP 3 스피킹 체화하기에서 확인하세요!

이번에는 문제를 듣고 완성 답변이 저절로 입에서 흘러나올 때까지
훈련 횟수를 기록하면서 낭독 훈련해 보세요.　🎧 MP3 19-09 (전체) 19-10 (문장)

A4

저는 지난 겨울에 재킷을 하나 샀습니다.

☐ I bought a jacket last winter.

저는 그것을 백화점에서 샀습니다.

☐ I bought it from a department store.

A5

코트나 재킷을 한 벌 이상 갖고 있는 게 중요하다고 생각합니다. 왜냐하면 같은 옷을 오래 입으면 쉽게 닳으니까요.

☐ I think it is important to own more than one coat or jacket
because if you wear the same clothes for a long time, they will
wear out easily.

A6

제가 가장 좋아하는 코트는 제 검은색 겨울 코트입니다.

☐ My favorite coat is my black winter coat.

작년에 제 남자친구가 그걸 제 생일 선물로 사줬습니다.

☐ My boyfriend bought it for me as a birthday present last year.

그건 디자인이 정말 심플하고 검은색입니다.

☐ It has a real simple design and it's black.

그래서 그건 대부분의 제 겨울 옷들과 잘 어울립니다.

☐ So, it goes with most of my winter clothes.

또한 그건 아주 입기 쉽고 무겁지 않습니다.

☐ Also it is quite easy to wear and not heavy.

저는 겨울 동안 거의 내내 그걸 입습니다.

☐ I wear it most of the time during winter.

VOCA **department store** 백화점 **clothes** 옷, 의복 **wear out** 닳다 **easily** 쉽게, 수월하게 **birthday present** 생일 선물 **design** 디자인 **go with** ~와 어울리다 **quite** 꽤, 아주 **during** ~ 동안에

아래 상황을 가정하여 질문에 답하세요. 질문에 답하는 것이 어렵다면 다음 페이지의 답변 마법사를 활용해 보세요.

⏱ Part 3는 준비 시간이 주어지지 않습니다. 🔊 MP3 12-03

Imagine that a Canadian marketing firm is doing research in your country. You have agreed to participate in a telephone interview about watching the news.

Q4 **How often do you watch the news?**

A4 💬 답변 시간 **15**초

Q5 **Why do you watch the news?**

A5 💬 답변 시간 **15**초

Q6 **Why do you think watching the news is better than reading newspapers?**

A6 💬 답변 시간 **30**초

아래 주어진 기본 패턴 문형과 영어 어순을 그대로 반영한 우리말 답변을 참고로 빈칸을 채워 말해 보세요.

Imagine that a Canadian marketing firm is doing research in your country. You have agreed to participate in a telephone interview about watching the news.

캐나다 마케팅 회사에서 여론조사를 진행한다고 가정해 보세요. 여러분은 뉴스 시청에 대한 진화 인디뷰에 동의했습니다.

Q4 How often do you watch the news?
당신은 얼마나 자주 뉴스를 시청합니까?

A4 I watch the news every day. I usually watch the news

저녁 식사 후에.

Q5 Why do you watch the news?
당신은 왜 뉴스를 시청합니까?

A5 I watch the news because I can 

많은 정보를 얻을 수 있기 때문에.

Q6 Why do you think watching the news is better than reading newspapers?
당신은 왜 뉴스를 시청하는 것이 신문을 읽는 것보다 낫다고 생각합니까?

A6  도입

I think watching the news is better than reading news-papers and there are a few reasons. 저는 생각합니다/ 뉴스를 시청하는 것이 낫다고/ 신문을 읽는 것보다/ 그리고 거기에는 몇 가지 이유가 있습니다.

이유 ❶

The first reason is that

뉴스를 시청하는 것은 편리합니다.

이유 ❷

And the second reason is that you can

뭔가 다른 것을/ 뉴스를 시청하는 동안에.

마무리

For these reasons, I think watching the news is better than reading newspapers.

이러한 이유들 때문에/ 저는 생각합니다/ 뉴스를 시청하는 것이 낫다고/ 신문을 읽는 것보다.

빈칸에 들어갈 말은 STEP 3 스피킹 체화하기에서 확인하세요!

이번에는 문제를 듣고 완성 답변이 저절로 입에서 흘러나올 때까지
훈련 횟수를 기록하면서 낭독 훈련해 보세요. 🎧 MP3 19-11(전체) 19-12(문장)

A4

저는 매일 뉴스를 시청합니다. 보통 저녁 식사 후에 시청합니다.

☐ I watch the news every day. I usually watch the news after dinner.

A5

저는 많은 정보를 얻을 수 있기 때문에 뉴스를 시청합니다.

☐ I watch the news because I can get much information.

A6

제 생각엔 뉴스를 시청하는 것이 신문을 읽는 것보다 나은 것 같은데, 거기에는 몇 가지 이유가 있습니다.

☐ I think watching the news is better than reading newspapers and there are a few reasons.

첫 번째 이유는 뉴스를 시청하는 것은 편리합니다.

☐ The first reason is that watching the news is convenient.

그리고 두 번째 이유는 뉴스를 시청하면서 뭔가 다른 일을 할 수도 있습니다.

☐ And the second reason is that you can do something else while watching the news.

이러한 이유들 때문에, 저는 뉴스를 시청하는 것이 신문을 읽는 것보다 낫다고 생각합니다.

☐ For these reasons, I think watching the news is better than reading newspapers.

VOCA **usually** 대개, 보통　**watch the news** TV로 뉴스를 시청하다　**after dinner** 저녁 식사 후에　**a few** 몇몇의, 약간의　**convenient** 편리한　**something else** 뭔가 다른 것

아래 상황을 가정하여 질문에 답하세요. 질문에 답하는 것이 어렵다면 다음 페이지의 답변 마법사를 활용해 보세요.

Part 3는 준비 시간이 주어지지 않습니다. MP3 13-03

Imagine that an American marketing firm is doing research in your country. You have agreed to participate in a telephone interview about clothing.

Q4 **What kind of clothes do people wear at your school or work?**

A4 답변 시간 15초

Q5 **How often do you buy clothes?**

A5 답변 시간 15초

Q6 **What kind of features should a good clothing store have?**

A6 답변 시간 30초

아래 주어진 기본 패턴 문형과 영어 어순을 그대로 반영한 우리말 답변을 참고로 빈칸을 채워 말해 보세요.

Imagine that an American marketing firm is doing research in your country. You have agreed to participate in a telephone interview about clothing.

미국 마케팅 회사에서 여론조사를 진행한다고 가정해 보세요. 여러분은 옷에 대한 전화 인터뷰에 동의했습니다.

Q4 What kind of clothes do people wear at your school or work?
당신의 학교나 직장에서 사람들은 어떤 종류의 옷을 입습니까?

A4 **People wear** 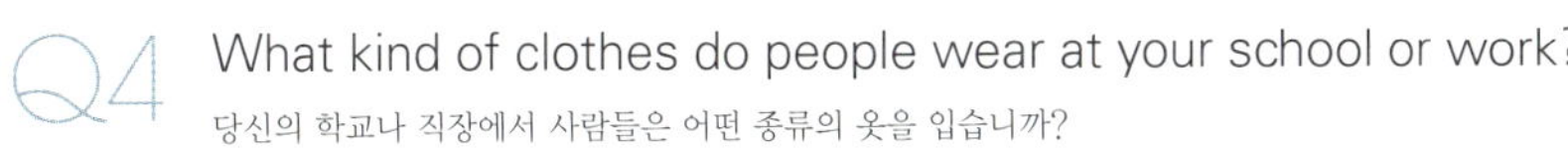 캐쥬얼한 옷을 **at my school because there is no dress code.**

Q5 How often do you buy clothes?
당신은 얼마나 자주 옷을 삽니까?

A5 **I buy clothes** 매 계절마다. **I like to buy clothes.**

Q6 What kind of features should a good clothing store have?
좋은 옷 가게는 어떤 종류의 특징들을 갖고 있어야 할까요?

A6 도입

좋은 옷 가게는/ 갖고

있어야 합니다 many fitting rooms.

부연 설명

For example, I visited

한 유명한 옷 가게를 but 없었습니다 enough

fitting rooms.

So, I had to wait 아주 오랫동안.

마무리

Therefore, I think a good clothing store should have many
fitting rooms. 그러므로,/ 저는 생각합니다./ 좋은 옷 가게는/ 갖고 있어야 한다고/ 많은 탈의실을.

빈칸에 들어갈 말은 STEP 3 스피킹 체화하기에서 확인하세요!

이번에는 문제를 듣고 완성 답변이 저절로 입에서 흘러나올 때까지 훈련 횟수를 기록하면서 낭독 훈련해 보세요. 🎧 MP3 19-13(전체) 19-14(문장)

A4

복장 규정이 없기 때문에 저희 학교에서는 사람들이 캐주얼한 옷을 입습니다.

☐ People wear casual clothes at my school because there is no dress code.

A5

저는 매 계절마다 옷을 삽니다. 옷 사는 것을 좋아하거든요.

☐ I buy clothes every season. I like to buy clothes.

A6

좋은 옷 가게에는 많은 탈의실이 있어야 합니다.

☐ A good clothing store should have many fitting rooms.

예를 들어, 저는 한 유명한 옷 가게를 방문했었는데 그곳에는 충분한 탈의실이 없었습니다.

☐ For example, I visited a famous clothing store but there were not enough fitting rooms.

그래서 아주 오랫동안 기다려야 했었죠.

☐ So, I had to wait for a very long time.

그러므로 좋은 옷 가게에는 많은 탈의실이 있어야 한다고 생각합니다.

☐ Therefore, I think a good clothing store should have many fitting rooms.

VOCA | **casual clothes** 평상복 **dress code** 복장 규정 **season** 계절 **clothes** 옷 **should** ~해야 한다 **fitting room** 탈의실 **famous** 유명한 **enough** 충분한

아래 상황을 가정하여 질문에 답하세요. 질문에 답하는 것이 어렵다면
다음 페이지의 답변 마법사를 활용해 보세요.

Part 3는 준비 시간이 주어지지 않습니다. ⏱ 🎧 MP3 14-03

Imagine that an Australian marketing firm is doing research in your country. You
have agreed to participate in a telephone interview about a trip you have taken.

Q4 How long was your last trip and where did you go?

A4 💬   답변 시간 15초

Q5 Where would you like to go on your next holiday?

A5 💬   답변 시간 15초

Q6 Which do you prefer, to travel alone or with an organized group?

A6 💬   답변 시간 30초

아래 주어진 기본 패턴 문형과 영어 어순을 그대로 반영한 우리말 답변을 참고로 빈칸을 채워 말해 보세요.

Imagine that an Australian marketing firm is doing research in your country. You have agreed to participate in a telephone interview about a trip you have taken.

호주 마케팅 회사에서 여론조사를 진행한다고 가성해 보세요. 여러분은 여행에 대한 전화 인터뷰에 동익했습니다.

Q4 How long was your last trip and where did you go?
당신의 마지막 여행은 얼마나 길었고 또 어디로 갔었습니까?

A4 My last trip was ______ 3주 동안 and I went to Jeju Island.

Q5 Where would you like to go on your next holiday?
다음 휴가 때 당신은 어디를 가고 싶습니까?

A5 I would like to go to China on my next holiday because I ______
한 번도 가 본 적이 없습니다/ 그곳에.

Q6 Which do you prefer, to travel alone or with an organized group?
당신은 혼자 여행하는 것과 단체로 여행하는 것 중 어느 것을 선호합니까?

A6　도입

I prefer to travel with an organized group.

저는 선호합니다/ 단체로 여행하는 것을.

이유

The reason is that ______

그게 보통 더 쌉니다.

부연 설명

Based on my experience, when I traveled to Europe last year,   저는 아낄 수 있었

습니다/ 많은 돈을 because I went with an organized group.

마무리

Therefore, I prefer to travel with an organized group.

그러므로./ 저는 선호합니다/ 단체로 여행하는 것을.

빈칸에 들어갈 말은 STEP 3 스피킹 체화하기에서 확인하세요!

이번에는 문제를 듣고 완성 답변이 저절로 입에서 흘러나올 때까지
훈련 횟수를 기록하면서 낭독 훈련해 보세요.   🎧 MP3 19-15 (전체) 19-16 (문장)

A4

제 마지막 여행은 3주 동안이었고 저는 제주도로 갔습니다.

☐ My last trip was for 3 weeks and I went to Jeju Island.

A5

다음 휴가 때 중국에 가 보고 싶습니다. 왜냐하면 한 번도 거기 가본 적이 없거든요.

☐ I would like to go to China on my next holiday because I have never been there.

A6

저는 단체로 여행하는 것을 선호합니다.

☐ I prefer to travel with an organized group.

이유는 그게 보통 더 싸기 때문입니다.

☐ The reason is that it is usually cheaper.

제 경험상, 작년에 유럽 여행을 할 때 저는 많은 돈을 아낄 수 있었습니다. 왜냐하면 단체 여행을 갔었기 때문이죠.

☐ Based on my experience, when I traveled to Europe last year, I could save lots of money because I went with an organized group.

그러므로 저는 단체로 여행하는 것을 선호합니다.

☐ Therefore, I prefer to travel with an organized group.

VOCA **trip** 여행 **holiday** 휴가, 방학 **prefer** 선호하다 **travel with an organized group** 단체로 여행하다 **cheap** 가격이 싼 **experience** 경험

아래 상황을 가정하여 질문에 답하세요. 질문에 답하는 것이 어렵다면
다음 페이지의 답변 마법사를 활용해 보세요.

⏱ Part 3는 준비 시간이 주어지지 않습니다. 🔊 MP3 15-03

Imagine that an Irish marketing firm is doing research in your country. You have
agreed to participate in a telephone interview about working out.

Q4 **How often do you work out?**

A4 💬   답변 시간 **15**초

Q5 **Where do you go to work out?**

A5 💬   답변 시간 **15**초

Q6 **What kind of exercises do you usually do?**

A6 💬   답변 시간 **30**초

아래 주어진 기본 패턴 문형과 영어 어순을 그대로 반영한 우리말 답변을 참고로 빈칸을 채워 말해 보세요.

Imagine that an Irish marketing firm is doing research in your country. You have agreed to participate in a telephone interview about working out.

아일랜드 마케팅 회사에서 여론조사를 진행한다고 가정해 보세요. 여러분은 운동에 대한 전화 인터뷰에 동의했습니다.

Q4 How often do you work out?
당신은 얼마나 자주 운동을 합니까?

A4 **I work out three times a week. And I usually work out**

주 중에**.**

Q5 Where do you go to work out?
당신은 운동하러 어디에 갑니까?

A5 **I usually go to** 동네 헬스장으로**. I go**

there with my sister.

Q6 What kind of exercises do you usually do?
당신은 보통 어떤 종류의 운동을 합니까?

A6 도입

I do running 주로**.**

이유

The reason is that 저는 필요가

있습니다/ 살을 뺄 **as soon as possible.**

부가 설명

Because I have

중요한 비즈니스 파티가/ 다음 달에 **and I want to**

멋져 보이기를.

마무리

Therefore, I do running most of the time.

그래서/ 저는 달리기를 합니다/ 주로.

빈칸에 들어갈 말은 STEP 3 스피킹 체화하기에서 확인하세요!

이번에는 문제를 듣고 완성 답변이 저절로 입에서 흘러나올 때까지
훈련 횟수를 기록하면서 낭독 훈련해 보세요.　🎧 MP3 19-17(전체) 19-18(문장)

A4

저는 일주일에 세 번 운동을 합니다. 그리고 보통 주 중에 합니다.

☐ I work out three times a week. And I usually work out during
weekdays.

A5

저는 보통 동네 헬스장으로 갑니다. 여동생과 함께 거기에 가죠.

☐ I usually go to a local fitness center. I go there with my sister.

A6

저는 주로 달리기를 합니다.

☐ I do running most of the time.

이유는 가능한 한 빨리 몸무게를 줄일 필요가 있기 때문입니다.

☐ The reason is that I need to lose weight as soon as possible.

왜냐하면 다음 달에 중요한 비즈니스 파티가 있는데 멋져 보이고 싶어서요.

☐ Because I have an important business party next month and I
want to look good.

그래서 저는 주로 달리기를 합니다.

☐ Therefore, I do running most of the time.

VOCA　**work out** 운동하다; (문제를) 해결하다　**weekday** 주중, 평일　**local** 지역의　**fitness center** 휘트니스 센터(헬스장)
most of the time 주로, 거의 내내　**weight** 체중, 몸무게　**as soon as possible** 가능한 한 빨리　**look good** 좋아 보이다

아래 상황을 가정하여 질문에 답하세요. 질문에 답하는 것이 어렵다면 다음 페이지의 답변 마법사를 활용해 보세요.

Part 3는 준비 시간이 주어지지 않습니다. MP3 16-03

Imagine that a New Zealand marketing firm is doing research in your country. You have agreed to participate in a telephone interview about digital cameras.

Q4 What is the most important feature you look for in a camera?

A4 답변 시간 15초

Q5 On what occasions do you use your camera?

A5 답변 시간 15초

Q6 What are the advantages of using a digital camera?

A6 답변 시간 30초

아래 주어진 기본 패턴 문형과 영어 어순을 그대로 반영한 우리말 답변을 참고로 빈칸을 채워 말해 보세요.

Imagine that a New Zealand marketing firm is doing research in your country. You have agreed to participate in a telephone interview about digital cameras.

뉴질랜드 마케팅 회사에서 여론조사를 진행한다고 가정해 보세요. 여러분은 디지털 카메라에 대한 전화 인터뷰에 동의했습니다.

Q4 What is the most important feature you look for in a camera?
당신이 카메라에서 찾는(생각하는) 가장 중요한 특징은 무엇입니까?

A4 The most important feature I look for in a camera

is its quality. Because I pay much money 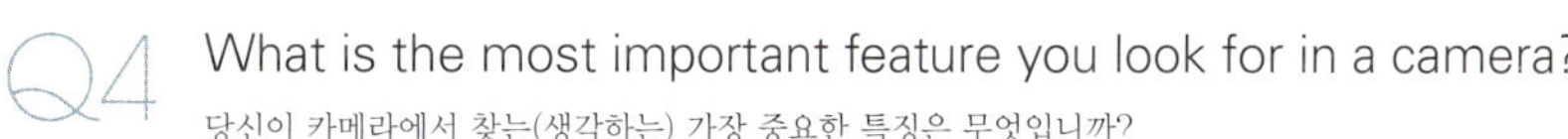

그것을 사려고.

Q5 On what occasions do you use your camera? (On what occasion = When)
당신은 어떤 때에 당신 카메라를 사용합니까?

A5 I use my camera on special occasions

생일과 기념일 같은.

STEP 2 답변 마법사 활용하기

Q6 What are the advantages of using a digital camera?

디지털 카메라 사용의 장점은 무엇입니까?

A6 도입

The advantage of using digital cameras is ______ ______ 그 편리함입니다.

부연 설명

For example, I ______ 볼 수 있습니다/ 결과를

immediately and I can also delete the photos ______

______ 만약 마음에 들지 않으면/ 그것들이.

It ______ 시간을 절약해 줍니다/ 또한, because

you do not need to go to the photo printing store ______

______ 현상하러/ 사진들을.

마무리

Therefore, the advantages of using digital cameras are its convenience and its time saving.

그러므로,/ 디지털 카메라 사용의 장점은/ 편리함과 시간 절약입니다.

빈칸에 들어갈 말은 STEP 3 스피킹 체화하기에서 확인하세요!

이번에는 문제를 듣고 완성 답변이 저절로 입에서 흘러나올 때까지 훈련 횟수를 기록하면서 낭독 훈련해 보세요. 🎧 MP3 19-19(전체) **19-20**(문장)

A4

제가 카메라에서 찾는 가장 중요한 특징은 그것의 품질입니다.

☐ **The most important feature I look for in a camera is its quality.**

왜냐하면 제가 그것을 사려고 많은 돈을 지불하기 때문입니다.

☐ **Because I pay much money to buy it.**

A5

저는 생일과 기념일 같은 특별한 날에 제 카메라를 사용합니다.

☐ **I use my camera on special occasions like birthdays and anniversaries.**

A6

디지털 카메라 사용의 장점은 그것의 편리함입니다.

☐ **The advantage of using digital cameras is its convenience.**

예를 들어, 저는 즉시 결과를 볼 수 있고, 또한 만약 사진들이 마음에 들지 않으면 삭제할 수도 있기 때문입니다.

☐ **For example, I can see the result immediately and I can also delete the photos if I don't like them.**

시간도 절약해 줍니다. 왜냐하면 사진들을 현상하러 사진 출력소에 가지 않아도 되기 때문입니다.

☐ **It saves time as well, because you do not need to go to the photo printing store to develop the pictures.**

그러므로, 디지털 카메라 사용의 장점은 그 편리함과 시간 절약입니다.

☐ **Therefore, the advantages of using digital cameras are its convenience and its time saving.**

VOCA **feature** 특징, 특색 **quality** 품질 **occasion** 특별한 때, 행사 **anniversary** 기념일 **result** 결과 **immediately** 즉시 **photo printing store** 사진 출력소 **develop** (사진 등을) 현상하다 **time saving** 시간 절약

PART 4

RESPOND TO QUESTIONS Using Information Provided

주어진 자료를 활용하여 질문에 답하기

Part 4는 주어진 표를 분석한 후 질문에 답하는 유형이므로 표의 주요 정보를 빠른 시간 내에 파악하는 것이 중요한 파트입니다. Part 4의 문제가 잘 안 들린다거나 답변하는 데 어려움을 느끼는 학습자는 다음 단계에 따라 훈련해 보세요.

Part 4의 표(정보)가 화면에 뜨면

❶ 주어진 표에서 일정과 장소 등의 주요 정보를 30초 동안 최대한 파악하세요.
❷ 표에 나와 있는 고유명사와 일정 등은 소리 내어 읽어 봅니다.
❸ 훈련할 때는 음성으로만 주어지는 7~9번 문제를 받아 적어 놓으면 답변 시 참고할 수 있습니다.

다음은 Part 4 시험이 시작될 때 나오는 지시문입니다.

TOEIC Speaking

Questions 7-9: Respond to Questions Using Information Provided

Directions: In this part of the test, you will answer three questions based on the information provided. You will have 30 seconds to read the information before the questions begin. For each question, begin responding immediately after you hear a beep. No additional preparation time is provided. You will have 15 seconds to respond to Questions 7 and 8 and 30 seconds to respond to Question 9.

이번 파트에서는 주어진 정보에 근거한 세 개의 질문에 답변을 해야 합니다. 문제가 시작되기 전, 주어진 정보를 읽을 수 있는 시간 30초가 주어집니다. 각 문제는 삐 소리가 난 직후 답변을 시작해야 합니다. 추가 준비 시간은 주어지지 않습니다. 7, 8번 문제의 답변 시간은 15초이며, 9번 문제의 답변 시간은 30초입니다.

주어진 자료를 읽고 이어지는 3개의 질문에 답하세요. 질문에 답하는 것이 어렵다면 다음 페이지의 답변 마법사를 활용해 보세요.

🎧 헤드셋 표시는 **실제 시험에서는 들려주기만 하는 부분입니다.** ⏱ 표 읽는 시간 **30초** 🎧 MP3 07-04

Employees' Family Day Schedule (Official)
Let's all have fun!

Sunday, May 4

EMS Corp. Building

Conference Room 42

Attending: 55

Fail to attend: 0

Awaiting response:

Friendly Contribution

Amy Watson: Refreshments – Tea, soda and fresh juice

Robert Henderson: Paper cups, paper plates and plastic forks and knives

Julie Carter: Finger food – vegetable sticks and mini pizzas

준비 시간(표 읽는 시간)에 해야 할 일

❶ 주어진 자료에서 Question 7의 단골 지문인 when과 where 문제의 답변 찾아 놓기
❷ 고유명사나 숫자 읽기 등이 자주 등장하므로 소리 내어 정보 읽기

🎧 **NARRATION** Hi, this is Davison. I received an email regarding the employee's family day. I printed out the schedule but I left it at home. So, I have some questions to ask.

Q7 🖊 문제 받아쓰기 훈련

A7 💬   답변 시간 **15**초

Q8 🖊

A8 💬   답변 시간 **15**초

Q9 🖊

A9 💬   답변 시간 **30**초

아래 주어진 기본 패턴 문형과 영어 어순을 그대로 반영한 우리말 답변을 참고로 빈칸을 채워 말해 보세요.

Employees' Family Day Schedule (Official) 임직원 가족의 날 일정(공식)

Let's all have fun! 우리 모두 즐겨요!

Sunday, May 4 5월 4일 일요일

EMS Corp. Building

Conference Room 42

Attending 참석: 55

Fail to attend 불참: 0

Awaiting response 회신 대기:

Friendly Contribution 후원

Amy Watson: Refreshments 다과 – Tea, soda and fresh juice 차. 소다수. 신선한 주스

Robert Henderson: Paper cups, paper plates and plastic forks and knives

종이컵. 종이 접시. 플라스틱 포크와 나이프

Julie Carter: Finger food 핑거 음식 – vegetable sticks and mini pizzas 야채 스틱과 미니 피자

 **NARRATION** Hi, this is Davison. I received an email regarding the employee's family day. I printed out the schedule but I left it at home. So, I have some questions to ask.

안녕하세요, Davison입니다. 임직원 가족의 날과 관련된 이메일을 받았습니다. 일정표를 프린트했는데 그걸 집에 놓고 왔네요. 그래서 몇 가지 좀 여쭤보려고 합니다.

 **Q7** I know that we are all going to meet at the company. Where exactly are we having this event? 저는 우리 모두 회사에서 만나는 걸로 알고 있습니다. 이번 행사가 정확히 어디에서 열리나요?

A7 이번 행사는 열릴 것입니다/ at Conference Room 42/ in[of] the EMS Corp. Building.

 at Conference Room 42 in the EMS Corp. Building.

Q8 I heard that all of us are going to be there, is this correct?
우리 모두 거기 갈 거라고 들었는데, 맞습니까?

A8 네./ 정보에 따르면/ 제가 갖고 있는./ 55명이/ 거기에 갈 것입니다(거기에 있을 것입니다).

Yes. According to the information I have,

                         .

Q9 I remember that some of the employees are going to make a contribution to the event. Can you tell me who is going to make a contribution and what they are bringing? 저는 직원들 가운데 일부는 행사에 기부를 한다고 기억하고 있습니다. 누가 기부를 할 것이고 또 그들이 무엇을 가져오는지 말씀해 주시겠어요?

A9 [개요]

물론입니다,/ 3명의 직원들이 있습니다/ 친절한 기부를 할.

Sure,   making

friendly contributions.

[나열]

첫 번째로,/ Amy Watson은 가져올 것입니다/ 다과(들)를/ 차, 소다수, 그리고 신선한 주스 같은.

First, Amy Watson

such as tea, soda and fresh juice.

두 번째로,/ Robert Henderson은 가져올 것입니다/ 종이 컵, 종이 접시, 그리고 플라스틱 포크와 나이프를.

Second,   paper

cups, paper plates and plastic forks and knives.

마지막으로/ Julie Carter는 가져올 것입니다/ 야채 스틱과 미니 피자 같은 한입 음식을.

Finally,   finger food

such as vegetable sticks and mini pizzas.

빈칸에 들어갈 말은 STEP 3 스피킹 체화하기에서 확인하세요!

앞서 주어진 표를 보면서 완성 답변이 저절로 입에서 흘러나올 때까지 훈련 횟수를 기록하면서 낭독 훈련해 보세요. ⓜ MP3 20-01 (전체) 20-02 (문장)

A7

이번 행사는 EMS사 건물에 있는 회의실 42호에서 열릴 것입니다.

☐ This event will be held at Conference Room 42 in the EMS Corp. Building.

A8

네. 제가 갖고 있는 정보에 따르면, 55명이 거기에 갈 것입니다.

☐ Yes. According to the information I have, 55 people will be there.

A9

물론입니다. 친절한 기부를 할 3명의 직원들이 있습니다.

☐ Sure, there will be three employees making friendly contributions.

첫 번째로, Amy Watson은 차, 소다수, 그리고 신선한 주스 같은 다과를 가져올 것입니다.

☐ First, Amy Watson will bring refreshments such as tea, soda and fresh juice.

두 번째로, Robert Henderson은 종이 컵, 종이 접시 그리고 플라스틱 포크와 나이프를 가져올 것입니다.

☐ Second, Robert Henderson will bring paper cups, paper plates and plastic forks and knives.

마지막으로, Julie Carter는 야채 스틱과 미니 피자 같은 한입 음식을 가져올 것입니다.

☐ Finally, Julie Carter will bring finger food such as vegetable sticks and mini pizzas.

VOCA **conference room** 회의실 **according to** ~에 따르면 **employee** 고용인, 직원 **contribution** 공헌, 기여 **refreshment** 다과 **such as** ~ 같은 **finally** 마지막으로 **finger food** 손으로 쉽게 집어 먹을 수 있는 음식

주어진 자료를 읽고 이어지는 3개의 질문에 답하세요. 질문에 답하는 것이 어렵다면 다음 페이지의 답변 마법사를 활용해 보세요.

🎧 헤드셋 표시는 **실제 시험에서는 들려주기만 하는 부분입니다.** ⏱ 표 읽는 시간 **30초** 🎧 MP3 08-04

Interview Schedules
Wednesday, May 21, Interview Room 344

Time	Interviewee	Position applied	Current job
9:30~10:00 a.m.	Amy Watson	Room service afternoon shift	Just graduated from university
10:00~10:30 a.m.	Daniel Taylor	Waiter / Waitress	T.I.A Thai Restaurant
~~10:30~11:00 a.m.~~	~~Laura Turner~~	~~Front desk manger~~	~~Lotte Duty Free Shop~~
11:00~11:30 a.m.	Joseph Hoffman	Waiter / Waitress	ANA Hotel Fine Dining
11:30~12:00 p.m.	Patricia Carson	Waiter / Waitress	Between the jobs

준비 시간(표 읽는 시간)에 해야 할 일

❶ 주어진 자료에서 Question 7의 단골 지문인 when과 where 문제의 답변 찾아 놓기
❷ 고유명사나 숫자 읽기 등이 자주 등장하므로 소리 내어 정보 읽기

🔊 **NARRATION** Hi, this is Nancy. I am scheduled to have a number of interviews but I did not bring the schedule, so I think I need your help.

Q7 🏷️ 문제 받아쓰기 훈련

A7 💬   답변 시간 **15**초

Q8 🏷️

A8 💬   답변 시간 **15**초

Q9 🏷️

A9 💬   답변 시간 **30**초

아래 주어진 기본 패턴 문형과 영어 어순을 그대로 반영한 우리말 답변을 참고로 빈칸을 채워 말해 보세요.

Interview Schedules 면접 일정

Wednesday, May 21, Interview Room 344 수요일, 5월 21일, 면접실 344호

Time 시간	Interviewee 면접자	Position applied 지원 분야	Current job 현재 직업
9:30~10:00 a.m.	Amy Watson	Room service afternoon shift 룸서비스 오후 근무	Just graduated from university 막 대학을 졸업함
10:00~10:30 a.m.	Daniel Taylor	Waiter / Waitress 웨이터/웨이트리스	T.I.A Thai Restaurant T.I.A 태국 식당
~~10:30~11:00 a.m.~~	~~Laura Turner~~	~~Front desk manger~~ 프론트 데스크 매니저	~~Lotte Duty Free Shop~~ 롯데 면세점
11:00~11:30 a.m.	Joseph Hoffman	Waiter / Waitress 웨이터/웨이트리스	ANA Hotel Fine Dining ANA 호텔 Fine Dining
11:30~12:00 p.m.	Patricia Carson	Waiter / Waitress 웨이터/웨이트리스	Between the jobs 구직 중

NARRATION Hi, this is Nancy. I am scheduled to have a number of interviews but I did not bring the schedule, so I think I need your help.

안녕하세요. Nancy입니다. 저는 오늘 많은 면접을 보기로 되어 있는데 일정표를 가져 오지 않았습니다. 그래서 당신 도움이 필요할 것 같아요.

Q7　I am going to conduct the interviews on Wed. Could you please tell me the exact date and the venue? 저는 수요일에 면접을 진행하기로 되어 있는데요. 정확한 날짜와 장소를 알려 주시겠습니까?

A7　당신은 일정이 잡혀 있습니다/ 진행하기로/ 면접을/ 5월 21일 수요일에/ 면접실 344호에서.

on Wed., May 21st at Interview Room 344.

Q8　I think I need about 15 minutes to make an important phone call on that day. Do you think I can have some time off? 그날 중요한 전화를 하기 위해 약 15분이 필요할 것 같습니다. 당신 생각에 내가 잠시 쉴 시간이 있을까요?

A8　사실. 그렇습니다./ 면접이/ 오전 10시 30분부터 11시까지의/ 취소되었습니다/ 그래서 당신은 할 수 있습니다/ 중요한 전화 통화를/ 그 시간에.

Actually, yes. The interview from 10:30 to 11:00 a.m. 

. So you can make the

important phone call  .

Q9　Can you please tell me all the information about those candidates who have applied for the waiter/waitress position? 웨이터/웨이트리스 자리에 지원한 지원자들에 대한 모든 정보를 말해 줄 수 있나요?

A9　 **개요**

3명이 있을 것입니다.

There will be three people.

 **나열**

첫 번째는 Daniel Taylor입니다/ 그는 일정이 잡혀 있습니다/ 면접을 보기로/ 오전 10시에/ 그리고 그는/ 현재 일하고 있습니다/ T.I.A 태국 식당에서.

The first one is Daniel Taylor. He

at 10 a.m. and he

at a T.I.A Thai Restaurant.

두 번째는 Joseph Hoffman입니다./ 그는 일정이 잡혀 있습니다/ 면접을 보기로/ 11시에/ 그리고 그는/ 일하고 있습니다/ ANA Hotel Fine Dining에서.

The second one is Joseph Hoffman. He

at 11 a.m. and he

ANA Hotel Fine Dining.

마지막으로/ 당신은 면접할 것입니다/ Patricia Carson을/ 그리고 그녀는/ 구직 중입니다.

Finally, you   Patricia Carson

and she is between jobs.

빈칸에 들어갈 말은 STEP 3 스피킹 체화하기에서 확인하세요!

앞서 주어진 표를 보면서 완성 답변이 저절로 입에서 흘러나올 때까지 훈련 횟수를 기록하면서 **낭독 훈련**해 보세요. MP3 20-03(전체) **20-04**(문장)

A7

당신은 5월 21일 수요일에 면접실 344호에서 면접을 진행하는 걸로 일정이 잡혀 있습니다.

☐ You are scheduled to conduct interviews on Wed., May 21st at Interview Room 344.

A8

사실, 그렇습니다. 오전 10시 30분부터 11시까지의 면접이 취소되었습니다.

☐ Actually, yes. The interview from 10:30 to 11:00 a.m. has been cancelled.

그러므로 당신은 그 시간에 중요한 전화 통화를 할 수 있습니다.

☐ So you can make the important phone call during that time.

A9

3명이 있을 것입니다.

☐ There will be three people.

첫 번째는 Daniel Taylor입니다. 그는 오전 10시에 면접을 보기로 일정이 잡혀 있으며 현재 T.I.A 태국 식당에서 일하고 있습니다.

☐ The first one is Daniel Taylor. He is scheduled to have an interview at 10 a.m. and he is currently working at a T.I.A Thai Restaurant.

두 번째는 Joseph Hoffman입니다. 그는 11시에 면접을 보기로 일정이 잡혀 있고 ANA 호텔 Fine Dining에서 일하고 있습니다.

☐ **The second one is Joseph Hoffman. He** is scheduled to have an interview **at 11 a.m. and he** is working at **ANA Hotel Fine Dining.**

마지막으로, 당신은 Patricia Carson을 면접할 것이며 그녀는 구직 중입니다.

☐ **Finally, you** will be interviewing **Patricia Carson and she is between jobs.**

VOCA **be scheduled to** ~하기로 일정이 잡혀 있다 **conduct an interview** 면접을 진행하다 **cancel** 취소하다, 무효화하다 **during** ~동안에 **currently** 현재, 지금 **between jobs** 구직 중, 실직 상태인

주어진 자료를 읽고 이어지는 3개의 질문에 답하세요. 질문에 답하는 것이 어렵다면 다음 페이지의 답변 마법사를 활용해 보세요.

헤드셋 표시는 **실제 시험에서는 들려주기만 하는 부분입니다.** 표 읽는 시간 **30초** MP3 09-04

Mariva Hair Products
Marketing Schedule

Date	Events
October 24	**Promotional Event:** New York , Los Angeles
November 4	**Publicity Ad:** **Magazine:** *Hair Today, New Fashions, Celebrity Weekly* **TV Channel:** *Fashion Network, Style Channel*
November 21	**Hair Show:** W Hotel, Grand Ballroom Scheduled soon to be advised

** Products in Stores: October 23*

준비 시간(표 읽는 시간)에 해야 할 일

❶ 주어진 자료에서 Question 7의 단골 지문인 when과 where 문제의 답변 찾아 놓기
❷ 고유명사나 숫자 읽기 등이 자주 등장하므로 소리 내어 정보 읽기

🎧 **NARRATION** Hello, I'm Steve, in charge of Mariva Hair Products. I should keep up with the marketing schedule but I don't have it with me right now. So please see the information and let me know a few things.

Q7 📝 문제 받아쓰기 훈련

A7 💬   답변 시간 15초

Q8 📝

A8 💬   답변 시간 15초

Q9 📝

A9 💬   답변 시간 30초

아래 주어진 기본 패턴 문형과 영어 어순을 그대로 반영한 우리말 답변을 참고로 빈칸을 채워 말해 보세요.

Mariva Hair Products
Marketing Schedule 마케팅 일정

Date 날짜	Events 행사
October 24 10월 24일	**Promotional Event:** 홍보 이벤트 New York , Los Angeles 뉴욕. 로스엔젤레스
November 4 11월 4일	**Publicity Ad:** 홍보 광고 **Magazine:** 잡지 *Hair Today, New Fashions, Celebrity Weekly* **TV Channel:** *Fashion Network, Style Channel*
November 21 11월 21일	**Hair Show:** 헤어쇼 W Hotel, Grand Ballroom W호텔 대연회장 Scheduled soon to be advised 일정은 곧 통보됩니다

** Products in Stores: October 23*

🔊 **NARRATION** Hello, I'm Steve, in charge of Mariva Hair Products. I should keep up with the marketing schedule but I don't have it with me right now. So please see the information and let me know a few things.

안녕하세요 저는 Mariva Hair Products 책임자인 Steve입니다. 마케팅 일정을 잘 알고 있어야 하는데 지금 일정표가 제게 없군요. 그러니 정보를 보고 제게 몇 가지 알려 주세요.

 When will the products go on sale?
제품들은 언제 시판됩니까?

  제품들은/ 시판될 것입니다/ 10월 23일부터.

💬   from

October 23.

Q8 Do we still have promotional events in Chicago?
우린 여전히 시카고에서 판촉 행사를 하나요?

A8 아니오./ 당신은 잘못된 정보를 갖고 있습니다/ 우리는 할 것입니다/ 판촉 행사를/ 뉴욕과 로스앤젤레스에서.

No, you have the wrong information.

in New York and Los Angeles.

Q9 What TV and magazine advertisements will we have?
우리는 어떤 TV와 잡지 광고를 하게 될까요?

A9 개요

있을 것입니다/ 다섯 종류의/ TV와 잡지 광고들이.

There will be

.

나열

우리는 광고를 실을 것입니다/ 잡지들에/ *Hair Today, New Fashions* 그리고 *Celebrity Weekly* 같은.

in magazines such as

***Hair Today, New Fashions* and *Celebrity Weekly*.**

그리고/ 우리는 TV 광고도 할 것입니다/ *Fashion Network*과 *Style Channel*에.

And we will also   **on**

***Fashion Network* and *Style Channel*.**

빈칸에 들어갈 말은 STEP 3 스피킹 체화하기에서 확인하세요!

앞서 주어진 표를 보면서 완성 답변이 저절로 입에서 흘러나올 때까지 훈련 횟수를 기록하면서 낭독 훈련해 보세요.　🎧 MP3 20-05(전체) 20-06(문장)

A/

제품들은 10월 23일부터 시판될 것입니다

☐ The products will go on sale from October 23.

A8

아니오, 당신은 잘못된 정보를 갖고 있습니다. 우리는 뉴욕과 로스엔젤레스에서 판촉 행사를 할 것입니다.

☐ No, you have the wrong information. We will have promotion events in New York and Los Angeles.

A9

다섯 종류의 TV와 잡지 광고가 있을 것입니다.

☐ There will be five types of TV and magazine advertisements.

우리는 *Hair Today*, *New Fashions*, *Celebrity Weekly* 같은 잡지에 광고를 실을 것입니다.

☐ We will put advertisements in magazines such as *Hair Today*, *New Fashions* and *Celebrity Weekly*.

그리고 우리는 *Fashion Network*과 *Style Channel*에 TV 광고도 할 것입니다.

☐ And we will also run TV advertisements on *Fashion Network* and *Style Channel*.

VOCA　**go on sale** 판매되다, 시판되다　**wrong information** 잘못된 정보　**promotion** 판매 촉진, 홍보　**event** 이벤트, 행사　**magazine** 잡지　**advertisement** 광고

주어진 자료를 읽고 이어지는 3개의 질문에 답하세요. 질문에 답하는 것이 어렵다면 다음 페이지의 답변 마법사를 활용해 보세요.

🎧 헤드셋 표시는 실제 시험에서는 들려주기만 하는 부분입니다. ⏱ 표 읽는 시간 30초 🎧 MP3 10-04

SKY ROCK LODGE

We climb with you to the top!!!

42 Poplar Street, Helena, Montana

Programs	Adult	Child (under 16)
Climb the Mountain	$80	$60
Travel Mt. Expedite	$105	$80
Explore the Wild	$150	$115

Accommodation	Price	Amenities
Lodge the Standard (Sleep 4)	$100	Fireplace, kitchen, laundry
Lodge the Special (Sleep 6)	$120	Fireplace, kitchen, laundry, hot tub

준비 시간(표 읽는 시간)에 해야 할 일

❶ 주어진 자료에서 Question 7의 단골 지문인 when과 where 문제의 답변 찾아 놓기
❷ 고유명사나 숫자 읽기 등이 자주 등장하므로 소리 내어 정보 읽기

🎧 **NARRATION** Hello. I have heard that you have a fantastic mountain climbing program at your lodge. I have printed out the information but I cannot remember where I put it. Can you please answer some of my questions?

Q7 ✎ 문제 받아쓰기 훈련

A7 💬 답변 시간 **15**초

Q8 ✎

A8 💬 답변 시간 **15**초

Q9 ✎

A9 💬 답변 시간 **30**초

아래 주어진 기본 패턴 문형과 영어 어순을 그대로 반영한 우리말 답변을 참고로 빈칸을 채워 말해 보세요.

SKY ROCK LODGE

We climb with you to the top!!! 우리는 당신과 함께 정상에 오릅니다!

42 Poplar Street, Helena, Montana

Programs 프로그램	Adult 어른	Child (under 16) 어린이(16세 이하)
Climb the Mountain	$80	$60
Travel Mt. Expedite	$105	$80
Explore the Wild	$150	$115

Accommodation 숙소, 시설	Price 가격	Amenities 생활 편의 시설
Lodge the Standard (Sleep 4)	$100	Fireplace, kitchen, laundry 벽난로, 주방, 세탁 시설
Lodge the Special (Sleep 6)	$120	Fireplace, kitchen, laundry, hot tub 벽난로, 주방, 세탁 시설, 온수 욕조

NARRATION Hello. I have heard that you have a fantastic mountain climbing program at your lodge. I have printed out the information but I cannot remember where I put it. Can you please answer some of my questions?

안녕하세요. 저는 그 산장에 환상적인 등산 프로그램이 있다고 들었습니다. 관련 정보를 프린트해 놓았었는데 어디에 두었는지 기억이 나질 않아서요. 몇 가지 제 질문에 답변해 주실 수 있을까요?

Q7 I am really interested in Explore the Wild. How much is it per person?
저는 Explore the Wild에 정말 많은 관심이 있습니다. 1인당 얼마인가요?

A7 그것은 비용이 듭니다/ 150달러/ 어른 1인당/ 그리고/ 115달러/ 어린이 1인당/ 16세 미만의.

 $150 per adult and $115 per child under 16.

Q8 I heard that you have different prices for children. Can you tell me about the programs which cost less than $100 per child?
아이들은 가격이 다르다고 들었습니다. 어린이 한 명당 100달러 미만인 프로그램에 대해 얘기해 줄 수 있나요?

A8 물론입니다./ 있습니다/ 두 가지 프로그램이./ 첫 번째는 Climb the Mountain이고/ 그것은 비용이 듭니다/ 60달러/ 어린이 1인당/ 그리고 두 번째는 Travel Mt. Expedite이고/ 그것은 비용이 듭니다/ 80달러/ 어린이 1인당.

Sure. There are 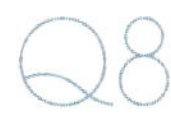 .  is Climb the Mountain and it costs $60 per child and the second one is Travel Mt. Expedite and it costs $80 per child.

Q9 I think we are going to stay at the lodge. Can you tell me about the price of the accommodation? 우리는 그 산장에 머물게 될 것 같습니다. 숙소 가격에 대해 말해 줄 수 있나요?

A9  개요

우리에겐 있습니다/ 두 종류의 다른 방이.

We have  .

 나열

산장의 첫 번째 방은/ the Standard이며/ 4명까지/ 묵을 수 있습니다/ 한 방에.

The first one at the lodge is the Standard and 

in a room.

그것은 비용이 듭니다/ 100달러/ 하룻밤에/ 그리고/ 편의 시설에는 포함됩니다/ 벽난로, 세탁 시설, 그리고 주방이.

It costs \$100 per night and 

a fireplace, laundry and kitchen.

산장의 두 번째 방은/ the Special이며/ 6명까지/ 묵을 수 있습니다/ 그 방에.

The second one at the lodge is the Special and 

in that room.

그것은 비용이 듭니다/ 120달러/ 하룻밤에/ 그리고/ 편의 시설에는 포함됩니다/ 벽난로, 세탁 시설, 주방, 그리고 온수 욕조가.

 and amenities are

including a fireplace, laundry, kitchen and hot tub.

빈칸에 들어갈 말은 STEP 3 스피킹 체화하기에서 확인하세요!

앞서 주어진 표를 보면서 완성 답변이 저절로 입에서 흘러나올 때까지
훈련 횟수를 기록하면서 낭독 훈련해 보세요.　🎧 MP3 **20-07**(전체)　**20-08**(문장)

A7

비용은 어른 1인당 150달러이고 16세 이하 어린이 1인당 115달러입니다.

☐ It costs $150 per adult and $115 per child under 16.

A8

물론이죠. 두 가지 프로그램이 있는데요.

☐ Sure. There are two programs.

첫 번째는 Climb the Mountain이고 어린이 1인당 60달러입니다. 그리고 두 번째는 Travel Mt. Expedite이며 어린이 1인당 80달러입니다.

☐ The first one is Climb the Mountain and it costs $60 per child and the second one is Travel Mt. Expedite and it costs $80 per child.

A9

우리에겐 두 종류의 다른 방이 있습니다.

☐ We have two different types of rooms.

산장의 첫 번째 방은 the Standard이고 한 방에 4명까지 묵을 수 있습니다.

☐ The first one at the lodge is the Standard and up to 4 people can stay in a room.

그것은 하룻밤에 100달러이며 편의 시설로는 벽난로, 세탁 시설 그리고 주방이 포함됩니다.

☐ It costs $100 per night and amenities are including a fireplace, laundry and kitchen.

산장의 두 번째 방은 the Special이며 6명까지 그 방에 묵을 수 있습니다.

☐ **The second one at the lodge is the Special and** up to 6 people can stay **in that room.**

비용은 하룻밤에 120달러이며 편의 시설에는 벽난로, 세탁 시설, 주방 그리고 온수 욕조가 포함됩니다.

☐ It costs $120 per night **and amenities are including a fireplace, laundry, kitchen and hot tub.**

VOCA **adult** 성인 **climb** 오르다, 올라가다 **travel** 여행(하다) **different** 다른 **type** 종류, 형태, 유형 **lodge** 오두막, 산장 **amenity** 편의 시설 **fireplace** 벽난로 **hot tub** 온수 욕조

주어진 자료를 읽고 이어지는 3개의 질문에 답하세요. 질문에 답하는 것이 어렵다면 다음 페이지의 답변 마법사를 활용해 보세요.

🎧 헤드셋 표시는 **실제 시험에서는 들려주기만 하는 부분입니다.** ⏱ 표 읽는 시간 **30초** 🎧 MP3 11-04

Lake View Hotel
Intern Orientation Program Schedule
Monday, Oct. 22

09:30 - 10:30	Welcome Breakfast and Greeting
10:30 - 11:00	Introduction (Get to know each other)
11:00 - Noon	Journalism Ethics
Noon - 01:00	Lunch
01:00 - 01:30	Introduction to Payroll (Cancelled)
01:30 - 03:00	Building Tour
03:00 - 04:00	Group Activity

준비 시간(표 읽는 시간)에 해야 할 일

❶ 주어진 자료에서 Question 7의 단골 지문인 when과 where 문제의 답변 찾아 놓기
❷ 고유명사나 숫자 읽기 등이 자주 등장하므로 소리 내어 정보 읽기

🔊 **NARRATION** Hello. I am asked to give some help at the Intern Orientation and since I don't have the schedule with me, I have some questions to ask.

Q7 ✎ 문제 받아쓰기 훈련

A7 💬 　　　　　　　　　　　　　　　　　　　　　　　　　　　　　　답변 시간 **15**초

Q8 ✎

A8 💬 　　　　　　　　　　　　　　　　　　　　　　　　　　　　　　답변 시간 **15**초

Q9 ✎

A9 💬 　　　　　　　　　　　　　　　　　　　　　　　　　　　　　　답변 시간 **30**초

아래 주어진 기본 패턴 문형과 영어 어순을 그대로 반영한 우리말 답변을 참고로 빈칸을 채워 말해 보세요.

Lake View Hotel
Intern Orientation Program Schedule 인턴 오리엔테이션 프로그램 일정
Monday, Oct. 22 10월 22일 월요일

09:30 - 10:30	Welcome Breakfast and Greeting 환영 아침 식사 및 인사
10:30 - 11:00	Introduction (Get to know each other) 소개 (서로 알아가기)
11:00 - Noon	Journalism Ethics 언론 윤리
Noon - 01:00	Lunch 점심
01:00 - 01:30	Introduction to Payroll (Cancelled) 급여 소개 (취소)
01:30 - 03:00	Building Tour 건물 견학
03:00 - 04:00	Group Activity 그룹 활동

NARRATION Hello. I am asked to give some help at the Intern Orientation and since I don't have the schedule with me, I have some questions to ask.

안녕하세요. 저는 인턴 오리엔테이션에 도움을 달라는 요청을 받았는데요. 제게 일정표가 없어. 몇 가지 질문할 게 있습니다.

 I would like to know what time the tour session starts and ends.
저는 견학 세션이 몇 시에 시작되고 끝나는지 알고 싶습니다.

 건물 견학은 시작될 것입니다/ 1시 30분에/ 그리고/ 끝날 것입니다/ 3시에.

The building tour    and

finishes at 3.

Q8 I am planning to give a presentation about health and safety issues for 30 minutes. Is there any time I can do that during the orientation?

저는 30분 동안 건강과 안전 문제에 대해 발표를 할 계획입니다. 오리엔테이션 중에 그것을 할 시간이 있을까요?

A8 물론, 있습니다./ '급여 소개'는/ 1시부터 1시 30분까지 일정인/ 취소되었습니다./ 그러니/ 당신은 발표를 할 수 있습니다/ 그 시간에.

Sure, there is. "The Introduction to Payroll" session from 1 to 1:30   . So you can   during that time.

Q9 Can you please tell me about the programs before lunch?

점심 시간 이전의 프로그램에 대해 얘기해 줄 수 있나요?

A9 개요

물론이죠./ 있습니다/ 3가지 프로그램이/ 점심 이전에.

Sure. There are three programs   .

나열

첫 번째 것은 ~입니다/ '환영 아침 식사 및 인사'/, 9시 30분부터 10시 30분까지 일정인.

The first one is "Welcome Breakfast and Greeting"   .

두 번째 것은 ~입니다/ '소개: 서로 알아가기' 시간입니다./ 그것은 시작됩니다/ 오전 10시 30분에/ 그리고/ 끝날 것입니다/ 오전 11시에.

The second one is an "Introduction: Get to know each other" session. It will   and finish at 11 a.m.

마지막 것은/ '언론 윤리'입니다/ 오전 11시부터 정오까지 일정인.

The final one is "Journalism Ethics" from 11 a.m. to noon.

빈칸에 들어갈 말은 STEP 3 스피킹 체화하기에서 확인하세요!

앞서 주어진 표를 보면서 완성 답변이 저절로 입에서 흘러나올 때까지
훈련 횟수를 기록하면서 낭독 훈련해 보세요.   🎧 MP3 20-09(전체) **20-10**(문장)

A7

건물 견학은 1시 30분에 시작해서 3시에 끝날 것입니다.

☐ The building tour will begin at 1:30 and finishes at 3.

A8

물론, 있습니다. 1시부터 1시 30분까지 일정인 '급여 소개'는 취소되었습니다.

☐ Sure, there is. "The Introduction to Payroll" session from 1 to 1:30 is cancelled.

그러니 그 시간에 발표를 하시면 됩니다.

☐ So you can give a presentation during that time.

A9

물론이죠. 점심 이전에 3가지 프로그램이 있습니다.

☐ Sure, there are three programs before lunch.

첫 번째 것은 오전 9시 30분부터 10시 30분까지 일정인 '환영 아침 식사 및 인사'입니다.

☐ The first one is "Welcome Breakfast and Greeting" from 9:30 a.m. to 10:30 a.m.

두 번째 것은 '소개: 서로 알아가기' 세션입니다. 그것은 오전 10시 30분에 시작해서 오전 11시에 끝날 것입니다.

☐ The second one is an "Introduction: Get to know each other" session. It will begin at 10:30 a.m. and finish at 11 a.m.

마지막 것은 오전 11시부터 정오까지 일정인 '언론 윤리'입니다.

☐ The final one is "Journalism Ethics" from 11 a.m. to noon.

VOCA **introduction** 소개 **payroll** 급여 대상자 명단, 급여 총액 **session** 순서, 회기 **greeting** 인사, 안부의 말 **each other** 서로 **final** 최종의 **journalism** 언론, 저널리즘 **ethics** 윤리

주어진 자료를 읽고 이어지는 3개의 질문에 답하세요. 질문에 답하는 것이 어렵다면 다음 페이지의 답변 마법사를 활용해 보세요.

🎧 헤드셋 표시는 **실제 시험에서는 들려주기만 하는 부분입니다.** ⏱ 표 읽는 시간 **30초** 🎧 MP3 12-04

C&R Art School – Fall Semester

Class	Starting Date	Registration	Fee	Instructor
Basic Drawing	October 1	September 28-29	$150 / month	Rachael Cox
Computer Graphics	October 3	September 30	$280 / month*	Jamie McKenzie
Intermediate Painting	October 5	September 28-29	$150 / month	Rachael Cox
Basic Sculpture	October 1	September 28-29	$250 / month**	Scott Gear

To register, please call 234-3044 or visit at www.cnrschool.com

* Online registration only

** Material fee is included.

준비 시간(표 읽는 시간)에 해야 할 일

❶ 주어진 자료에서 Question 7의 단골 지문인 when과 where 문제의 답변 찾아 놓기
❷ 고유명사나 숫자 읽기 등이 자주 등장하므로 소리 내어 정보 읽기

🔊 **NARRATION** I am interested in the fall semester programs at your art school. I've heard from my friends it is great. Can I ask some questions?

Q7 ✏️ 문제 받아쓰기 훈련

A7 💬   답변 시간 **15**초

Q8 ✏️

A8 💬   답변 시간 **15**초

Q9 ✏️

A9 💬   답변 시간 **30**초

아래 주어진 기본 패턴 문형과 영어 어순을 그대로 반영한 우리말 답변을 참고로 빈칸을 채워 말해 보세요.

C&R Art School – Fall Semester C&R 미술 학교 – 가을 학기

Class 강의	Starting Date 시작일	Registration 등록	Fee 가격	Instructor 강사
Basic Drawing 초급 소묘	October 1 10월 1일	September 28-29 9월 28-29일	$150 / month 150달러/월	Rachael Cox
Computer Graphics 컴퓨터 그래픽	October 3 10월 3일	September 30 9월 30일	$280 / month* 280달러/월	Jamie McKenzie
Intermediate Painting 중급 회화	October 5 10월 5일	September 28-29 9월 28-29일	$150 / month 150달러/월	Rachael Cox
Basic Sculpture 초급 조각	October 1 10월 1일	September 28-29 9월 28 -29일	$250 / month** 250달러/월	Scott Gear

To register, please call 234-3044 or visit at www.cnrschool.com
등록하시려면, 234-3044로 전화 주시거나 www.cnrschool.com을 방문하세요.

* Online registration only 온라인 등록만 가능

** Material fee is included 자료비 포함입니다.

🔊 **NARRATION** I am interested in the fall semester programs at your art school. I've heard from my friends it is great. Can I ask some questions?

저는 그곳 미술 학교의 가을 학기 프로그램에 관심이 있습니다. 제 친구한테 들었는데 아주 괜찮다고 하더군요. 몇 가지 질문을 해도 될까요?

Q7 I am planning to register for "Intermediate Painting". How much is the fee and when do I start? 저는 '중급 회화'에 등록할 계획입니다. 비용은 얼마나 하고 언제 시작하게 되나요?

A7 '중급 회화'의 비용은 150달러입니다/ 한 달에/ 그리고/ 당신은 시작할 수 있습니다/ 10월 5일에.

The fee for Intermediate Painting is $150 per month and

Q8 One of my friends is interested in "Computer Graphics". She can call your office to register, right?

제 친구들 중 한 명이 '컴퓨터 그래픽'에 관심이 있는데요. 등록하려면 사무실로 전화하면 되는 거죠?

A8 죄송하지만/ 당신은 갖고 있습니다/ 잘못된 정보를./ 당신은 등록할 수 있습니다/ '컴퓨터 그래픽'에/ 온라인으로만.

Sorry, but you have the wrong information. You can

register for "Computer Graphics" .

Q9 Could you please give me all the details of the classes which start after October 2? 10월 2일 이후에 시작하는 강좌들에 대한 모든 자세한 내용을 알려 줄 수 있나요?

A9 개요

있습니다/ 두 강좌가/ 당신이 시작할 수 있는/ 10월 2일 이후에.

There are two classes you can start .

나열

첫 번째 것은/ '컴퓨터 그래픽'입니다./ 그 강좌는 시작할 것입니다/ 10월 3일에/ 그리고/ 비용은 280달러입니다/ 한 달에.

The first one is "Computer Graphics".

and the fee is $280 per month.

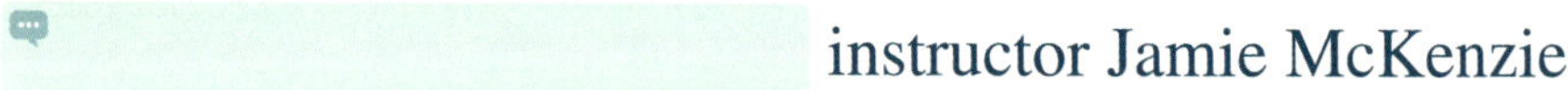 instructor Jamie McKenzie.

You have to enroll for this class by Sep. 30.

The second one is "Intermediate Painting". This class will

start on October 5 and  .

The instructor is Rachael Cox. The registration date is

.

빈칸에 들어갈 말은 STEP 3 스피킹 체화하기에서 확인하세요!

앞서 주어진 표를 보면서 완성 답변이 저절로 입에서 흘러나올 때까지
훈련 횟수를 기록하면서 낭독 훈련해 보세요. 🎧 MP3 20-11 (전체) **20-12** (문장)

A7

'중급 회화'의 비용은 한 달에 150달러이고 10월 5일에 시작할 수 있습니다

☐ **The fee for "Intermediate Painting" is $150 per month and you can start on October 5.**

A8

죄송하지만 잘못된 정보를 갖고 계시군요.

☐ **Sorry, but you have the wrong information.**

'컴퓨터 그래픽'은 온라인으로만 등록하실 수 있습니다.

☐ **You can register for "Computer Graphics" by online only.**

A9

10월 2일 이후에 시작할 수 있는 두 강좌가 있습니다.

☐ **There are two classes you can start after October 2.**

첫 번째 것은 '컴퓨터 그래픽'입니다.

☐ **The first one is "Computer Graphics".**

10월 3일에 시작될 것이며 비용은 한 달에 280달러입니다.

☐ **It will start on October 3 and the fee is $280 per month.**

그 강좌는 강사 Jamie McKenzie에 의해 이끌어질 것입니다.

☐ **It will be led by instructor Jamie McKenzie.**

당신은 9월 30일까지 이 강좌에 등록해야 합니다.

☐ You have to enroll for this class by Sep. 30.

두 번째 것은 '중급 회화'입니다.

☐ The second one is "Intermediate Painting".

이 강좌는 10월 5일 시작되며 비용은 한 달에 150달러입니다.

☐ This class will start on October 5 and the fee is $150 per month.

강사는 Rachael Cox입니다.

☐ The instructor is Rachael Cox.

등록일은 9월 28일부터 9월 29일까지입니다.

☐ The registration date is from September 28 to September 29.

VOCA **intermediate** 중간의, 중급의 **register** 등록하다; 신고하다 **fee** 수수료, 사용료; 요금 **enroll for** ~에 등록하다 **registration date** 등록일

주어진 자료를 읽고 이어지는 3개의 질문에 답하세요. 질문에 답하는 것이 어렵다면 다음 페이지의 답변 마법사를 활용해 보세요.

🎧 헤드셋 표시는 **실제 시험에서는 들려주기만 하는 부분입니다.** ⏱ 표 읽는 시간 **30초** 🎧 MP3 13-04

Student Committee Film Festival

Fri. April 1, 2011

Title	Running Time	Genre	Showing	Remarks
The King's Speech	87 mins.	Drama	09:00 10:40 12:00 17:00	
Hannah	94 mins.	Action	10:00 11:40 13:30 20:00	
Here After	110 mins.	Romantic Comedy	*12:30 15:00 22:00	*Director's Talk
Fast and Furious	160 mins.	Action	*10:30 14:00 19:00 23:15	*Director's Talk

준비 시간(표 읽는 시간)에 해야 할 일

❶ 주어진 자료에서 Question 7의 단골 지문인 when과 where 문제의 답변 찾아 놓기
❷ 고유명사나 숫자 읽기 등이 자주 등장하므로 소리 내어 정보 읽기

NARRATION Hi. This is Amanda. I heard about the film festival from my friend and my friends and I are really excited about this event. Since I do not have much information, I'd like to ask you a few questions.

Q7 🔖 문제 받아쓰기 훈련

A7 💬   답변 시간 15초

Q8 🔖

A8 💬   답변 시간 15초

Q9 🔖

A9 💬   답변 시간 30초

아래 주어진 기본 패턴 문형과 영어 어순을 그대로 반영한 우리말 답변을 참고로 빈칸을 채워 말해 보세요.

Student Committee Film Festival 학생회 영화제

Fri. April 1, 2011 2011년 4월 1일 금요일

Title 제목	Running Time 상영 시간	Genre 장르	Showing 상영	Remarks 비고
The King's Speech	87 mins. 87분	Drama 드라마	09:00 10:40 12:00 17:00	
Hannah	94 mins. 94분	Action 액션	10:00 11:40 13:30 20:00	
Here After	110 mins. 110분	Romantic Comedy 로맨틱 코미디	*12:30 15:00 22:00	*Director's Talk 감독과의 대화
Fast and Furious	160 mins. 160분	Action 액션	*10:30 14:00 19:00 23:15	*Director's Talk 감독과의 대화

NARRATION Hi. This is Amanda. I heard about the film festival from my friend and my friends and I are really excited about this event. Since I do not have much information, I'd like to ask you a few questions.

안녕하세요. 저는 Amanda입니다. 저는 이번 영화제에 대해 친구한테 들었는데요. 제 친구들과 저는 이 행사 덕분에 정말 들떠 있습니다. 많은 정보가 없어, 몇 가지 질문을 하고 싶습니다.

 What is the first movie and what time will it start?
첫 번째 영화는 무엇이고 몇 시에 시작하나요?

  첫 번째 영화는 불립니다/ 'The King's Speech'라고/ 그리고/ 그것은 시작할 것입니다/ 오전 9시에.

The King's Speech and it will start at 9 a.m.

Q8 What kinds of movies are showing during the festival?
영화제 중에 어떤 종류의 영화들이 상영되나요?

A8 서로 다른 세 장르가/ 상영될 것입니다/ 영화제 중에/ 한 편의 드라마와/ 두 편의 액션/ 그리고 한 편의 로맨틱 코미디.

Three different genres will be showing ; one drama, two action and one romantic comedy.

Q9 I'd like to attend all the director's talks. Which ones are available?
감독과의 대화에 다 참여하고 싶은데요. 어떤 영화들이 가능하죠?

A9 개요

당신은 참여할 수 있습니다/ 두 차례의 감독과의 대화에/ 영화제 중에.

 two director's talks during the festival.

나열

첫 번째 영화는/ 'Here After'입니다/ 그리고/ 당신은 참여할 수 있을 것입니다/ 감독과의 대화에/ 12시 30분 세션이 끝난 후에.

The first movie is *Here After* and the director's talk after the 12:30 session finishes.

두 번째 것은/ 'Fast and Furious'입니다/ 그리고/ 당신은/ 또한/ 참여할 수 있습니다/ 감독과의 대화에/ 10시 30분 영화가 끝난 후에.

The second one is *Fast and Furious* and you can also .

빈칸에 들어갈 말은 STEP 3 스피킹 체화하기에서 확인하세요!

앞서 주어진 표를 보면서 완성 답변이 저절로 입에서 흘러나올 때까지 훈련 횟수를 기록하면서 낭독 훈련해 보세요. MP3 20-13(전체) **20-14**(문장)

A7

첫 번째 영화는 'The King's Speech'라 하며 오전 9시에 시작할 것입니다.

□ The first movie is called *The King's Speech* and it will start at 9 a.m.

A8

한 편의 드라마와 두 편의 액션 그리고 한 편의 로맨틱 코미디 등. 영화제 중에 서로 다른 세 장르가 상영될 것입니다.

□ Three different genres will be showing during the festival; one drama, two action and one romantic comedy.

A9

당신은 영화제 중에 두 차례의 감독과의 대화에 참여할 수 있습니다.

□ You can attend two director's talks during the festival.

첫 번째 영화는 'Here After'이며 12시 30분 세션이 끝난 후 감독과의 대화에 참여할 수 있으실 겁니다.

□ The first movie is *Here After* and you will be able to attend the director's talk after the 12:30 session finishes.

두 번째 것은 'Fast and Furious'이며 10시 30분 영화가 끝난 후 역시 감독과의 대화에 참여할 수 있습니다.

□ The second one is *Fast and Furious* and you can also attend the director's talk after the 10:30 movie finishes.

VOCA **speech** 연설 **different** 다른 **genre** 장르 **show** 상영되다 **attend** 참석하다 **director** 영화 감독 **furious** 몹시 화가 난, 분노한

주어진 자료를 읽고 이어지는 3개의 질문에 답하세요. 질문에 답하는 것이 어렵다면 다음 페이지의 답변 마법사를 활용해 보세요.

🎧 헤드셋 표시는 **실제 시험에서는 들려주기만 하는 부분입니다.** ⏱ 표 읽는 시간 **30초** 🎧 MP3 14-04

Good-bye Dinner Party for Joanne Clark!!!

Date: January 29th, 5:30 p.m.

Location: Banquet Hall, 2nd floor

Bring your own!!

Menu	Number needed	Names (Put your name down)
Green salad	2	Derek White Christina Yang
Fried or mashed potatoes	3	Mark Hill Alex Mao ( )
Uncooked red meat (beef or pork)	3	Amy Johnson ( ) ( )
Dessert	2	Dgee Wane Rebecca Gee

준비 시간(표 읽는 시간)에 해야 할 일

❶ 주어진 자료에서 Question 7의 단골 지문인 when과 where 문제의 답변 찾아 놓기
❷ 고유명사나 숫자 읽기 등이 자주 등장하므로 소리 내어 정보 읽기

🎧 **NARRATION** David and I did not attend the meeting for Joanne's good-bye party plan because we were away. I heard that you have planned most of the party and you are the right person to ask some questions.

Q7 ✎ 문제 받아쓰기 훈련

A7 💬   답변 시간 **15**초

Q8 ✎

A8 💬   답변 시간 **15**초

Q9 ✎

A9 💬   답변 시간 **30**초

아래 주어진 기본 패턴 문형과 영어 어순을 그대로 반영한 우리말 답변을 참고로 빈칸을 채워 말해 보세요.

Good-bye Dinner Party for Joanne Clark!!! Joanne Clark을 위한 송별 저녁 파티

Date: January 29th, 5:30 p.m. 날짜: 1월 29일 오후 5시 30분

Location: Banquet Hall, 2nd floor 장소: 2층 연회장

Bring your own!! 자신의 것은 직접 가져오세요!

Menu 메뉴	Number needed 필요 인원	Names 이름 (Put your name down) 이름을 적어 주세요
Green salad 그린 샐러드	2	Derek White Christina Yang
Fried or mashed potatoes 감자 튀김 또는 으깬 감자	3	Mark Hill Alex Mao (　　　　　　　)
Uncooked red meat (beef or pork) 조리가 안 된 붉은 고기 (소고기나 돼지고기)	3	Amy Johnson (　　　　　　　) (　　　　　　　)
Dessert 디저트	2	Dgee Wane Rebecca Gee

NARRATION David and I did not attend the meeting for Joanne's good-bye party plan because we were away. I heard that you have planned most of the party and you are the right person to ask some questions.

David와 저는 잠시 다른 곳에 갔었기 때문에 Joanne의 송별 파티 관련 회의에 참석하지 못했습니다. 제가 듣기론 당신이 파티 대부분을 계획해왔고 그래서 질문을 하기에 가장 적절한 사람이라고 하더군요.

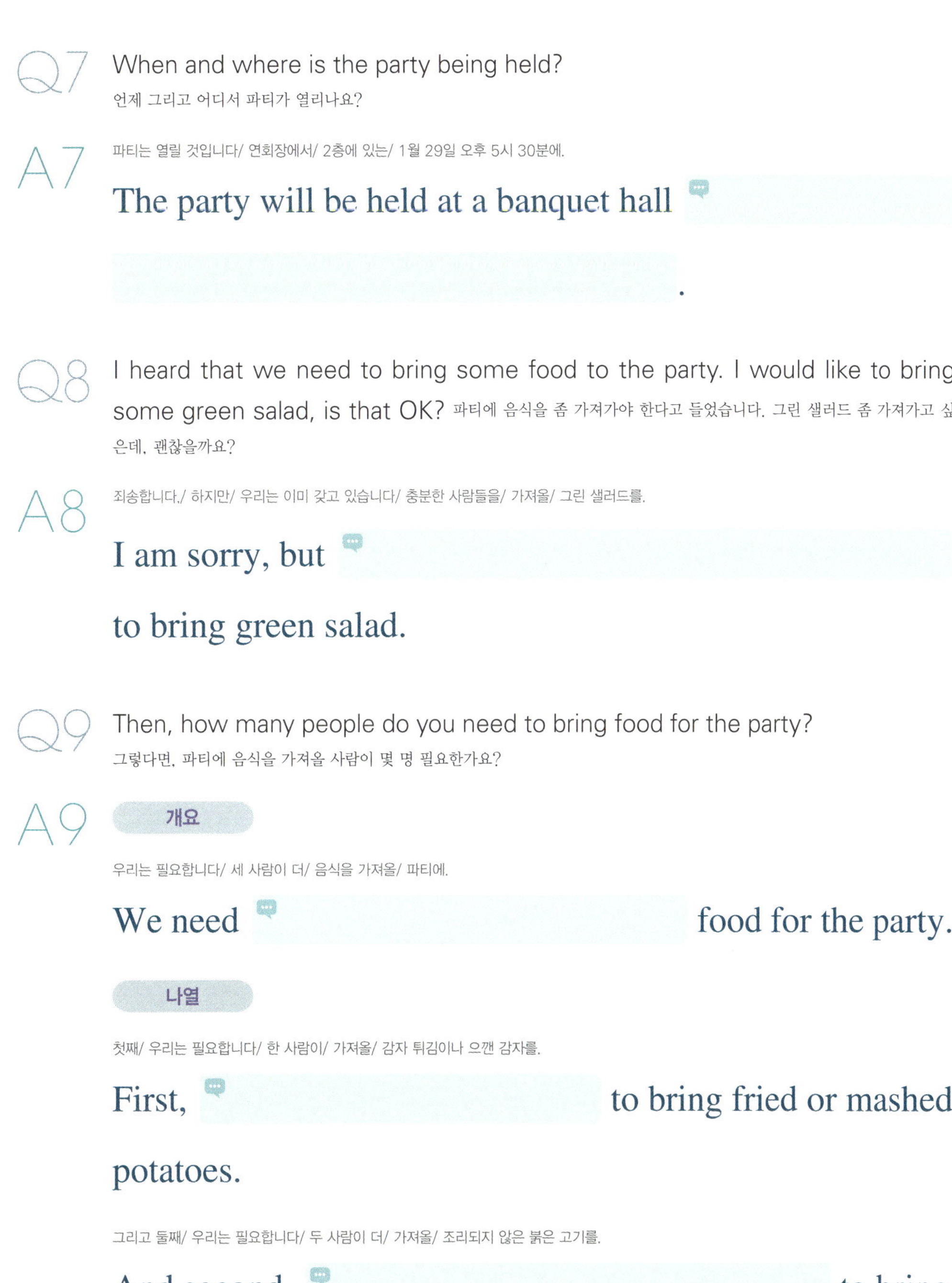

Q7 When and where is the party being held?
언제 그리고 어디서 파티가 열리나요?

A7 파티는 열릴 것입니다/ 연회장에서/ 2층에 있는/ 1월 29일 오후 5시 30분에.

The party will be held at a banquet hall

.

Q8 I heard that we need to bring some food to the party. I would like to bring some green salad, is that OK? 파티에 음식을 좀 가져가야 한다고 들었습니다. 그린 샐러드 좀 가져가고 싶은데, 괜찮을까요?

A8 죄송합니다./ 하지만/ 우리는 이미 갖고 있습니다/ 충분한 사람들을/ 가져올/ 그린 샐러드를.

I am sorry, but

to bring green salad.

Q9 Then, how many people do you need to bring food for the party?
그렇다면, 파티에 음식을 가져올 사람이 몇 명 필요한가요?

A9 개요

우리는 필요합니다/ 세 사람이 더/ 음식을 가져올/ 파티에.

We need food for the party.

나열

첫째/ 우리는 필요합니다/ 한 사람이/ 가져올/ 감자 튀김이나 으깬 감자를.

First, to bring fried or mashed potatoes.

그리고 둘째/ 우리는 필요합니다/ 두 사람이 더/ 가져올/ 조리되지 않은 붉은 고기를.

And second, to bring uncooked red meat.

앞서 주어진 표를 보면서 완성 답변이 저절로 입에서 흘러나올 때까지
훈련 횟수를 기록하면서 낭독 훈련해 보세요.   ⊕ MP3 20-15(전체) **20-16**(문장)

A7

파티는 1월 29일 오후 5시 30분에 2층에 있는 연회장에서 열릴 것입니다.

☐ The party will be held at a banquet hall on the 2nd floor on January 29th at 5:30 p.m.

A8

죄송합니다만, 이미 그린 샐러드를 가져올 사람은 충분합니다.

☐ I am sorry, but we already have enough people to bring green salad.

A9

파티에 음식을 가져올 세 사람이 더 필요합니다.

☐ We need three more people to bring food for the party.

첫째, 감자 튀김이나 으깬 감자를 가져올 한 사람이 필요합니다.

☐ First, we need one person to bring fried or mashed potatoes.

그리고 둘째, 조리되지 않은 붉은 고기류를 가져올 두 사람이 더 필요합니다.

☐ And second, we need two more people to bring uncooked red meat.

VOCA **be held** 열리다 **banquet hall** 연회장 **enough** 충분한 **bring** 가져오다 **food** 음식 **fried potatoes** 감자 튀김
mashed potatoes 으깬 감자 **uncooked** 익히지 않은, 날것의 **red meat** 붉은 고기

무작정
도전하기

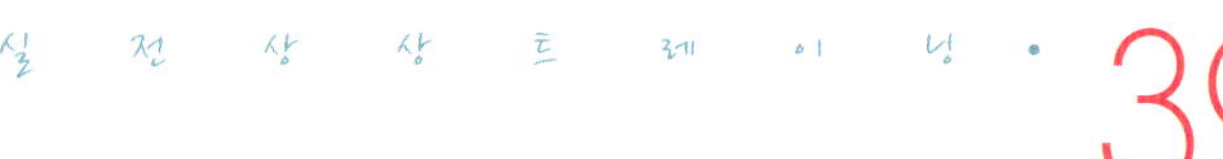

실 전 상 상 트 레 이 닝 • **39**

주어진 자료를 읽고 이어지는 3개의 질문에 답하세요. 질문에 답하는 것이 어렵다면 다음 페이지의 답변 마법사를 활용해 보세요.

헤드셋 표시는 **실제 시험에서는 들려주기만 하는 부분입니다.** 표 읽는 시간 **30초** MP3 15-04

Labrador Community Library

**Seminar hall reservation availability
from December 20 to December 23**

Tue December 20	~~Save Children Community Annual Meetings~~
Wed December 21	Available
Thu December 22	Book signing, author Pauline Gee
Fri December 23	Local high school students' Creative Writing Award Ceremony

All the events will only be held from 10 a.m. to 12:30 p.m. Afternoon is available.

– To reserve venues, please visit our website at www.comlibrary.com

– The hall cannot be used from Dec. 24th to Dec. 26th, due to Christmas holiday.

준비 시간(표 읽는 시간)에 해야 할 일

❶ 주어진 자료에서 Question 7의 단골 지문인 when과 where 문제의 답변 찾아 놓기
❷ 고유명사나 숫자 읽기 등이 자주 등장하므로 소리 내어 정보 읽기

NARRATION Hello, this is Susan and I know this is very last minute. But I am looking for a place to hold a small seminar. I checked the reservation on your website and realized that it is possible to make a reservation.

Q7   문제 받아쓰기 훈련

A7   답변 시간 **15**초

Q8

A8   답변 시간 **15**초

Q9

A9   답변 시간 **30**초

아래 주어진 기본 패턴 문형과 영어 어순을 그대로 반영한 우리말 답변을 참고로 빈칸을 채워 말해 보세요.

Labrador Community Library Labrador 주민 도서관

Seminar hall reservation availability from December 20 to December 23

12월 20일부터 12월 23일까지 세미나 홀 예약 가능 여부

Tue 화요일 **December 20** 12월 20일	~~Save Children Community Annual Meetings~~ 아동 구호 지역 사회 연례 회의
Wed 수요일 **December 21** 12월 21일	Available 가능
Thu 목요일 **December 22** 12월 22일	Book signing, author Pauline Gee 책 사인회, 작가 Pauline Gee
Fri 금요일 **December 23** 12월 23일	Local high school students' Creative Writing Award Ceremony 지역 고교생 창의적 글짓기 시상식

All the events will only be held from 10 a.m. to 12:30 p.m. Afternoon is available. 모든 행사는 오전 10시부터 오후 12시 30분까지만 열립니다. 오후는 예약 가능합니다.

– To reserve venues, please visit our website at www.comlibrary.com

장소 예약을 원하시면 저희 웹사이트 www.comlibrary.com을 방문해 주세요.

– The hall cannot be used from Dec. 24th to Dec. 26th, due to Christmas holiday. 크리스마스 휴가로 12월 24일부터 26일까지는 홀을 이용할 수 없습니다.

🎧 **NARRATION** Hello, this is Susan and I know this is very last minute. But I am looking for a place to hold a small seminar. I checked the reservation on your website and realized that it is possible to make a reservation.

안녕하세요 저는 Susan입니다. 아주 늦었다는 걸 알지만 조그만 세미나를 열 장소를 찾는 중입니다. 그쪽 온라인 웹사이트에서 예약을 확인해 보고 예약을 하는 게 가능하다는 걸 알게 되었습니다.

Q7 When is the seminar hall available from?
세미나 홀이 언제부터 이용 가능합니까?

A7 세미나 홀은 가능합니다/ 예약이/ 12월 20일부터/ 12월 23일까지.

The seminar hall ⬛ from Dec. 20th to Dec. 23rd.

Q8 How do I make the reservation? Do I need to visit your office?
어떻게 예약을 하나요? 사무실을 방문해야 하나요?

A8 아니오./ 그렇지 않습니다./ 장소를 예약하기 위해/ 방문해 주십시오/ 우리 웹사이트를/ www.comlibrary .com에서.

⬛. To reserve venues, please visit our website at www.comlibrary.com.

Q9 I am thinking of booking a seminar hall on Dec. 21st or Dec. 22nd. Can you please tell me if the rooms are available?
저는 12월 21일이나 22일에 세미나 홀을 예약하려고 생각 중입니다. 방들이 이용 가능한지 알려 주시겠어요?

A9 개요

물론입니다./ 당신은 예약할 수 있습니다/ 세미나 홀을/ 12월 21일에/ 어느 때든.

Sure. You can reserve the seminar hall on Dec. 21st ⬛.

나열

하지만/ 홀은 예약되어 있습니다/ Pauline Gee에 의해/ 책 사인회를 위해/ 12월 22일 목요일에는.

However, the hall is reserved by Pauline Gee ⬛ on Thursday Dec. 22nd.

하지만/ 행사는/ 열릴 것입니다/ 오전 10시부터 오후 12시 30분까지만.

But the event ⬛ from 10 a.m. to 12:30 p.m.

그래서/ 오후는/ 이용 가능합니다.

So, the afternoon is available.

빈칸에 들어갈 말은 STEP 3 스피킹 체화하기에서 확인하세요!

앞서 주어진 표를 보면서 완성 답변이 저절로 입에서 흘러나올 때까지 훈련 횟수를 기록하면서 낭독 훈련해 보세요. 🎧 MP3 20-17(전체) 20-18(문장)

A7

세미나 홀은 12월 20일부터 23일까지 예약 가능합니다.

☐ The seminar hall is available to reserve from Dec. 20th to Dec. 23rd.

A8

아니오, 실은 그렇지 않습니다. 장소 예약을 하기 위해 저희 웹사이트 www.comlibrary.com을 방문해 주세요.

☐ No, actually not. To reserve venues, please visit our website at www.comlibrary.com.

A9

물론입니다. 12월 21일에는 어느 때든 세미나 홀을 예약할 수 있습니다.

☐ Sure. You can reserve the seminar hall on Dec. 21st at any time.

하지만, 12월 22일 목요일에는 책 사인회 때문에 Pauline Gee에 의해 홀이 예약되어 있습니다.

☐ However, the hall is reserved by Pauline Gee for a book signing on Thursday Dec. 22nd.

하지만 행사는 오전 10시부터 오후 12시 30분까지만 열릴 것입니다.

☐ But the event will only be held from 10 a.m. to 12:30 p.m.

그래서 오후는 이용 가능합니다.

☐ So, the afternoon is available.

VOCA **seminar hall** 세미나 홀 **available** 구할 수 있는, 이용할 수 있는 **reserve** 예약하다 **venue** 장소
book signing 책 사인회 **December(=Dec.)** 12월

주어진 자료를 읽고 이어지는 3개의 질문에 답하세요. 질문에 답하는 것이 어렵다면 다음 페이지의 답변 마법사를 활용해 보세요.

🎧 헤드셋 표시는 **실제 시험에서는 들려주기만 하는 부분입니다.** ⏱ 표 읽는 시간 **30**초 🎧 MP3 16-04

Ride with U

13 Main Street, Brisbane, Queensland

Scooters rentals available for Nov. 6-13

Bike	Fee	Nov. 6	Nov. 7	Nov. 8	Nov. 9
Harley Davidson (1,000cc or less)	$220	x		x	
Indian (1,000cc or less)	$250		x		
Harley Davidson (1,000cc and over)	$400	x	x		x
Scooters (Less than 250cc)	$75			x	x

준비 시간(표 읽는 시간)에 해야 할 일

❶ 주어진 자료에서 Question 7의 단골 지문인 when과 where 문제의 답변 찾아 놓기
❷ 고유명사나 숫자 읽기 등이 자주 등장하므로 소리 내어 정보 읽기

🎧 **NARRATION** My wife and I are going to visit Brisbane for our anniversary for two days. Since we have decided to stay at a hotel in the city, it would be fun to rent a bike to tour the city.

Q7 🖋 문제 받아쓰기 훈련

A7 💬   답변 시간 **15**초

Q8 🖋

A8 💬   답변 시간 **15**초

Q9 🖋

A9 💬   답변 시간 **30**초

아래 주어진 기본 패턴 문형과 영어 어순을 그대로 반영한 우리말 답변을 참고로 빈칸을 채워 말해 보세요.

Ride with U

13 Main Street, Brisbane, Queensland

Scooters rentals available for Nov. 6-13 11월 6일부터 9일까지 스쿠터 렌트 가능

Bike 오토바이	Fee 가격	Nov. 6 11월 6일	Nov. 7 11월 7일	Nov. 8 11월 8일	Nov. 9 11월 9일
Harley Davidson (1,000cc or less) 1,000cc 이하	$220	X		X	
Indian (1,000cc or less) 1,000cc 이하	$250		X		
Harley Davidson (1,000cc and over) 1,000cc 이상	$400	X	X		X
Scooters (Less than 250cc) 250cc 이하	$75			X	X

🔊 **NARRATION** My wife and I are going to visit Brisbane for our anniversary for two days. Since we have decided to stay at a hotel in the city, it would be fun to rent a bike to tour the city.

제 아내와 저는 우리 결혼 기념일에 이틀 동안 Brisbane에 머물 것입니다. 시내 호텔에 묵기로 결정했기 때문에 오토바이를 빌려 시내 투어를 하면 재미있을 겁니다.

Q7 I guess I need to visit your office to rent a bike. Where are you located?
오토바이를 빌리려면 사무실을 방문해야 할 텐데요. 거기가 어디에 있나요?

A7 저희는/ 위치해 있습니다/ Queensland, Brisbane에 있는13 Main Street에.

 13 Main Street in Brisbane, Queensland.

Q8 We are going to tour the city on Nov. 7th. What kind of bike can I rent on that day? 우리는 11월 7일에 시내 투어를 할 것입니다. 그날 어떤 종류의 오토바이를 빌릴 수 있나요?

A8 당신은/ 고를 수 있습니다/ 하나를/ 이 둘 중에.

첫 번째 것은/ 1,000cc 이하의 Harley Davison이고/ 두 번째 것은/ 250cc 이하의 스쿠터입니다.

You can  .

The first one is a 1,000cc or less Harley Davidson and the second one is a less than 250cc scooter.

Q9 Can you please tell me what kinds of bikes you rent and how much they cost to rent? 어떤 종류의 오토바이들을 빌려 주며 그것들은 빌리는 데 얼마나 하는지 알려 주실래요?

A9 

있습니다/ 네 종류의 오토바이가/ 당신이 빌릴 수 있는.

 you can rent.

첫 번째 것은 1,000cc 이하의 Harley Davison이고/ 그것은 220달러입니다/ 빌리는 데.

The first one is a 1,000cc or less Harley Davidson and

 .

두 번째 것은 1,000cc 이하의 Indian이고/ 그것은 250달러입니다/ 빌리는 데.

The second one is a 1,000cc or less Indian and it costs $250 to rent.

세 번째로/ 우리는 갖고 있습니다/ 1,000cc 이상의 Harley Davison을/ 그리고 그것은 400달러입니다/ 그리고/ 마지막으로/ 250cc 이하의 스쿠터들은/ 75달러입니다/ 빌리는 데.

Third, we have a 1,000cc or over Harley Davidson and it is $400 and finally the less than 250cc scooters are .

.

앞서 주어진 표를 보면서 완성 답변이 저절로 입에서 흘러나올 때까지
훈련 횟수를 기록하면서 낭독 훈련해 보세요. 🎧 **MP3 20-19**(전체) **20-20**(문장)

A7

저희는 Queensland, Brisbane에 있는 13 Main Street에 위치해 있습니다.

☐ We are located at 13 Main Street in Brisbane, Queensland.

A8

이 둘 중에 하나를 고를 수 있습니다.

☐ You can choose between one of these two.

첫 번째 것은 1,000cc 이하의 Harley Davison이고 두 번째 것은 250cc 이하의 스쿠터입니다.

☐ The first one is a 1,000cc or less Harley Davidson and the second one is a less than 250cc scooter.

A9

빌리실 수 있는 네 종류의 오토바이가 있습니다.

☐ There are four types of bikes you can rent.

첫 번째 것은 1,000cc 이하의 Harley Davison이고 그것은 빌리는 데 220달러입니다.

☐ The first one is a 1,000cc or less Harley Davidson and it costs $220 to rent.

두 번째 것은 1,000cc 이하의 Indian이고 그것은 빌리는 데 250달러입니다.

☐ The second one is a 1,000cc or less Indian and it costs $250 to rent.

세 번째로, 우린 1,000cc 이상의 Harley Davison을 갖고 있는데 그것은 400달러이며, 마지막으로 250cc 이하의 스쿠터들은 빌리는 데 75달러입니다.

☐ Third, we have a 1,000cc or over Harley Davidson and it is $400 and finally the less than 250cc scooters are $75 to rent.

VOCA **be located at** ~에 위치하다 **choose** 고르다, 선택하다 **bike** 오토바이(=motorbike, motorcycle) **rent** 빌리다
cost 비용이 (얼마)가 들다 **less** (양, 정도가) 보다 적은

PART 5

PROPOSE A SOLUTION

해결 방안 제시하기

음성 메시지를 듣고 준비 시간 30초 동안 답변 내용을 정리한 후, 정리한 답변을 60초 내에 말해 보는 훈련입니다. 처음에는 주어진 우리말 해결책과 답변 템플릿에 따라 말해 보는 훈련을 해 보고 이 과정이 익숙해지면, 답변 템플릿을 보지 말고 훈련해 보세요.

답변을 하기 전에 반드시 유형을 파악하고 메시지를 남긴 사람의 이름을 기억해야 한다는 것도 명심하세요.

Part 5가 시작되면 전화 메시지가 들립니다. 전화 메시지가 시작되면

❶ 음성 메시지를 남긴 사람의 이름을 기억하도록 합니다.

❷ 문제를 들으면서 어떤 유형의 템플릿을 적용할지 결정하고, 가능하다면 해결 방안도 브레인스토밍 합니다.

❸ 문제를 들을 때 세부적으로 듣는 것도 좋지만 큰 그림을 보도록 노력합니다. 음성 메시지를 남긴 사람의 문제가 무엇인지, 무엇을 원하고 있는지 파악하세요.

다음은 Part 5 시험이 시작될 때 나오는 지시문입니다.

TOEIC Speaking

Question 10: Propose a Solution

Directions: In this part of the test, you will be presented with a problem and asked to propose a solution. You will have 30 seconds to prepare. Then you will have 60 seconds to speak.

In your response, be sure to
- show that you recognize the problem, and
- propose a way of dealing with the problem.

이번 파트에서는 문제 상황과 그 문제 상황에 대한 해결 방안을 제시해야 합니다. 30초의 준비 시간이 주어지며 그 후 60초의 답변 시간이 주어집니다.

답변에는 반드시 문제 상황을 파악하고 있다는 것을 보여준 후, 그 문제 상황에 대한 해결 방안을 제시합니다.

다음을 듣고 화자가 제기하는 문제점을 정리하고 그에 대한 해결 방안을 아래의 빈칸에 써 보세요. 질문에 바로 답하는 것이 어렵다면 다음 페이지의 답변 마법사를 활용해 보세요.

⏱ 준비 시간 **30**초 + 답변 시간 **60**초

전화 음성 메시지 듣기 🎧 MP3 07-05

유형: 조언 or 도움 요청

준비 시간에 해야 할 일

❶ 음성 메시지를 남긴 사람의 이름 기억하기

❷ 들은 음성 메시지의 내용을 바탕으로 문제 상황 정리하기

❸ 문제 상황에 대한 해결 방안 정리하기

문제 상황 정리

💬

해결책 제시

💬 가능한 해결 방안: 직원들에게 노트북을 줘서 더 많은 정보를 볼 수 있게 조치

STEP **2** 답변마법사 **활용하기**

음성 메시지를 듣고, 영어 어순을 그대로 반영한 우리말 문제 상황과 해결 방안을 주어진 패턴을 활용하여 영어로 바꿔 말해 보세요.

헤드셋 표시는 **실제 시험에서는 들려주기만 하는 부분입니다.**

Recorded Voice

Hello. This is Adam Johnson. I am contacting you because I need your advice. As you know, I am a call center manager at SGE Travel Agency. We offer about 50 different traveling packages and a call center operator's job is to handle the questions, regarding travel package products. Since there are so many packages to offer, each employee is trained to specialize in one or two products, so they can provide the right information. However, when a customer reaches the wrong operator, he or she has to wait for a long time to get transferred to the right one. Well, frankly speaking, there have been many complaints concerning this issue. What should I do to solve this problem? I am really desperate. If you have any idea, please call me back at 235-2313. Thanks.

안녕하세요. 저는 Adam Johnson입니다. 당신의 조언이 필요해 연락 드립니다. 아시다시피, 저는 SGE 여행사의 콜 센터 매니저입니다. 우리는 50여 개의 여행 패키지를 제공하고 있고 콜 센터 상담원의 일은 여행 패키지 상품 관련 질문에 응대하는 것입니다. 제공하는 여행 상품이 워낙 많기 때문에, 각 직원은 한두 개 상품에 전문가가 되도록 교육받고 있고, 그래서 그들은 올바른 정보를 제공할 수 있습니다. 하지만, 고객이 엉뚱한 콜 센터 상담원에게 연결될 경우, 담당 상담원에게 연결되려면 오랜 시간 기다려야 합니다. 솔직히 말해 그간 이 문제와 관련된 불평이 많았습니다. 이 문제를 풀려면 어떻게 해야 할까요? 저는 정말 절박합니다. 좋은 아이디어가 있으면 235-2313으로 회답 전화 주세요. 감사합니다.

VOCA **contact** 연락하다 **traveling package** 패키지 여행 상품 **call center operator** 콜센터 상담원 **handle** 다루다 **specialize in** ~을 전문으로 하다 **transfer** 넘겨주다, 이전하다 **complaint** 불만 **concerning** ~에 관한 **desperate** 절박한

- I received a message saying that you have a problem with 명사(구).

  저는 당신의 메시지를 받았습니다/ 말하는/ 당신에게 문제가 있다고/ 고객 불만 사항들과 관련해.

- You said that 주어 + 동사

  당신은 말했습니다/ 고객들이 불평하고 있다고/ 왜냐하면/ 가끔 그들이 기다려야 해서/ 오래/ 통화하기 위해/ 담당 상담원과.

- But don't worry. I have an idea.

  하지만 걱정 마세요./ 제게 아이디어가 있습니다.

- Why don't you ~?

  노트북을 제공하는 게 어떨까요?/ 모든 상담원들에게/ 콜 센터의.

- That way, ~

  그렇게 하면./ 그들은 설명할 수 있습니다/ 더 많은 패키지에 대해/ 왜냐하면/ 정보가/ 그들 앞에 있기 때문에.

완성 답변은 STEP 3 스피킹 체화하기에서 확인하세요!

이번에는 완성 답변이 저절로 입에서 흘러나올 때까지 훈련 횟수를 기록하면서 낭독 훈련해 보세요. MP3 **21-01**(전체) **21-02**(문장)

안녕하세요, Johnson 씨. 저는 Melisa입니다.

☐ Hello, Mr. Johnson. This is Melisa.

문제 상황 정리

저는 당신에게 고객 불만 사항과 관련된 문제가 있다는 메시지를 받았습니다.

☐ I received a message saying that you have a problem with the customer complaints.

고객들이 종종 적절한 상담원과 통화하려면 오래 기다려야 해서 불평하고 있다고요.

☐ You said that the customers are complaining because sometimes they have to wait for a long time to talk to the right operator.

해결책 제시

하지만 걱정 마세요. 제게 아이디어가 있습니다.

☐ But don't worry. I have an idea.

콜센터의 모든 상담원들에게 노트북을 제공하면 어떨까요?

☐ Why don't you provide laptops to all the operators at the call center?

그렇게 하면, 그들은 정보가 그들 앞에 있기 때문에 더 많은 패키지 상품에 대해 설명할 수 있게 될 것입니다.

☐ That way, they will be able to explain about more packages because the information will be in front of them.

이 아이디어가 마음에 드셨으면 좋겠네요.

☐ I hope you are satisfied with this idea.

궁금한 게 더 있으시면, 편할 때 제게 연락 주세요. 안녕히 계세요.

☐ If you have any further questions, please contact me at your convenience. Bye.

VOCA **customer complaints** 고객 불만 사항들 **operator** 상담원 **provide** 제공하다 **laptop** 노트북 **be satisfied with** ~에 만족하다 **further** 그 이상의 **convenience** 편의, 편리

다음을 듣고 화자가 제기하는 문제점을 정리하고 그에 대한 해결 방안을 아래의 빈칸에 써 보세요. 질문에 바로 답하는 것이 어렵다면 다음 페이지의 답변 마법사를 활용해 보세요. ⏱ 준비 시간 **30**초 + 답변 시간 **60**초

전화 음성 메시지 듣기 | 🎧 MP3 08-05

유형: 조언 or 도움 요청

준비 시간에 해야 할 일

❶ 음성 메시지를 남긴 사람의 이름 기억하기

❷ 들은 음성 메시지의 내용을 바탕으로 문제 상황 정리하기

❸ 문제 상황에 대한 해결 방안 정리하기

문제 상황 정리

💬

해결책 제시

💬 가능한 해결 방안: 간단한 면접을 해서 각 매니저가 행사에서 어떤 말을 할지에 대해 알아본다.

음성 메시지를 듣고, 영어 어순을 그대로 반영한 우리말 문제 상황과 해결 방안을 주어진 패턴을 활용하여 영어로 바꿔 말해 보세요.

 헤드셋 표시는 **실제 시험에서는 들려주기만 하는 부분입니다.**

Recorded Voice

Hello, this is Mia Sahito from Spark Sports. As you know, there will be a big ceremony at City Hall regarding the opening of a new elementary school in our local community. Well, our company has decided to donate some sports equipment to this school, such as safety mats, baseball bats, basketballs, you know, things like that. Also, these are worth about $10,000, so the committee gave us a chance to introduce our company and to make an announcement of the event on that day. And I think we have a problem now. The thing is that, I asked the department managers to volunteer and, to my surprise, there are five managers who are interested in this event. It became a big problem for me because they are all good and decent but I just don't know which one is right for this job. Can you please give me some advice on how to choose the right person? Again, this is Mia Sahito and my phone number is 111-2234. Thanks.

안녕하세요. Spark Sports의 Mia Sahito입니다. 아시다시피, 우리 지역에 새로운 초등학교가 개교되는 것과 관련해 시청에서 큰 행사가 있을텐데요. 저희 회사는 그 학교에 약간의 스포츠 용품 그러니까 안전 매트와, 야구 방망이 그리고 농구공 같은 물품들을 기증하기로 결정했습니다. 그리고 이것들은 약 만 달러 정도어치 됩니다. 그래서, 위원회에서 저희에게 그 날 저희 회사를 소개하고 행사를 공표할 기회를 주었습니다. 그런데 문제가 생긴 것 같습니다. 그게 말이죠. 제가 부서 매니저들에게 이 일에 자원 봉사하라고 부탁을 했었는데, 놀랍게도 5명의 매니저가 이 일에 관심을 보이고 있습니다. 제게는 큰 문제가 되어 버렸습니다. 그들은 모두 괜찮고 좋은 사람들이지만 누가 이 일에 적합한지 잘 모르겠거든요. 이 일에 적합한 사람을 어떻게 고를지 조언 좀 해 주시겠어요? 다시 말씀드리지만 저는 Mia Sahito이고 제 전화번호는 111-2234입니다. 감사합니다.

VOCA **ceremony** 의식. 식 **city hall** 시청 **local** 지역의 **community** 지역 사회 **donate** 기부하다. 기증하다 **equipment** 장비, 용품 **safety** 안전 **worth** ~의 가치가 있는[되는] **committee** 위원회 **announcement** 발표, 공표 **department** 부서 **volunteer** 자원하다 **decent** 괜찮은, 제대로 된

- **I received your message saying that you have a problem with 명사(구).**

  저는 받았습니다/ 당신의 메시지를/ 말하고 있는/ 당신에게 문제가 있다고/ 적합한 사람을 결정하는 데/ 행사를 위해서.

- **You said that 주어 + 동사**

  당신은 말했습니다/ 당신은 확실하지 않다고/ 어떤 사람을 선택해야 할지/ 왜냐하면 그들이 모두 좋은 매니저들이기 때문에.

- **But don't worry. I have an idea.**

  하지만 걱정 마세요/ 제게 아이디어가 있습니다.

- **Why don't you~?**

  인터뷰를 하면 어떨까요/ 각각의 사람들과/ 그리고 물어보면/ ~에 관해/ 그들이 어떤 말을 할 건지/ 행사에서.

- **That way, ~**

  그렇게 하면,/ 더 쉬울 거예요/ 당신이/ 결정하기가

완성 답변은 STEP 3 스피킹 체화하기에서 확인하세요!

이번에는 완성 답변이 저절로 입에서 흘러나올 때까지 훈련 횟수를 기록하면서 낭독 훈련해 보세요.　🎧 MP3 21-03 (전체) 21-04 (문장)

안녕하세요, Sahito 씨. Nancy입니다.

☐ **Hello, Ms Sahito. This is Nancy calling.**

문제 상황 정리

행사에 적합한 사람을 결정하는 데 문제가 있다는 당신 메시지를 받았습니다.

☐ **I received your message saying that you have a problem with deciding on the right person for the event.**

모두 좋은 매니저들이라 어떤 매니저를 선택해야 할지 잘 모르시겠다고요.

☐ **You said that you are not sure which one to choose because they are all good managers.**

해결책 제시

하지만 걱정 마세요. 제게 아이디어가 있습니다.

☐ **But don't worry. I have an idea.**

각 매니저와 인터뷰를 해 행사에서 어떤 말을 할 건지 물어 보시면 어떨까요?

☐ **Why don't you interview each of them and ask questions about what they are going to say at the event?**

그렇게 하면, 당신이 결정하기 더 쉬울 거예요.

☐ **That way, it will be easier for you to decide.**

이 아이디어가 마음에 드셨으면 좋겠네요.

☐ I hope you are satisfied with this idea.

궁금한 게 더 있으시면, 편할 때 제게 연락 주세요. 안녕히 계세요.

☐ If you have any further questions, please contact me at your convenience. Bye.

VOCA **event** 행사 **decide** 결정하다 **choose** 택하다, 정하다 **interview** 인터뷰를 하다 **be satisfied with** ~에 만족하다 **further** 더 이상의 **contact** 연락하다

다음을 들고 화자가 제기하는 문제점을 정리하고 그에 대한 해결 방안을 아래의 빈칸에 써 보세요. 질문에 바로 답하는 것이 어렵다면 다음 페이지의 답변 마법사를 활용해 보세요.　준비 시간 **30**초 + 답변 시간 **60**초

전화 음성 메시지 듣기　🎧 MP3 09-05

유형: 조언 요청

준비 시간에 해야 할 일

❶ 음성 메시지를 남긴 사람의 이름 기억하기
❷ 들은 음성 메시지의 내용을 바탕으로 문제 상황 정리하기
❸ 문제 상황에 대한 해결 방안 정리하기

문제 상황 정리

💬

해결책 제시

💬 가능한 해결 방안: 다른 지점에서는 더 큰 차를 원하는 고객이 많아 소형차는 남으므로 서로 맞바꿀 것을 제안

음성 메시지를 듣고, 영어 어순을 그대로 반영한 우리말 문제 상황과 해결 방안을 주어진 패턴을 활용하여 영어로 바꿔 말해 보세요.

🎧 헤드셋 표시는 **실제 시험에서는 들려주기만 하는 부분입니다.**

🎧 Recorded Voice

Hello, this is Brian Stevens, manager of a car rental branch in Southbank. I am really happy to report on our recent sales. Our business in the Southbank area has been great. We have many customers these days and the sales revenue is increasing really fast. But there is a small problem. I am not sure why but nowadays there are many people who want to rent small sized cars. Maybe it is because the school holiday has just ended. Well, I personally had to send 3 or 4 people back this morning because we did not have enough small cars to rent out. I really don't know what to do about this situation and since you are a regional manager, can you please give me advice on how to solve this problem? I am really desperate. Please call me back as soon as possible. Thanks.

안녕하세요. Southbank 렌터카 지점의 매니저 Brian Stevens입니다. 최근 저희 판매에 대해 보고하게 되어 정말 기쁩니다. Southbank 지역에서 저희 사업은 아주 잘 되고 있습니다. 요즘 고객들도 많고 매출 수입이 정말 빠르게 증가하고 있습니다. 하지만 작은 문제가 하나 있네요. 이유는 잘 모르겠지만 요즘 소형차를 렌트하려는 사람들이 많습니다. 아마 학교 방학이 막 끝났기 때문인 것 같아요. 저 개인적으로는 렌트해 줄 소형차가 충분치 않아 오늘 아침 서너 명을 돌려보내야 했습니다. 이 상황에 대해 어떻게 해야 좋을지 정말 모르겠습니다. 당신은 지역 매니저이시니, 이 문제를 어떻게 해결할지 조언해 주실 수 있겠죠? 저는 정말 절박합니다. 가능한 한 빨리 회답 전화 주세요. 감사합니다.

VOCA **car rental** 렌터카 **branch** 지점 **recent** 최근의 **customer** 고객, 손님 **sales revenue** 매출 수입 **increase** 증가하다, 늘다 **nowadays** 요즘에는 **personally** 개인적으로 **situation** 상황 **regional** 지방의, 지역의 **advice** 조언, 충고 **solve** 풀다, 해결하다 **desperate** 절실한

- I received your message saying that you have a problem with 명사(구).

  저는 받았습니다/ 딩신의 메시지를/ ~라는 내용의/ 딩신이 문제를 가지고 있다고/ 충분히 가지고 있지 않은 깃과 관련해/ 소형자들을/ 렌트해 줄/

  당신의 지점에서/ Southbank에 있는.

- You said that 주어 + 동사

  당신은 말했습니다/ 많은 사람들이 있다고/ 원하는/ 렌트하기를/ 소형차들을.

- But don't worry. I have an idea that will help.

  하지만 걱정 마세요./ 제게 아이디어가 있습니다/ 도움이 될.

- What I suggest you do is to 부정사

  제가 당신께 해 보라고 권하는 것은/ 자동차들을 맞바꾸는 것입니다/ 다른 지점과./ 저는 확인했습니다/ 매니저에게/ 다른 지점의/ 그리고/ 그는 내게 말했습니다/ 정반대의 이야기를./ 그들은 갖고 있습니다/ 충분한 수의 소형차를/ 하지만/ 사람들은/ 그 지역의/ 원합니다/ 렌트하기를/ 보다 큰 사이즈의 자동차들을/ 벤과 미니 버스같은.

완성 답변은 **STEP 3** 스피킹 체화하기에서 확인하세요!

이번에는 완성 답변이 저절로 입에서 흘러나올 때까지 훈련 횟수를 기록하면서 낭독 훈련해 보세요. 🎧 MP3 21-05(전체) 21-06(문장)

안녕하세요, Stevens 씨, 지역 매니저 Carl입니다.

☐ **Hello, Mr. Stevens. This is Carl, the regional manager.**

문제 상황 정리

당신의 Southbank 지점에 렌트해 줄 소형차가 충분치 않은 문제가 있다는 당신 메시지를 받았습니다.

☐ **I received your message saying that you have a problem with not having enough small cars to rent out at your branch in Southbank.**

소형차를 렌트하고 싶어하는 사람들이 많다고요.

☐ **You said that there are many people who want to rent small cars.**

해결책 제시

하지만 걱정 마세요. 제게 도움이 될 아이디어가 있습니다.

☐ **But don't worry. I have an idea that will help.**

당신께 해 보라고 권하는 것은 다른 지점과 자동차를 맞바꾸라는 것입니다.

☐ **What I suggest you do is to trade cars with another branch.**

제가 다른 지점 매니저에게 확인했는데, 그는 정반대의 이야기를 하더군요.

☐ **Well, I have checked with a manager from another branch and he told me the opposite story.**

그들은 충분한 수의 소형차를 갖고 있지만, 그 지역 사람들은 밴이나 미니 버스 같은 보다 큰 사이즈의 자동차들을 렌트하기를 원한답니다.

☐ Well, they have enough small cars, but people in that area want to rent bigger sized cars such as vans and minibuses.

이 아이디어가 마음에 드셨으면 좋겠네요.

☐ I hope you are satisfied with this idea.

더 궁금한 게 있으면, 편하실 때 제게 연락 주세요. 안녕히 계세요.

☐ If you have any further questions, please contact me at your convenience. Bye.

VOCA **regional manager** 지역 담당자, 지역 관리자 **receive** 받다 **branch** 지점 **suggest** 제안하다, 권하다 **trade** 교환하다, 맞바꾸다 **opposite** 반대의 **area** 지역

다음을 듣고 화자가 제기하는 문제점을 정리하고 그에 대한 해결 방안을 아래의 빈칸에 써 보세요. 질문에 바로 답하는 것이 어렵다면 다음 페이지의 답변 마법사를 활용해 보세요.　⏱ 준비 시간 **30**초 + 답변 시간 **60**초

전화 음성 메시지 듣기 🎧 MP3 10-05

유형: 조언 or 도움 요청

준비 시간에 해야 할 일

❶ 음성 메시지를 남긴 사람의 이름 기억하기
❷ 들은 음성 메시지의 내용을 바탕으로 문제 상황 정리하기
❸ 문제 상황에 대한 해결 방안 정리하기

문제 상황 정리

💬

해결책 제시

💬 가능한 해결 방안: 연설 전문가의 도움을 받는다.

음성 메시지를 듣고, 영어 어순을 그대로 반영한 우리말 문제 상황과
해결 방안을 주어진 패턴을 활용하여 영어로 바꿔 말해 보세요.

헤드셋 표시는 **실제 시험에서는 들려주기만 하는 부분입니다.**

Recorded Voice

Hello. This is Paula. As you know, I have worked for a major medical company, as a PR manager, for almost a year now. A couple of weeks ago, one of the researchers won an award. He and his team have been working on a project for some years and their hard work finally paid off. And the award committee has asked the team leader to make a speech at the award ceremony. I was really glad to hear the news because it was an excellent opportunity to promote our company, as well. But the problem is that the team leader is too shy to make a speech. Well, we actually had lunch together yesterday and he told me that he was too nervous to make a speech in front of so many people. I tried to convince him but then again, I understand his problem. I feel like there is nothing I can do to make him speak in front of all these people. Do you have any idea on how to make him make a speech at the ceremony? Please call me back with some ideas. Thanks.

안녕하세요, Paula입니다. 당신도 알다시피, 저는 그간 거의 1년 동안 주요 의료 회사에서 PR 매니저로 일해왔습니다. 2주일 전에 연구원 한 명이 상을 받았습니다. 그와 그의 팀이 몇 년 동안 한 프로젝트에 매달려 왔는데, 그들의 노력이 마침내 보상받게 된 것입니다. 그리고 그 대회 위원회에서 팀 리더에게 시상식에서 연설을 해 달라고 요청했습니다. 저는 그 소식을 듣고 아주 기뻤습니다. 왜냐하면 그것은 우리 회사를 홍보할 좋은 기회이기도 했으니까요. 하지만 문제는 그 팀 리더가 연설을 하기에는 너무 부끄러움을 많이 탄다는 것입니다. 우리는 실은 어제 점심을 같이 먹었는데, 그가 그 많은 사람들 앞에서 연설을 한다는 게 너무 신경 쓰인다고 말하더군요. 설득해 보려 했지만, 또 한편으론 그의 문제가 이해는 가더라고요. 제게는 그가 그 많은 사람들 앞에서 연설할 수 있게 할 방법이 전혀 없는 것 같아요. 어떻게 하면 그가 기념식에서 연설을 할 수 있게 할지 아이디어가 없을까요? 아이디어를 가지고 다시 연락 주세요. 감사합니다.

VOCA **major** 주요한, 중대한 **medical** 의학, 의료 **almost** 거의 **researcher** 연구원, 조사원 **award** 상 **speech** 연설, 담화 **glad** 기쁜, 반가운 **opportunity** 기회 **promote** 촉진하다, 홍보하다 **convince** 납득시키다, 확신시키다

완성 답변은 STEP 3 스피킹 체화하기에서 확인하세요!

문제 상황 정리

- I received your message saying that you have a problem with 명사(구).

  저는 받았습니다/ 당신의 메시지를/ ~라는 내용의/ 당신이 문제를 가지고 있다고/ 당신의 연구원들 중 한 명과 관련해.

- You said that 주어 + 동사

  당신은 말했습니다/ 그는 너무 부끄러움을 많이 탄다고/ 연설하기에는/ 기념식에서.

해결책 제시

- But don't worry. I have an idea.

  하지만 걱정 마세요/ 제게 아이디어가 있습니다.

- Why don't you ~?

  ~하는 게 어떨까요?/ 전문가의 도움을 받는 게

이번에는 완성 답변이 저절로 입에서 흘러나올 때까지 훈련 횟수를
기록하면서 낭독 훈련해 보세요.　🎧 MP3 21-07(전체) ● 21-08(문장)

안녕하세요. Paula. Jane이에요.
☐ Hi, Paula. This is Jane.

문제 상황 정리

당신 연구원들 중 한 명에게 문제가 있다는 당신의 메시지를 받았습니다.
☐ I received your message saying that you have a problem with
one of your researchers.

그가 기념식에서 연설을 하기에는 너무 부끄러움을 많이 탄다고요.
☐ You said that he is too shy to make a speech at the ceremony.

해결책 제시

하지만 걱정 마세요. 제게 당신을 도울 아이디어가 있습니다.
☐ But don't worry. I have an idea to help you.

전문가의 도움을 받는 게 어떨까요?.
☐ Why don't you get some professional help?

연설하는 걸 전문으로 하는 사람들이 많다고 알고 있어요.
☐ I know there are many people specializing in making speeches.

관심 있으시다면 그들의 연락처를 드릴 수 있습니다.
☐ I can give you their contact numbers, if you are interested.

이 아이디어가 마음에 드셨으면 좋겠네요.

☐ I hope you are satisfied with this idea.

궁금한 게 더 있으시면, 편할 때 제게 연락 주세요. 안녕히 계세요.

☐ If you have any further questions, please contact me at your convenience. Bye.

VOCA **shy** 수줍음을 많이 타는, 수줍어 하는 **professional** 직업의, 전문적인 **specialize in** ~을 전문으로 다루다
contact number 연락처(전화번호)

다음을 듣고 화자가 제기하는 문제점을 정리하고 그에 대한 해결 방안을 아래의 빈칸에 써 보세요. 질문에 바로 답하는 것이 어렵다면 다음 페이지의 답변 마법사를 활용해 보세요. ⏱ 준비 시간 **30**초 + 답변 시간 **60**초

전화 음성 메시지 듣기 🎧 MP3 11-05

유형: 조언 or 도움 요청

준비 시간에 해야 할 일

❶ 음성 메시지를 남긴 사람의 이름 기억하기
❷ 들은 음성 메시지의 내용을 바탕으로 문제 상황 정리하기
❸ 문제 상황에 대한 해결 방안 정리하기

문제 상황 정리

💬

해결책 제시

💬 가능한 해결 방안: 평일을 위한 특별 이벤트나 메뉴를 새로 내놓음

음성 메시지를 듣고, 영어 어순을 그대로 반영한 우리말 문제 상황과
해결 방안을 주어진 패턴을 활용하여 영어로 바꿔 말해 보세요.

🎧 헤드셋 표시는 **실제 시험에서는 들려주기만 하는 부분입니다.**

🎧 Recorded Voice

Hello. This is Eugene, the owner of the restaurant. I received the sales report for the last 3 months and I think I need your advice on some issues. Well, as you already know, the restaurant is doing quite well during the weekends. I think the new menu is attracting many customers. And I am very satisfied with this result. However, I realize that our weekday sales are actually decreasing. I mean, it is getting worse and I think we need to do something about it as soon as possible. I have been thinking about some ideas but I cannot think of anything useful. Well, since you are the manager of this restaurant, do you have any ideas on how to increase the sales during the week? Well, I am not sure how to put this right but the main reason I hired you was to get help when I face this kind of problem. Again, this is Eugene and please call me back with some good ideas. Thanks.

안녕하세요. 레스토랑 주인인 Eugene입니다. 지난 3개월간의 매출 보고서를 받았는데, 몇몇 문제와 관련해 당신의 조언이 필요한 것 같네요. 당신도 이미 알다시피, 우리 식당은 주말에는 장사가 꽤 잘되고 있습니다. 내 생각엔 새로운 메뉴가 사람들을 끄는 거 같아요. 그리고 저는 이 결과에 아주 만족해하고 있습니다. 하지만, 알고 보니 평일 매출은 사실 줄고 있더군요. 그러니까 제 말은, 이게 점점 악화되고 있어 가능한 한 빨리 이 문제에 대해 뭔가 조치를 취해야 한다고 생각합니다. 몇 가지 아이디어를 생각해 봤지만 도움이 될만한 게 생각나지 않는군요. 당신은 이 레스토랑의 매니저인데, 어떻게 하면 평일 매출을 올릴 수 있을지 아이디어가 없을까요? 어떻게 얘기해야 할지 잘 모르겠지만, 제가 당신을 고용한 주된 이유도 바로 이런 종류의 문제에 처했을 때 도움을 받기 위한 것이었습니다. 다시 말하지만 Eugene입니다. 좋은 아이디어들을 가지고 다시 연락 주세요. 감사합니다.

VOCA **owner** 주인, 소유자 **issue** 문제 **weekend** 주말 **attract** 끌다 **result** 결과 **realize** 깨닫다, 알아차리다
decrease 줄다, 감소하다 **useful** 유용한, 도움이 되는 **hire** 고용하다

훈련북 PART 5

문제 상황 정리

- I received your message saying that you have a problem with 명사(구).

  저는 받았습니다/ 당신의 메시지를/ ~라는 내용의/ 당신에게 문제가 있다는/ 레스토랑의 매출 감소와 관련된.

- You said that 주어 + 동사

  당신은 말했습니다/ 당신은 원한다고/ 제 조언을/ 어떻게 매출을 개선할 것인지에 대해/ 평일에.

해결책 제시

- But don't worry. I have an idea.

  하지만 걱정 마세요./ 제게 아이디어가 있습니다.

- Why don't we ~?

  제공하면 어떨까요/ 스페셜 평일 메뉴를/ 특별 할인 시간과 값싼 점심 메뉴 같은.

- That way, ~

  그렇게 하면,/ 더 많은 사람들이 와서/ 먹어 볼 것입니다/ 우리의 음식을/ 그리고/ 결국엔/ 매출이 증가할 것입니다.

완성 답변은 **STEP 3** 스피킹 체화하기에서 확인하세요!

이번에는 완성 답변이 저절로 입에서 흘러나올 때까지 훈련 횟수를 기록하면서 낭독 훈련해 보세요.   🎧 MP3 21-09 (전체) 21-10 (문장)

안녕하세요, Eugene, 레스토랑 매니저 Sam입니다.

☐ **Hi, Eugene, this is Sam, the manager of the restaurant.**

문제 상황 정리

레스토랑의 매출 감소와 관련해 문제가 있으시다는 메시지 받았습니다.

☐ **I received your message saying that you have a problem with the restaurant's sales decreasing.**

어떻게 평일 매출을 개선할 건지 제 조언을 원하신다고요.

☐ **You said that you want my advice on how to improve sales on weekdays.**

해결책 제시

하지만 걱정 마세요. 제게 아이디어가 있습니다.

☐ **But don't worry. I have an idea.**

특별 할인 시간과 값싼 점심 메뉴 같은 스페셜 평일 메뉴를 제공하면 어떨까요?

☐ **Why don't we offer special weekday menus, such as happy hours and low price lunch menus?**

그렇게 하면, 더 많은 사람들이 와서 우리 음식을 먹어 볼 것이고, 결국엔 매출이 증가할 것입니다.

☐ **That way, more people will come and try our food and eventually the sales will increase.**

이 아이디어가 마음에 드셨으면 좋겠네요.

☐ I hope you are satisfied with this idea.

궁금한 게 더 있으시면, 편할 때 제게 연락 주세요. 안녕히 게세요.

☐ If you have any further questions, please contact me at your convenience. Bye.

VOCA **restaurant** 식당 **improve** 개선하다 **weekday** 평일 **happy hour** 특별 할인 시간 **eventually** 결국, 종내 **increase** 증가하다, 늘다

다음을 들고 화자가 제기하는 문제점을 정리하고 그에 대한 해결 방안을 아래의 빈칸에 써 보세요. 질문에 바로 답하는 것이 어렵다면 다음 페이지의 답변 마법사를 활용해 보세요.

⏱ 준비 시간 **30**초 + 답변 시간 **60**초

전화 음성 메시지 듣기 🔊 MP3 12-05

유형: 조언 or 도움 요청

준비 시간에 해야 할 일

❶ 음성 메시지를 남긴 사람의 이름 기억하기

❷ 들은 음성 메시지의 내용을 바탕으로 문제 상황 정리하기

❸ 문제 상황에 대한 해결 방안 정리하기

문제 상황 정리

💬

해결책 제시

💬 가능한 해결 방안: 건설 하청 업체에 연락해 치우라고 부탁함

음성 메시지를 듣고, 영어 어순을 그대로 반영한 우리말 문제 상황과
해결 방안을 주어진 패턴을 활용하여 영어로 바꿔 말해 보세요.

🎧 헤드셋 표시는 **실제 시험에서는 들려주기만 하는 부분입니다.**

🎧 Recorded Voice

Hello, this is Ben Grey. I am calling you since you are the president of this building's resident committee. Well, it is about the construction material in the parking lot. I know that we recently renovated the parking lot. I think it was finished last week. By the way, it looks much better than before. But I am afraid we have a problem. The problem is that there are still some materials left in the area including boxes, boards and things like that. I think the workers have left them behind. I have been waiting for someone to clean them up but they are still there. I mean, we have many children in this building and they could be dangerous for them and surely they don't look good at all. Please let me know what you are going to do about this. Otherwise I have to raise it as an issue on next residential meeting.

안녕하세요. Ben Grey입니다. 당신이 이 건물 입주자 위원회 위원장이셔서 이렇게 연락 드립니다. 음, 주차장에 있는 건축 자재에 대한 건데요. 최근에 주차장을 개조했다는 건 알고 있습니다. 그게 지난 주에 끝난 걸로 알고 있고요. 그런데 주차장이 전보다 훨씬 보기 좋더군요. 하지만 문제가 있는 것 같네요. 문제는 그 지역에 아직 박스나 판자 같은 자재들이 있다는 것입니다. 제 생각에 인부들이 남겨놓고 간 거 같습니다. 누군가가 치우기를 기다렸지만, 그것들이 아직 거기 있네요. 제 말은, 이 건물에는 아이들이 많아 그게 그 아이들에게 위험할 수도 있다는 겁니다. 그리고 확실히 전혀 좋아 보이지도 않고요. 이 일에 대해 어떻게 하실 건지 알려 주세요. 그렇지 않으면 다음 입주자 모임에서 문제로 제기할 수밖에 없겠죠.

VOCA   **resident** 거주자, 주민   **committee** 위원회   **construction material** 건축 자재   **renovate** 개조하다, 보수하다
worker 인부   **behind** 뒤에   **dangerous** 위험한   **surely** 확실히, 분명히   **otherwise** 그렇지 않으면   **raise** 제기하다

문제 상황 정리

- I received your message saying that you have a problem with 명사(구).

  저는 받았습니다/ 당신의 메시지를/ 말하고 있는/ 당신에게 문제가 있다고/ 건축 자재들과 관련해/ 주차장에 남아 있는.

- You said that 주어 + 동사

  당신은 말했습니다/ 아무도 치우지 않는다고/ 그것들을.

해결책 제시

- I would like to apologize for any inconvenience this has caused.

  사과 드리고 싶습니다/ 어떤 불편에 대해서라도/ 이로 인해 생긴.

- I am not sure what caused the problem but the good news is that 주어 + 동사

  확실하지 않습니다/ 왜 이런 문제가 생겼는지/ 하지만 좋은 소식은/ 제가 방금 통화했는데/ 건설 하청업자와/ 그가 말했습니다/ 제게/ 그들이 와서/ 치울 거라고/ 그것들을/ 오늘 안에.

이번에는 완성 답변이 저절로 입에서 흘러나올 때까지 훈련 횟수를 기록하면서 낭독 훈련해 보세요.   🎧 MP3 21-11 (전체) **21-12** (문장)

안녕하세요, Grey 씨. Joanne입니다

☐ Hello, Mr. Grey. It is Joanne calling.

문제 상황 정리

주차장에 남아 있는 건축 자재와 관련해 문제가 있으시다는 메시지를 받았습니다.

☐ I have received your message saying that you have a problem with construction material left in the parking lot.

아무도 그것들을 치우지 않는다고요.

☐ You said that no one is cleaning them up.

해결책 제시

이로 인해 생긴 불편에 대해 사과 드리고 싶습니다.

☐ I would like to apologize for any inconvenience this has caused.

왜 이런 문제가 생겼는지 확실치는 않지만, 좋은 소식은 제가 방금 건설 하청업자와 통화했는데 그들이 오늘 와서 그것들을 오늘 안에 치우겠다고 말했다는 것입니다.

☐ I am not sure what caused the problem, but the good news is that I just spoke to the building contractor and he told me that they will come and clean them up by the end of the day.

이 상황이 마음에 드셨으면 좋겠네요.

☐ I hope you are satisfied with this situation.

궁금한 게 더 있으시면, 편할 때 제게 연락 주세요. 안녕히 계세요.

☐ If you have any further questions, please contact me at your convenience. Bye.

VOCA **parking lot** 주차장 **clean up** 치우다, 청소하다 **apologize** 사과하다 **cause** 야기하다, 일으키다
building contractor 건축 하청업자[도급업자] **situation** 상황

다음을 듣고 화자가 제기하는 문제점을 정리하고 그에 대한 해결 방안을 아래의 빈칸에 써 보세요. 질문에 바로 답하는 것이 어렵다면 다음 페이지의 답변 마법사를 활용해 보세요.

⏱ 준비 시간 **30**초 + 답변 시간 **60**초

전화 음성 메시지 듣기 🎧 MP3 13-05

유형: 조언 or 도움 요청

준비 시간에 해야 할 일

❶ 음성 메시지를 남긴 사람의 이름 기억하기
❷ 들은 음성 메시지의 내용을 바탕으로 문제 상황 정리하기
❸ 문제 상황에 대한 해결 방안 정리하기

문제 상황 정리

💬

해결책 제시

💬 가능한 해결 방안: 수영장 옆에 바를 차린다.

음성 메시지를 듣고, 영어 어순을 그대로 반영한 우리말 문제 상황과
해결 방안을 주어진 패턴을 활용하여 영어로 바꿔 말해 보세요.

🎧 헤드셋 표시는 **실제 시험에서는 들려주기만 하는 부분입니다.**

🎧 Recorded Voice

Hi, this is June. As you know, I have been working as a food and beverage manager for almost 5 months now and I think I am facing my first major problem as a manager. There was an old pool at our hotel and I thought that if we did some work on it, it could possibly attract more guests to the hotel. So I decided to renovate the pool area and it looks beautiful now. Well, I have to say that it seems like the guests love it, too. Well, the problem is that I thought it would create a huge turnover for our hotel, but the number of guests does not meet our expectations. As I said, the pool looks beautiful and people like it but I am not sure what is missing. I really don't see anything wrong. Could you please help me solve this problem? Please call me back with some advice. Bye.

안녕하세요, June입니다. 당신도 알다시피, 제가 지금 식음료 담당 매니저로 일한 지도 거의 5주가 되었는데요 제 생각에 저는 지금 매니저로서 첫 번째 큰 문제에 직면한 듯합니다. 우리 호텔에는 오래된 수영장이 있었습니다. 조금만 손을 본다면 호텔에 더 많은 고객들을 끌어올 수 있다고 생각했었죠. 그래서 수영장을 개조하기로 결정했고, 지금은 아름답게 보입니다. 고객들 또한 좋아하는 거 같아 보이고요. 문제는, 이것이 우리 호텔에 아주 큰 매출을 창출해줄 거라고 생각했는데 고객 수가 우리 기대에 미치질 못합니다. 제가 말씀 드렸듯이, 수영장은 아름다워 보이고 사람들도 좋아하는데 뭐가 빠져 있는지 잘 모르겠네요. 뭐가 문제인지 저는 정말 모르겠어요. 이 문제를 해결할 수 있게 도와주실 수 있나요? 조언을 가지고 회답 전화 주십시오. 안녕히 계세요.

VOCA   **food and beverage** 식음료   **face** 직면하다, 마주하다   **possibly** 아마   **attract** 끌다, 모으다   **guest** 손님, 고객
renovate 개조[보수]하다   **turnover** 매출(액)   **expectation** 기대   **missing** 빠진, 누락된

- I received your message saying that you have a problem with 명사(구).

  저는 받았습니다/ 당신의 메시지를/ ~라는 내용의/ 당신에게 문제가 있다고/ 호텔 고객 수와 관련해.

- You said that 주어 + 동사

  당신은 말했습니다/ 고객 수가/ 미치질 못한다고/ 당신 기대에/ 수영장을 개조한 후에도.

- But don't worry. I have an idea.

  하지만 걱정 마세요./ 제게 아이디어가 있습니다.

- Why don't you~?

  바를 차리면 어떨까요/ 수영장 옆에?/ 그러면/ 어른들은 즐길 수 있습니다/ 술을/ 지켜보면서/ 자기 아이들을/ 놀고 있는/ 수영장 안에서.

- That way, ~

  그렇게 하면./ 새로운 수영장은 재미있는 장소가 될 것입니다/ 아이들과 어른들 모두에게.

완성 답변은 STEP 3 스피킹 체화하기에서 확인하세요!

이번에는 완성 답변이 저절로 입에서 흘러나올 때까지 훈련 횟수를 기록하면서 낭독 훈련해 보세요.   🎧 MP3 21-13(전체) 21-14(문장)

안녕하세요. June. Choi입니다.
☐ **Hi, June. This is Choi.**

문제 상황 정리

호텔 고객 수와 관련해 문제가 있으시다는 메시지를 받았습니다.
☐ **I received your message saying that you have a problem with the number of hotel guests.**

수영장을 개조한 후에도 고객 수가 기대에 못 미친다고요.
☐ **You said that** the number of guests does not meet your expectations after renovating the pool area**.**

당신이 어찌할 수 있는 상황이 아닌 것 같네요.
☐ **It seems like the situation is out of your control.**

해결책 제시

하지만 걱정 마세요. 제게 아이디어가 있습니다.
☐ **But don't worry. I have an idea.**

수영장 옆에 바를 차려보면 어떨까요?
☐ **Why don't you** set a bar next to the pool area**?**

그러면 어른들은 자기 아이들이 수영장에서 노는 걸 지켜보며 술을 즐길 수 있을 텐데요.

☐ So, the adults can enjoy some drinks while supervising their children playing in the pool.

그렇게 하면, 새로운 수영장은 아이들과 어른들 모두에게 재미있는 장소가 될 것입니다.

☐ That way, the new pool will be fun for both children and adults.

이 아이디어가 마음에 드셨으면 좋겠네요.

☐ I hope you are satisfied with this idea.

궁금한 게 더 있으시면, 편할 때 제게 연락 주세요. 안녕히 계세요.

☐ If you have any further questions, please contact me at your convenience. Bye.

VOCA **pool** 수영장 **out of control** 통제 밖인, 통제 불능인 **adult** 어른, 성인 **enjoy** 즐기다 **supervise** 감독하다, 관리하다 **play** 놀다 **both** 둘 다

다음을 듣고 화자가 제기하는 문제점을 정리하고 그에 대한 해결 방안을 아래의 빈칸에 써 보세요. 질문에 바로 답하는 것이 어렵다면 다음 페이지의 답변 마법사를 활용해 보세요.

준비 시간 **30**초 + 답변 시간 **60**초

전화 음성 메시지 듣기 (↑) MP3 14-05

유형: 도움 요청

준비 시간에 해야 할 일

❶ 음성 메시지를 남긴 사람의 이름 기억하기
❷ 들은 음성 메시지의 내용을 바탕으로 문제 상황 정리하기
❸ 문제 상황에 대한 해결 방안 정리하기

문제 상황 정리

해결책 제시

💬 가능한 해결 방안: 설문지를 만들어 이직 이유와 예방책을 찾도록 함

음성 메시지를 듣고, 영어 어순을 그대로 반영한 우리말 문제 상황과
해결 방안을 주어진 패턴을 활용하여 영어로 바꿔 말해 보세요.

🎧 헤드셋 표시는 **실제 시험에서는 들려주기만 하는 부분입니다.**

🎧 Recorded Voice

Hello, this is Gina calling. I am calling you because I have a problem and I think I could use your help. You know, there are many people who want to work for our company. I mean, this company is one of the best IT companies in this country. As you can imagine, I am very proud to be a part of this organization. But the thing is that I received a report from the HR department and to my surprise the staff turnover rate has been increasing for the last 3 years. And even worse, it is not just my department. It is happening in all the departments. It is just shocking news. Well, people seem happy working here and I have not heard many complaints around me. I tried to figure out what caused this problem, but then I thought it would be better to think about how to prevent this. Um... I just don't know what to do here. Can you please help me solve the problem?

안녕하세요. Gina입니다. 제게 문제가 있는데 당신 도움을 활용할 수 있을 것 같아 연락 드립니다. 아시다시피. 우리 회사에서 일하고 싶어하는 사람은 많습니다. 제 말은. 이 회사는 우리나라 최고의 IT 회사들 중 하나라는 거죠. 상상하실 수 있겠지만. 저는 이 회사의 일원이라는 것이 자랑스럽습니다. 그런데 얼마 전에 제가 HR 부서에서 보고서를 하나 받았는데. 놀랍게도 지난 3년 동안 이직률이 증가해왔더군요. 더 심각한 것은 이게 우리 부서만의 일이 아니라는 것입니다. 모든 부서에서 일어나고 있는 일이더군요. 정말 충격적인 소식입니다. 사람들은 여기서 일하는 것을 행복해 하는 것 같고 또 저는 그간 제 주변에서 그리 많은 불평도 듣지 못했습니다. 왜 이런 문제가 일어나는지 알아내려 하다가. 이 일을 예방할 방법에 대해 생각하는 게 더 나을 거라고 생각했습니다. 정말 어찌해야 할지 모르겠네요. 이 문제를 해결할 수 있게 도와주실 수 있나요?

VOCA **work for** ~에 근무하다 **IT** 정보 기술(=information technology) **country** 나라 **imagine** 상상하다 **organization** 조직, 단체 **complaint** 불편, 항의 **figure out** 계산해 내다; 생각해 내다 **prevent** 예방하다, 막다

- **I received your message saying that you have a problem with 명사(구).**

  저는 받았습니다/ 당신의 메시지를/ ~라는 내용의/ 당신에게 문제가 있다는/ 직원 이직률과 관련해/ 이 회사의.

- **You said that 주어 + 동사**

  당신은 말했습니다/ 당신은 내게 원한다고/ 도와 주기를/ 해결하는 것을/ 그 문제를.

- **But don't worry. I have an idea.**

  하지만 걱정 마세요./ 제게 아이디어가 있습니다.

- **It will be no problem for me to 부정사**

  제가 기꺼이 설문지를 만들겠습니다/ 관련된/ 직업 만족도 및 우리 근무 환경 문제들과/ 그리고 알아내겠습니다/ 직원들이 정말 어떻게 생각하는지/

  우리 회사에 대해.

- **That way, ~**

  그렇게 하면./ 우리는 알 수 있을 것입니다/ 무엇이 초래했는지/ 이직을/ 그리고/ 어떻게 그것을 예방할 건지를.

완성 답변은 STEP 3 스피킹 체화하기에서 확인하세요!

이번에는 완성 답변이 저절로 입에서 흘러나올 때까지 훈련 횟수를 기록하면서 낭독 훈련해 보세요.   MP3 21-15(전체) 21-16(문장)

안녕하세요, Gina. Brad입니다.
☐ **Hi, Gina. This is Brad.**

문제 상황 정리

우리 회사의 직원 이직률과 관련해 문제가 있으시다는 메시지를 받았습니다.
☐ **I received your message saying that you have a problem with** the staff turnover rate of our company.

그 문제를 해결하시는 데 도움을 줬으면 하신다고요.
☐ **You said that** you want me to help you solve the problem.

해결책 제시

하지만 걱정 마세요. 제게 아이디어가 있습니다.
☐ **But don't worry. I have an idea.**

제가 기꺼이 직업 만족도 및 우리 근무 환경 문제들과 관련된 설문지를 만들어 직원들이 실제 우리 회사에 대해 어떻게 생각하고 있는지 알아보겠습니다.
☐ **It will be no problem for me to** make questionnaires related to job satisfaction and our work environment issues and find out what people really think about our company.

그렇게 하면, 무엇이 이직을 초래했고 어떻게 그것을 예방할 건지를 알 수 있을 겁니다.
☐ **That way,** we can find what caused the turnover and how to prevent it.

이 아이디어가 마음에 드셨으면 좋겠네요.

☐ I hope you are satisfied with this idea.

궁금한 게 더 있으시면, 편할 때 제게 연락 주세요. 안녕히 계세요.

☐ If you have any further questions, please contact me at your convenience. Bye.

VOCA **turnover rate** 이직율 **questionnaire** 질문서, 설문지 **related to** ~와 관련된 **satisfaction** 만족(도)
environment 환경 **prevent** 예방하다

다음을 듣고 화자가 제기하는 문제점을 정리하고 그에 대한 해결 방안을 아래의 빈칸에 써 보세요. 질문에 바로 답하는 것이 어렵다면 다음 페이지의 답변 마법사를 활용해 보세요. ⏱ 준비 시간 **30**초 + 답변 시간 **60**초

전화 음성 메시지 듣기 🎧 MP3 15-05

유형: 도움 요청

준비 시간에 해야 할 일

❶ 음성 메시지를 남긴 사람의 이름 기억하기
❷ 들은 음성 메시지의 내용을 바탕으로 문제 상황 정리하기
❸ 문제 상황에 대한 해결 방안 정리하기

문제 상황 정리

💬

해결책 제시

💬 가능한 해결 방안: 잘 아는 밴드 매니저를 소개시켜 줌

음성 메시지를 듣고, 영어 어순을 그대로 반영한 우리말 문제 상황과
해결 방안을 주어진 패턴을 활용하여 영어로 바꿔 말해 보세요.

🎧 헤드셋 표시는 **실제 시험에서는 들려주기만 하는 부분입니다.**

🎧 Recorded Voice

Hi, this is Avon Smith. Well, you heard about the big event the day after tomorrow? It is a kind of "Thanksgiving Dinner Party" and we are going to invite our loyal customers and their families to the event. As an event committee member, my job is to find bands and catering services for this party. Everything went well until one of the band's managers called me last night. You know there was heavy rain in the South. The band manager told me that it is impossible for them to come and perform here because the rain stopped the entire airway, and even worse, their musical equipment is damaged. You see, it is too late to book another band but since you know some people in the music industry, I thought you might be able to help me.

안녕하세요. Avon Smith입니다. 모레의 큰 행사에 대해 들으셨죠? 일종의 '추수감사절 디너 파티'로, 우리는 그 행사에 우리의 단골 고객과 그들의 가족들을 초대할 것입니다. 행사 위원회 위원으로서 제 일은 파티를 위한 음악 밴드와 출장 연회 서비스를 찾는 것입니다. 어젯밤 그 밴드 매니저 중 한 사람이 전화하기 전까지는 모든 게 순조로웠습니다. 아시다시피, 남쪽에 폭우가 왔었는데요. 그 밴드 매니저는 자신들이 여기 와 연주를 하는 게 불가능하다고 했습니다. 비 때문에 정기 항공로가 다 끊겼고, 설상가상으로 그들의 음악 장비들도 망가졌기 때문입니다. 다른 밴드를 예약하기에는 너무 늦었지만, 당신이 음악계에 아는 사람들이 좀 있으니 저를 도와줄 수도 있을 거라고 생각했습니다.

VOCA **event** 사건, 일, 행사 **the day after tomorrow** 모레 **invite** 초대하다 **loyal customer** 단골 고객
catering service 출장 연회 서비스 **impossible** 불가능한 **entire** 전체의, 온 **airway** 정기 항공로 **book** 예약하다
music industry 음악계, 음악 산업

- I received your message saying that you have a problem with 명사(구).

  저는 받았습니다/ 당신의 메시지를/ ~라는 내용의/ 당신에게 문제가 있다고/ 찾는 데/ 대체 밴드를.

- You said that 주어 + 동사

  당신은 말했습니다/ 밴드가/ 오지 못한다고/ 파티에/ 안 좋은 날씨 상황 때문에/ 남부 지방의.

- It seems like the situation is out of your control, but don't worry. I have an idea.

  같아 보이는군요/ 상황이 당신이 어찌할 수 없는 것/ 하지만 걱정 마세요./ 제게 아이디어가 있습니다.

- It will be no problem for me to 부정사

  제가/ 기꺼이 전화하겠습니다/ 친구인 Jenny에게./ 그녀는/ 아주 유명한 밴드 매니저이며/ 저는 확신합니다/ 그녀가 해결할 수 있다고/ 이 문제를.

완성 답변은 STEP 3 스피킹 체화하기에서 확인하세요!

이번에는 완성 답변이 저절로 입에서 흘러나올 때까지 훈련 횟수를 기록하면서 낭독 훈련해 보세요. 🎧 MP3 21-17(전체) 21-18(문장)

안녕하세요, Smith 씨. Sean입니다.

☐ Hello, Ms Smith. This is Sean.

문제 상황 정리

대체 밴드를 찾는 것과 관련해 문제가 있으시다는 메시지를 받았습니다.

☐ I received your message saying that you have a problem with finding a replacement band.

남부 지방의 악천후 때문에 밴드가 파티에 올 수 없게 됐다고요.

☐ You said that the band cannot make it to the party because of the bad weather conditions in the South.

해결책 제시

상황이 당신이 어찌할 수 없는 것 같아 보이는군요. 하지만 걱정 마세요. 제게 아이디어가 있습니다.

☐ It seems like the situation is out of your control, but don't worry. I have an idea.

제가 기꺼이 제 친구 Jenny에게 연락하겠습니다.

☐ It will be no problem for me to call my friend, Jenny.

그녀는 아주 유명한 밴드 매니저이며, 저는 그녀가 이 문제를 해결할 수 있다고 확신합니다.

☐ She is a very well-known band manager and I'm sure she can fix this problem.

이 아이디어가 마음에 드셨으면 좋겠네요.

☐ I hope you are satisfied with this idea.

궁금한 게 더 있으시면, 편할 때 제게 연락 주세요. 안녕히 계세요.

☐ If you have any further questions, please contact me at your convenience. Bye.

VOCA **replacement** 교체, 대체 **make it to** ~에 도착하다 **weather condition** 날씨 상황 **well-known** 잘 알려진, 유명한
fix 고치다; 해결하다

다음을 듣고 화자가 제기하는 문제점을 정리하고 그에 대한 해결 방안을 아래의 빈칸에 써 보세요. 질문에 바로 답하는 것이 어렵다면 다음 페이지의 답변 마법사를 활용해 보세요. ⏱ 준비 시간 **30**초 + 답변 시간 **60**초

전화 음성 메시지 듣기 | 🎧 MP3 16-05

유형: 조언 or 도움 요청

준비 시간에 해야 할 일

❶ 음성 메시지를 남긴 사람의 이름 기억하기
❷ 들은 음성 메시지의 내용을 바탕으로 문제 상황 정리하기
❸ 문제 상황에 대한 해결 방안 정리하기

문제 상황 정리

💬

해결책 제시

💬 가능한 해결 방안: 자신이 직접 취업 박람회에 가서 도움을 줌

음성 메시지를 듣고, 영어 어순을 그대로 반영한 우리말 문제 상황과 해결 방안을 주어진 패턴을 활용하여 영어로 바꿔 말해 보세요.

🎧 헤드셋 표시는 **실제 시험에서는 들려주기만 하는 부분입니다.**

🎧 Recorded Voice

Hi, this is Julian. As you know, Monica and I are supposed to attend a job fair. And we believe it is a good opportunity for our company to find qualified candidates. But I'm afraid we have a problem. Monica got really sick. You know, she has been away from her hometown and family and she hasn't been feeling well recently. I don't think she can make it to the job fair. Well, I really believe we need two people there. One person should stay at the information booth while the other is interviewing candidates. Of course, I called many people for help but none of them are available that day. It really means a lot for the company and I'm sure no one wants to miss this opportunity. What should I do about this situation? Please call me with your idea ASAP. Thanks.

안녕하세요. Julian입니다. 아시다시피, Monica와 저는 취업 박람회에 참석하기로 되어 있습니다. 그리고 우리는 이것이 우리 회사가 유능한 지원자들을 찾을 수 있는 좋은 기회라고 믿습니다. 그런데 안타깝게도 문제가 생겼네요. Monica가 많이 아픕니다. 그녀는 고향과 가족으로부터 떨어져 지내왔는데, 최근에 몸 상태가 별로 안 좋았습니다. 제 생각에 그녀는 이번 취업 박람회에 갈 수 없을 거 같아요. 저는 취업 박람회에 꼭 두 명이 필요하다고 생각합니다. 다른 한 사람이 지원자 면접을 보는 동안 한 사람은 안내소에 있어야 하거든요. 물론 도움을 청하려고 많은 사람들에게 전화했지만, 그날 시간이 나는 사람이 없더라고요. 회사 입장에서 이 일은 아주 중요한 일이어서, 그 누구도 이번 기회를 놓치고 싶어하지 않을 거라고 생각합니다. 이 상황에 대해 제가 어떻게 해야 할까요? 가능한 한 빨리 아이디어를 가지고 연락 주세요. 감사합니다.

VOCA **be supposed to** ~하기로 되어 있다 **job fair** 취업 박람회 **qualified** 자격이 있는 **candidate** 후보자, 지원자 **away** 떨어져 **believe** 믿다, 생각하다 **information booth** 안내소 **available** 시간 여유가 있는 **miss** 놓치다

문제 상황 정리

- **I received your message saying that you have a problem with 명사(구).**

  저는 받았습니다/ 당신의 메시지를/ ～라는 내용의/ 당신에게 문제가 있다고/ 찾는 데/ 대체자를.

- **You said that 주어 + 동사**

  당신은 말했습니다/ 당신의 동료 Monica가 아프다고/ 그래서/ 그녀가 갈 수 없다고/ 취업 박람회에/ 그래서/ 당신은 찾고 있다고/ 누군가를/ 그녀를 대신할.

해결책 제시

- **But don't worry. I have an idea that will help.**

  하지만 걱정 마세요/ 제게 아이디어가 있습니다/ 도움이 될.

- **It will be no problem for me to 부정사**

  아무 문제 없을 겁니다/ 저에게/ 가는 것이/ 취업 박람회에/ 그리고/ 돕는 것이/ 당신을/ 왜냐하면/ 저는 그리 바쁘지 않으니까요/ 이달에.

- **That way, ~**

  그렇게 하면./ 당신은 진행할 수 있습니다/ 면접을/ 제가 머무는 동안에/ 안내소에.

완성 답변은 STEP 3 스피킹 체화하기에서 확인하세요!

이번에는 완성 답변이 저절로 입에서 흘러나올 때까지 훈련 횟수를
기록하면서 낭독 훈련해 보세요.   🎧 MP3 21-19(전체) **21-20**(문장)

안녕하세요, Julian, MJ입니다.
☐ Hi, Julian. This is MJ.

문제 상황 정리

대체자를 찾는 데 문제가 있다는 당신 메시지를 받았습니다.
☐ I received your message saying that you have a problem with finding a replacement.

당신 동료인 Monica가 아파서 취업 박람회에 갈 수 없게 되어, 그녀를 대신할 누군가를 찾고 있다고요.
☐ You said that your coworker Monica got sick and she cannot make it to the job fair and you are looking for someone to take her place.

해결책 제시

하지만 걱정 마세요. 제게 도움이 될 아이디어가 있으니까요.
☐ But don't worry. I have an idea that will help.

제가 이달에 그리 바쁘지 않기 때문에, 취업 박람회에 가서 당신을 돕는 건 전혀 문제 없습니다.
☐ It will be no problem for me to go to the job fair and help you because I am not that busy this month.

그렇게 하면, 제가 안내소에 있는 동안 당신은 면접을 진행할 수 있을 것입니다.
☐ That way, you can progress the interview while I stay at the information booth.

이 아이디어가 마음에 드셨으면 좋겠네요.

☐ I hope you are satisfied with this idea.

궁금한 게 더 있으시면, 편할 때 제게 연락 주세요. 안녕히 계세요.

☐ If you have any further questions, please contact me at your convenience. Bye.

VOCA   **replacement** 대체자, 후임   **coworker** 함께 일하는 사람, 동료   **take one's place** ~를 대신하다   **progress** 진행하다

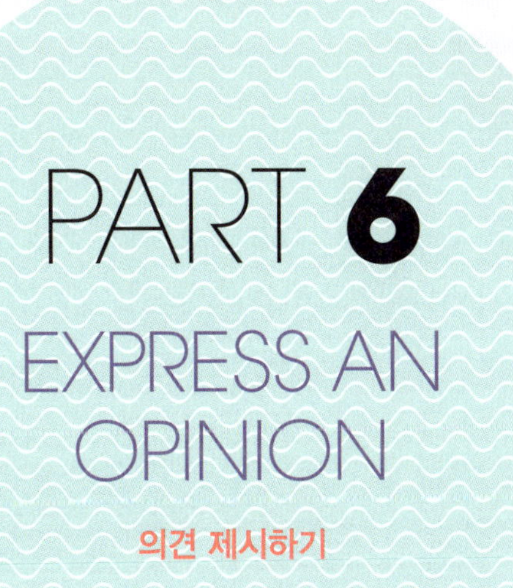

자신의 의견을 영어로 바로 말하기가 힘들다면, 생각한 이유와 근거를 써 보는 것도 좋은 훈련 방법입니다. 답변의 이유와 근거를 생각해 내 간단히 써서 외운 후, 답변 시간 60초 안에 답변을 말해 보세요. 단, 쓰고 나서 보고 읽는 게 아니라 외워서 말하는 습관을 길러야 하며, 준비 시간과 답변 시간을 준수하는 훈련도 해야 합니다. 이 과정이 쉽다고 느껴지면 쓰지 않고 15초 내에 바로 자신의 의견에 대해 두 가지 이상의 이유와 근거를 생각해내는 훈련을 해 보세요.

문제가 화면에 뜨면

❶ Part 6의 11번 문제는 화면에 제시됩니다. 문제를 귀로 들으려 하지 말고 재빨리 눈으로 읽으며 해석합니다. 비록 짧은 시간이지만 눈으로 읽어 직접 해석하면 시간을 아낄 수 있습니다.

❷ 준비 시간 안에 재빨리 어떤 답변을 할 것인지 생각합니다. 이때 가급적이면 영어로 답변하기 쉽고 예시를 들기 쉬운 답변을 선택합니다.

❸ 이유와 근거를 댈 때에는 자신의 이야기를 하는 게 좋습니다. 대부분의 사람들은 영어로 말할 때에도 자신의 이야기에 긴장을 덜 합니다. 그러니, 답변의 근거나 이유를 댈 때 주어를 I 또는 My ~로 시작해 보세요.

다음은 Part 6 시험이 시작될 때 나오는 지시문입니다.

TOEIC Speaking

Question 11: Express an Opinion

Directions: In this part of the test, you will give your opinion about a specific topic. Be sure to say as much as you can in the time allowed. You will have 15 seconds to prepare. Then you will have 60 seconds to speak.

이번 파트에서는 구체적인 주제에 대해 여러분의 의견을 말해야 합니다. 주어진 시간 안에 가능한 한 많은 내용을 말해야 합니다. 15초의 준비 시간이 주어지며 60초의 답변 시간이 주어집니다.

다음 주어진 질문에 대해 자신의 생각을 조리 있게 영어로 말하세요.
바로 영어로 말하는 것이 어렵다면 다음 페이지의 답변 마법사를 활용해 보세요.

⏱ 준비 시간 15초 + 답변 시간 60초 🔊 MP3 07-06

유형: 찬성/반대

> Q Do you agree or disagree with the following statement?
> *Nowadays, people need to work harder to be successful than they did before.*
> Give specific reasons and examples to support your opinion.

준비 시간에 해야 할 일

❶ 주제를 파악하고 자신의 찬성 또는 반대 입장 결정
❷ 그에 대한 근거와 이유를 브레인스토밍

| 도입 | 질문에 대한 답변 |

| 본론 |

이유 ❶

근거

이유 ❷

| 마무리 | 도입 반복 또는 도입 paraphrasing |

아래 구성에 맞추어 영어 어순을 그대로 반영한 우리말 답변을 영어로
바꾸어 말해 보세요.

 Do you agree or disagree with the following statement?
*Nowadays, people need to work harder to be successful than
they did before.*
Give specific reasons and examples to support your opinion.

당신은 다음 의견에 동의합니까, 반대합니까?

요즘에는 사람들이 성공하기 위해 예전보다 더 열심히 일해야 한다.

당신의 의견을 뒷받침할 구체적인 이유와 예시를 들어 답변하세요.

 **찬반 답변**

저는 동의합니다/ 이 의견에/ 요즘에는 사람들이 더 열심히 일해야 한다는/ 성공하기 위해/ 예전에 했던 것보다 더.

💬 **I agree with this statement that ~**

본론 만들기

이유 ❶: 첫 번째 이유는/ 더 많은 경쟁이 있기 때문입니다/ 요즘에는.

💬 **The first reason is that 주어＋동사**

근거: 예를 들어/ 기술 발전 때문에/ 사람들은 경쟁할 필요가 있습니다/ 다른 사람들과/ 직업을 갖거나/ 그들의 업무를 하기 위해/ 잘.

💬 **For example, ~**

이유 ❷: 두 번째 이유는/ 사람들은 더 많이 일할 필요가 있습니다/ 성공하기 위해/ 왜냐하면/ 더 많은 커뮤니케이션 도구가 있기 때문입니다/ 평가하는/ 개개인의 근무 실적을.

💬 The second reason is that 주어 + 동사

마무리

그래서,/ 저는 동의합니다/ 이 의견에.

💬 Therefore, ~

완성 답변은 STEP 3 스피킹 체화하기에서 확인하세요!

이번에는 완성 답변이 저절로 입에서 흘러나올 때까지 훈련 횟수를 기록하면서 낭독 훈련해 보세요.   🔊 MP3 22-01 (전체) **22-02** (문장)

저는 요즘에는 사람들이 성공하기 위해 예전보다 더 열심히 일해야 한다는 이 의견에 동의합니다

☐ I agree with this statement that "Nowadays, people need to work harder to be more successful than they did before."

그리고 거기에는 몇 가지 이유가 있습니다.

☐ And there are some reasons.

첫 번째 이유는, 요즘에는 더 많은 경쟁이 있기 때문입니다.

☐ The first reason is that there is more competition these days.

예를 들어, 기술 발전 때문에, 사람들은 직업을 갖거나 또는 업무를 잘 하기 위해 다른 사람들과 경쟁해야 합니다.

☐ For example, due to technological development, people need to compete with others to get a job or to do their jobs well.

두 번째 이유는, 개개인의 근무 실적을 평가하는 커뮤니케이션 도구가 더 많아져, 사람들은 성공하기 위해 더 많이 일해야 하기 때문입니다.

☐ The second reason is that people need to work more to be successful because there are more communication tools that monitor individuals' work performance.

그래서, 저는 이 의견에 동의합니다.

☐ Therefore, I agree with this statement.

VOCA **nowadays** 요즘에는 **competition** 경쟁 **these days** 요즘에는 **due to** ~ 때문에 **compete** 경쟁하다 **monitor** 감시[감시]하다 **work performance** 근무 실적

다음 주어진 질문에 대해 자신의 생각을 조리 있게 영어로 말하세요.
바로 영어로 말하는 것이 어렵다면 다음 페이지의 답변 마법사를 활용해 보세요.

준비 시간 **15**초 + 답변 시간 **60**초 MP3 08-06

유형: 찬성/반대

> Q Do you agree or disagree with the following statement?
> *Teachers should have a good sense of humor.*
> Give specific reasons and examples to support your opinion.

준비 시간에 해야 할 일

❶ 주제를 파악하고 자신의 찬성 또는 반대 입장 결정
❷ 그에 대한 근거와 이유를 브레인스토밍

도입　질문에 대한 답변

본론

이유 ❶

근거

이유 ❷

마무리　도입 반복 또는 도입 paraphrasing

아래 구성에 맞추어 영어 어순을 그대로 반영한 우리말 답변을 영어로 바꾸어 말해 보세요.

Q Do you agree or disagree with the following statement?

Teachers should have a good sense of humor.

Give specific reasons and examples to support your opinion.

당신은 다음 의견에 동의합니까, 반대합니까?

선생님들은 뛰어난 유머 감각을 갖고 있어야 한다.

당신의 의견을 뒷받침할 구체적인 이유와 예시를 들어 답변하세요.

A 　찬반 답변

저는 이 생각에 동의합니다/ 선생님들이 갖고 있어야 한다는/ 뛰어난 유머 감각을.

💬 **I agree with this idea that ~**

　본론 만들기

이유 ❶: 첫 번째 이유는/ 학생들이 갖게 될 것이기 때문입니다/ 더 많은 관심을/ 그 과목에.

💬 **The first reason is that 주어＋동사**

근거: 저의 경우./ 저는 정말 좋아하지 않았습니다/ 수학을/ 제가 고등학생이었을 때./ 하지만/ 제 수학 선생님은/ 아주 유머 감각이 있는 분이었습니다 그리고/ 그 분 덕에/ 저는 좋아하게 되었습니다/ 그 과목을.

💬 **In my case, ~**

이유 ❷: 두 번째 이유는/ 이것은 좋은 기회가 될 것이기 때문입니다/ 학생들에게/ 배울 수 있는/ 더 많이/ 왜냐하면/ 그들은/ 더 집중하게 될 것이기 때문에/ 수업 시간에.

💬 **The second reason is that 주어+동사**

마무리

그래서,/ 저는 동의합니다/ 이 의견에.

💬 **Therefore, ~**

완성 답변은 STEP 3 스피킹 체화하기에서 확인하세요!

이번에는 완성 답변이 저절로 입에서 흘러나올 때까지 훈련 횟수를 기록하면서 낭독 훈련해 보세요. 🎧 MP3 22-03(전체) 22-04(문장)

저는 "선생님들은 뛰어난 유머 감각을 갖고 있어야 한다."는 이 생각에 동의합니다.

☐ I agree with this idea that "Teachers should have a good sense of humor."

그리고 그 이유들은 다음과 같습니다.

☐ And the reasons are as followed.

첫 번째 이유는, 학생들이 그 과목에 더 많은 흥미를 갖게 될 것이기 때문입니다.

☐ The first reason is that the students will be more interested in the subject.

저의 경우, 고등학교 시절 수학을 정말 좋아하지 않았습니다.

☐ In my case, I really did not like math when I was a high school student.

하지만 제 수학 선생님이 아주 유머 감각이 있는 분이셨고 그 분 덕에 저는 그 과목을 좋아하게 됐습니다.

☐ But my math teacher was a very humorous person and thanks to him, I began to like the subject.

두 번째 이유는, 학생들이 수업 시간에 더 집중할 것이기 때문에, 이는 학생들에게 더 많은 것을 배울 좋은 기회가 될 것이기 때문입니다.

☐ The second reason is that it will be a good opportunity for students to learn more because they will be more focused during the class.

그래서, 저는 이 의견에 동의합니다.

☐ Therefore, I agree with this statement.

VOCA **sense of humor** 유머 감각 **as followed** 다음과 같은 **subject** 과목 **humorous** 유머 감각이 있는 **thanks to** ~ 덕분에 **opportunity** 기회 **focus** 집중시키다. 초점을 맞추다

다음 주어진 질문에 대해 자신의 생각을 조리 있게 영어로 말하세요.
바로 영어로 말하는 것이 어렵다면 다음 페이지의 답변 마법사를 활용해 보세요.

⏱ 준비 시간 15초 + 답변 시간 60초 🎤 MP3 09-06

유형: 선택

> Q What is the most important characteristic of a good politician?
>
> Give specific reasons and examples to support your opinion.

준비 시간에 해야 할 일

❶ 주제를 파악하고 자신의 의견 선택
❷ 그에 대한 근거와 이유를 브레인스토밍

도입 질문에 대한 답변

....

....

본론

근거 ❶

....

....

근거 ❷

....

....

마무리 도입 반복 또는 도입 paraphrasing

....

....

....

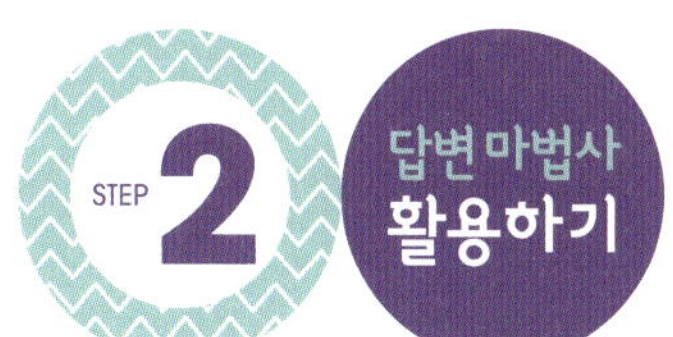

아래 구성에 맞추어 영어 어순을 그대로 반영한 우리말 답변을 영어로
바꾸어 말해 보세요.

> **Q** What is the most important characteristic of a good politician?
> Give specific reasons and examples to support your opinion.
>
> 훌륭한 정치인의 가장 중요한 특징은 무엇입니까?
> 당신의 의견을 뒷받침할 구체적인 이유와 예시를 들어 답변하세요.

A  의견 나열 답변

저는 생각합니다/ 두 가지 가장 중요한 특징이 있다고/ 훌륭한 정치인의.

💬 I think there are ~

 본론 만들기

근거 ❶: 첫 번째 것은 리더십 기술입니다./ 원래/ 정치인들의 임무는/ 이끄는 것입니다/ 지역 사회와 사람들을/ 올바른 방향으로.

💬 The first one is ~

근거 ❷: 두 번째 것은 정직함입니다./ 요즘에는/ 많은 정치인들이 있습니다/ 거짓말을 하는/ 그들이 말했던 것에 대해/ 선거 전에./ 그래서/ 사람들은 원합니다/ 보기를/ 더 많은 정치인들을/ 정직한.

💬 The second one is ~

마무리

그래서,/ 저는 생각합니다/ 정직함과 리더십 기술이/ 가장 중요한 특징이라고/ 훌륭한 정치인의.

완성 답변은 STEP 3 스피킹 체화하기에서 확인하세요!

이번에는 완성 답변이 저절로 입에서 흘러나올 때까지 훈련 횟수를 기록하면서 낭독 훈련해 보세요.　🎧 MP3 22-05 (전체) **22-06** (문장)

저는 훌륭한 정치가의 중요한 특징이 두 가지 있다고 생각합니다.

☐ I think there are two important characteristics of a good politician.

첫 번째 것은 리더십 기술입니다.

☐ The first one is leadership skill.

원래 정치인들의 임무는 지역 사회와 사람들을 올바른 방향으로 이끄는 것이었습니다.

☐ Originally, the politicians' job was to lead the community and people into the right direction.

두 번째 것은 정직함입니다.

☐ The second one is being honest.

요즘에는, 선거 전에 자신이 한 이야기에 대해 거짓말을 하는 정치인이 많습니다.

☐ Nowadays, there are many politicians who lie about what they said before the election.

그래서 사람들은 더 많은 정직한 정치인들을 보고 싶어합니다.

☐ So, people want to see more politicians who are honest.

그래서, 저는 정직함과 리더십 기술이 훌륭한 정치인의 가장 중요한 특징이라고 생각합니다.

☐ Therefore, I think being honest and leadership skill are the most important characteristics of a good politician.

VOCA　**characteristic** 특징, 특색　**politician** 정치인, 정치가　**originally** 본래, 원래　**community** 지역 사회　**honest** 정직한, 솔직한　**election** 선거

다음 주어진 질문에 대해 자신의 생각을 조리 있게 영어로 말하세요.
바로 영어로 말하는 것이 어렵다면 다음 페이지의 답변 마법사를 활
용해 보세요.

⏱ 준비 시간 **15**초 + 답변 시간 **60**초 🎧 MP3 10-06

유형: 선택

> Q **What is the most important factor to live a healthy life?**
> • Magazine
> • Family and Friends
> • Fitness Instructor
> Give specific reasons and examples to support your
> opinion.

준비 시간에 해야 할 일

❶ 주제를 파악하고 자신의 의견 선택
❷ 그에 대한 근거와 이유를 브레인스토밍

도입   질문에 대한 답변

....

....

본론

이유 ❶
....

....

근거
....

이유 ❷
....

....

마무리   도입 반복 또는 도입 paraphrasing

....

....

....

아래 구성에 맞추어 영어 어순을 그대로 반영한 우리말 답변을 영어로
바꾸어 말해 보세요.

 What is the most important factor to live a healthy life?

• Magazine

• Family and Friends

• Fitness Instructor

Give specific reasons and examples to support your opinion.

건강한 삶을 살기 위해 가장 중요한 요소는 무엇입니까?

• 잡지

• 가족과 친구들

• 체력 단련 강사

당신의 의견을 뒷받침할 구체적인 이유와 예시를 들어 답변하세요.

 **선택 답변**

저는 생각합니다/ 가장 중요한 요소는/ 건강한 삶을 살기 위한/ 친구들과 가족이라고.

💬 I think the most important factor to live a healthy life is ~

본론 만들기

이유 ❶: 첫 번째 이유는/ 건강한 삶을 사는 것은/ 오기 때문입니다/ 행복에서.

💬 The first reason is that 주어+동사

근거: 저의 경우,/ 좋은 관계를 갖는 것이/ 친구들 및 가족과/ 저를 행복하게 하고/ 그것이 곧장 연결됩니다/ 건강한 삶을 사는 것과.

💬 In my case, ~

이유 ❷: 두 번째 이유는/ 친구들과 가족은 지지하기 때문입니다/ 저를/ 늘./ 그리고/ 이런 편안한 느낌은/ 아주 중요합니다/ 건강한 삶을 사는 데.

💬 The second reason is that 주어＋동사

마무리

이러한 이유들 때문에/ 저는 생각합니다/ 친구들과 가족이 가장 중요한 요소라고/ 건강한 삶을 사는 데.

💬 For these reasons, ~

완성 답변은 STEP 3 스피킹 체화하기에서 확인하세요!

이번에는 완성 답변이 저절로 입에서 흘러나올 때까지 훈련 횟수를 기록하면서 낭독 훈련해 보세요.   🔊 MP3 22-07(전체) 22-08(문장)

저는 건강한 삶을 실기 위한 가장 중요한 요소는 친구들과 가족이라고 생각합니다.

☐ I think the most important factor to live a healthy life is friends and family.

그리고 거기에는 몇 가지 이유가 있습니다.

☐ And there are some reasons.

첫 번째 이유는, 건강한 삶을 사는 건 행복에서 오기 때문입니다.

☐ The first reason is that living a healthy life comes from happiness.

저의 경우, 친구들 및 가족과 좋은 관계를 갖는 것이 저를 행복하게 하고, 그것이 곧장 건강한 삶을 사는 것과 연결됩니다.

☐ In my case, having a good relationship with friends and family makes me happy and it is directly connected to live a healthy life.

두 번째 이유는, 친구들과 가족은 늘 저를 지지하기 때문입니다

☐ The second reason is that friends and family support me all the time.

그리고 이런 편안한 느낌은 건강한 삶을 사는 데 아주 중요합니다.

☐ And this feeling of comfort is very important to live a healthy life.

이러한 이유들 때문에, 저는 친구들과 가족이 건강한 삶을 살기 위한 가장 중요한 요소라고 생각합니다.

☐ For these reasons, I think friends and family are the most important factor to live a healthy life.

VOCA **factor** 요인, 요소 **healthy** 건강한 **happiness** 행복 **relationship** 관계 **directly** 곧장, 직접적으로 **connect** 잇다, 연결하다 **support** 지지하다

다음 주어진 질문에 대해 자신의 생각을 조리 있게 영어로 말하세요. 바로 영어로 말하는 것이 어렵다면 다음 페이지의 답변 마법사를 활용해 보세요.

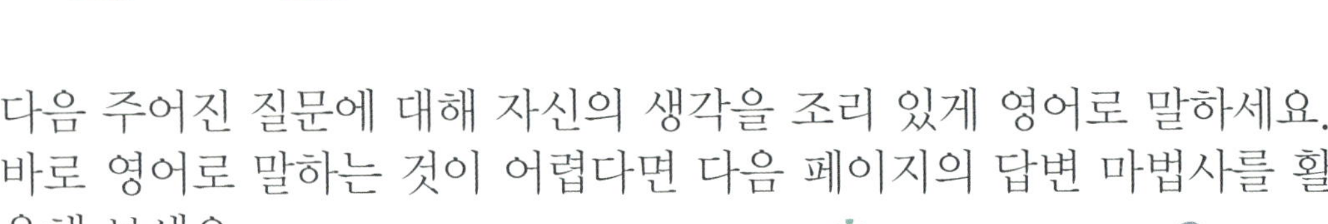 준비 시간 15초 + 답변 시간 60초 ⊕ MP3 11-06

유형: 선택

Q **What is the most effective way to get information?**
• Internet
• Newspapers
• SNS
Give specific reasons and examples to support your opinion.

준비 시간에 해야 할 일

❶ 주제를 파악하고 자신의 의견 선택
❷ 그에 대한 근거와 이유를 브레인스토밍

도입 질문에 대한 답변

본론

이유 ❶

근거

이유 ❷

마무리 도입 반복 또는 도입 paraphrasing

아래 구성에 맞추어 영어 어순을 그대로 반영한 우리말 답변을 영어로 바꾸어 말해 보세요.

 Q What is the most effective way to get information?

- Internet
- Newspapers
- SNS

Give specific reasons and examples to support your opinion.

정보를 얻는 가장 효율적인 방법은 무엇입니까?

- 인터넷
- 신문
- SNS

당신의 의견을 뒷받침할 구체적인 이유와 예시를 제공하여 답변하세요.

A  선택 답변

저는 생각합니다/ 가장 효율적인 방법은/ 정보를 얻는/ 인터넷이라고.

💬 I think the most effective way to get information is ~

본론 만들기

이유 ❶: 첫 번째 이유는/ 인터넷은 편리하기 때문입니다.

💬 **The first reason is that** 주어＋동사

근거: 예를 들어/ 요즘에는/ 많은 사람들이 사용합니다/ 스마트폰을/ 그리고/ 그것이 만듭니다/ 더 쉽게/ 인터넷을 사용해/ 정보를 얻는 것을/ 그것을 통해./ 그리고/ 그것은/ 거의 비용이 들지 않습니다.

이유 ❷: 두 번째 이유는/ 인터넷을 사용하는 것이/ 더 빠르고 효율적인 방법이기 때문입니다/ 정보를 얻는 데/ 다른 어떤 방법들보다.

마무리

그래서,/ 저는 생각합니다/ 인터넷을 사용하는 것이/ 가장 효율적인 방법이라고/ 정보를 얻는 데.

완성 답변은 STEP 3 스피킹 체화하기에서 확인하세요!

이번에는 완성 답변이 저절로 입에서 흘러나올 때까지 훈련 횟수를 기록하면서 낭독 훈련해 보세요. 🎧 MP3 22-09(전체) 22-10(문장)

저는 정보를 얻는 가장 효율적인 방법은 인터넷이라고 생각합니다.

☐ I think the most effective way to get information is the Internet.

그리고 그 이유들은 다음과 같습니다.

☐ And the reasons are as followed.

첫 번째 이유는, 인터넷은 편리하기 때문입니다.

☐ The first reason is that the Internet is convenient.

예를 들어, 요즘에는 많은 사람들이 스마트폰을 쓰고 있는데, 이는 그것으로 인터넷을 사용해 정보를 얻는 것을 보다 쉽게 만들어 줍니다.

☐ For example, nowadays, many people use smartphones and it makes it easier to use the Internet and get information through that.

그리고 그것은 거의 비용이 들지 않습니다.

☐ And it hardly costs anything.

두 번째 이유는, 인터넷을 사용하는 것이 정보를 얻는 데 다른 어떤 방법들보다 더 빠르고 효율적인 방법이기 때문입니다.

☐ The second reason is that using the Internet is a faster and more efficient way to get information than any other methods.

그래서, 저는 인터넷을 사용하는 것이 정보를 얻는 데 가장 효율적인 방법이라고 생각합니다.

☐ Therefore, I think using the Internet is the most effective way to get information.

VOCA **effective** 효과적인, 효율적인 **way** 길, 방법 **through** ~을 통해, ~ 사이로 **hardly** 거의 ~ 아니다 **other** 그 밖의, 다른 **method** 방법

STEP 1 무작정 도전하기 · 56

다음 주어진 질문에 대해 자신의 생각을 조리 있게 영어로 말하세요. 바로 영어로 말하는 것이 어렵다면 다음 페이지의 답변 마법사를 활용해 보세요.

⏱ 준비 시간 **15**초 + 답변 시간 **60**초 🔊 MP3 12-06

유형: 선호도

> Q Some people like to do grocery shopping online while others like to buy groceries at local stores. Which do you prefer and why?
> Give specific reasons and examples to support your opinion.

준비 시간에 해야 할 일

❶ 주제를 파악하고 자신의 선호 입장 결정
❷ 그에 대한 근거와 이유를 브레인스토밍

도입 질문에 대한 답변

본론

이유 ❶

근거

이유 ❷

마무리 도입 반복 또는 도입 paraphrasing

아래 구성에 맞추어 영어 어순을 그대로 반영한 우리말 답변을 영어로 바꾸어 말해 보세요.

> Q Some people like to do grocery shopping online while others like to buy groceries at local stores. Which do you prefer and why? Give specific reasons and examples to support your opinion.
>
> 어떤 사람들은 온라인으로 장 보는 것을 좋아하지만 또 다른 사람들은 동네 가게에서 장 보는 것을 좋아합니다. 당신은 어떤 것을 선호하며, 그 이유는 무엇인가요?
>
> 당신의 의견을 뒷받침할 구체적인 이유와 예시를 들어 답변하세요.

A  **선호 사항 답변**

저는 선호합니다/ 장 보는 것을/ 온라인으로.

💬 I prefer ~

본론 만들기

이유 ❶: 첫 번째 이유는/ 온라인으로 쇼핑하는 것이/ 더 싸기 때문입니다.

💬 **The first reason is that** 주어+동사

근거: 예를 들어/ 저는 샀습니다/ 세제 한 박스를/ 온라인으로/ 지난주에./ 그리고 저는 봤습니다/ 똑같은 제품들을/ 동네 슈퍼마켓에서/ 그런데/ 그것들이/ 30% 정도/ 더 비쌌습니다

💬 **For example, ~**

이유 ❷: 두 번째 이유는/ 온라인으로 장 보는 것이/ 시간을 절약해 주기 때문입니다./ 왜냐하면/ 저는 시간을 낭비하지 않아도 되기 때문입니다/ 슈퍼마켓에 가느라.

💬 **The second reason is that** 주어+동사

마무리

그래서,/ 저는 선호합니다/ 온라인으로 장 보는 것을.

💬 **Therefore, ~**

완성 답변은 STEP 3 스피킹 체화하기에서 확인하세요!

이번에는 완성 답변이 저절로 입에서 흘러나올 때까지 훈련 횟수를 기록하면서 낭독 훈련해 보세요. 🎧 MP3 22-11 (전체) **22-12** (문장)

저는 온라인으로 장 보는 것을 선호합니다.

☐ I prefer doing grocery shopping online.

그리고 거기에는 몇 가지 이유가 있습니다.

☐ And there are a few reasons.

첫 번째 이유는, 온라인으로 쇼핑하는 것이 더 싸기 때문입니다.

☐ The first reason is that shopping online is cheaper.

예를 들어, 저는 지난주에 세제 한 박스를 온라인으로 샀습니다.

☐ For example, I bought a box of detergent online last week.

그리고 동네 슈퍼마켓에서 똑같은 제품을 봤는데 30% 정도 더 비쌌습니다.

☐ And I saw the same product from the local supermarket and it was about 30% more expensive.

두 번째 이유는, 온라인으로 장 보는 것이 시간을 절약해 주기 때문입니다.

☐ The second reason is that shopping for groceries online saves time.

왜냐하면 저는 슈퍼마켓에 가느라 시간을 낭비하지 않아도 되기 때문입니다.

☐ Because I do not have to waste my time to go to the supermarket.

그래서, 저는 온라인으로 장 보는 것을 선호합니다.

☐ Therefore, I prefer shopping for my groceries online.

VOCA **grocery shopping** 식료품 쇼핑, 장 보기 **cheaper** 더 싼 **detergent** 세제 **last week** 지난주에 **product** 제품 **expensive** 비싼 **save time** 시간을 절약하다 **waste** 낭비하다, 헛되이 쓰다 **prefer** 더 좋아하다, 선호하다

STEP **1** 무작정 **도전하기**

다음 주어진 질문에 대해 자신의 생각을 조리 있게 영어로 말하세요.
바로 영어로 말하는 것이 어렵다면 다음 페이지의 답변 마법사를 활
용해 보세요.   준비 시간 **15**초 + 답변 시간 **60**초 MP3 13-06

유형: 찬성/반대

> Q Do you agree or disagree with the following
> statement?
> *Nowadays, people are not better at making public*
> *speeches than they were before.*
> Give specific reasons and examples to support your
> opinion.

준비 시간에 해야 할 일

❶ 주제를 파악하고 자신의 찬성 또는 반대 입장 결정
❷ 그에 대한 근거와 이유를 브레인스토밍

도입 질문에 대한 답변

본론

이유 ❶

근거

이유 ❷

마무리 도입 반복 또는 도입 paraphrasing

아래 구성에 맞추어 영어 어순을 그대로 반영한 우리말 답변을 영어로 바꾸어 말해 보세요.

> **Q** Do you agree or disagree with the following statement?
> *Nowadays, people are not better at making public speeches than they were before.*
> Give specific reasons and examples to support your opinion.
>
> 당신은 다음 의견에 동의합니까, 반대합니까?
> 요즘에는 사람들이 예전에 비해 대중 연설을 잘 못한다.
> 당신의 의견을 뒷받침할 구체적인 이유와 예시를 들어 답변하세요.

A 찬반 답변

저는 동의합니다/ 의견에/ 요즘에는/ 사람들이 잘하지 못한다고/ 대중 연설을/ 그들이 예전에 한 것만큼.

 I agree with the statement; ~

본론 만들기

이유 ❶: 첫 번째 이유는/ 요즘에는/ 사람들이 더 익숙하기 때문입니다/ 쓰는 것에/ 연설을 하는 것보다.

 The first reason is (that) 주어+동사

근거: 예를 들어,/ 우리 대부분은/ 사용하고 있습니다/ 인터넷과 SNS를./ 그래서/ 사람들은 익숙합니다/ 읽고 쓰는 것에/ 자신들의 의견에 대해.

For example, ~

이유 ❷: 두 번째 이유는/ 정치인이나 다른 유명인들과는 달리/ 평범한 사람들은 갖고 있지 않습니다/ 많은 기회를/ 대중 연설을 할/ 요즘에는.

💬 **The second reason is that ~**

마무리

그래서,/ 저는 동의합니다/ 이 의견에.

💬 **Therefore, ~**

완성 답변은 STEP 3 스피킹 체화하기에서 확인하세요!

이번에는 완성 답변이 저절로 입에서 흘러나올 때까지 훈련 횟수를
기록하면서 낭독 훈련해 보세요.   🎧 MP3 22-13(전체) **22-14**(문장)

서는 "요즘에는 사람들이 예전처럼 대중 연설을 잘하지 못한다."는 의견에 동의합니다.

☐ **I agree with the statement; "Nowadays, people are not as good at making public speeches as they were before".**

그리고 그 이유들은 다음과 같습니다.

☐ **And the reasons are as followed.**

첫 번째 이유는, 요즘에는 사람들이 연설하는 것보다 쓰는 것에 더 익숙하기 때문입니다.

☐ **The first reason is nowadays, people are more familiar with writing than making a speech.**

예를 들어, 우리 대부분은 인터넷이나 SNS를 사용하고 있습니다.

☐ **For example, most of us are using the Internet and Social Networking Services.**

그래서 사람들은 자신들의 의견에 대해 읽거나 쓰는 데 익숙합니다.

☐ **So, people are used to reading and writing about their opinions.**

두 번째 이유는, 정치인이나 다른 유명인들과는 달리, 요즘에는 보통 사람들이 대중 연설을 할 기회가 많지 않기 때문입니다.

☐ **The second reason is that unlike politicians and other celebrities, normal people do not have many chances to make a public speech these days.**

그래서, 저는 이 의견에 동의합니다.

☐ **Therefore, I agree with this statement.**

VOCA **be good at** ~에 능하다 **public speech** 대중 연설 **be familiar with** ~에 익숙하다 **be used to -ing** ~에 익숙하다
opinion 의견, 견해 **unlike** ~와 달리 **celebrity** 유명인

다음 주어진 질문에 대해 자신의 생각을 조리 있게 영어로 말하세요. 바로 영어로 말하는 것이 어렵다면 다음 페이지의 답변 마법사를 활용해 보세요.

⏱ 준비 시간 **15**초 + 답변 시간 **60**초 🎤 MP3 14-06

유형: 선택

Q **What is the most important lesson for parents to teach their children?**
- **How to set a goal**
- **How to overcome a failure**
- **How to make friends**

Give specific reasons and examples to support your opinion.

준비 시간에 해야 할 일

❶ 주제를 파악하고 자신의 의견 결정
❷ 그에 대한 근거와 이유를 브레인스토밍

도입   질문에 대한 답변

본론

이유 ❶

근거

이유 ❷

마무리   도입 반복 또는 도입 paraphrasing

아래 구성에 맞추어 영어 어순을 그대로 반영한 우리말 답변을 영어로 바꾸어 말해 보세요.

 What is the most important lesson for parents to teach their children?

- How to set a goal
- How to overcome a failure
- How to make friends

Give specific reasons and examples to support your opinion.

부모가 그들의 자식에게 가르쳐야 할 가장 중요한 교훈은 무엇입니까?

- 목표를 세우는 법
- 실패를 극복하는 법
- 친구를 사귀는 법

당신의 의견을 뒷받침할 구체적인 이유와 예시를 들어 답변하세요.

 **의견 나열 답변**

저는 생각합니다/ 가장 중요한 교훈은/ 부모가 자식들에게 가르쳐야 할/ 실패를 극복하는 법이라고.

💬 I think the most important lesson for parents to teach their children is ~

본론 만들기

이유 ❶: 첫 번째 이유는/ 부모들은 갖고 있기 때문입니다/ 실제 경험들을.

💬 The first reason is that 주어＋동사

근거: 부모들은 줄 수 있습니다/ 최고의 교훈을/ 왜냐하면/ 그들이/ 실제 경험했기 때문에./ 또한/ 그것은 최고의 조언이 될 것입니다/ 그들의 자식들에게.

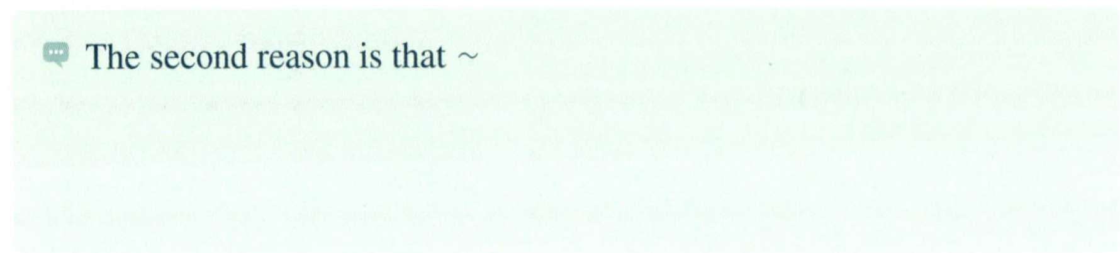

이유 ❷: 두 번째 이유는/ 이 교훈은 아주 믿을 만합니다/ 왜냐하면/ 부모들은 산 증거이기 때문입니다/ 실패 극복의.

💬 The second reason is that ~

마무리

그래서./ 저는 생각합니다/ 가장 중요한 교훈은/ 부모가 그들의 자식들에게 가르쳐야 할/ 실패를 극복하는 법이라고.

💬 Therefore, ~

완성 답변은 STEP 3 스피킹 체화하기에서 확인하세요!

이번에는 완성 답변이 저절로 입에서 흘러나올 때까지 훈련 횟수를 기록하면서 낭독 훈련해 보세요. ⓐ MP3 22-15 (전체) **22-16** (문장)

저는 부모가 그들의 자식들에게 가르쳐야 할 가장 중요한 교훈은 실패를 극복하는 법이라고 생각합니다.

☐ I think the most important lesson for parents to teach their children is how to overcome a failure.

그리고 그 이유들은 다음과 같습니다.

☐ And the reasons are as followed.

첫 번째 이유는, 부모들은 실제 경험들을 갖고 있기 때문입니다.

☐ The first reason is that the parents have real experiences.

부모들은 실제로 경험했기 때문에 최고의 교훈을 줄 수 있습니다.

☐ Well, the parents can give the best lesson for this because they really have been there.

또한, 그것은 그들의 자식들에게 최고의 조언이 될 것입니다.

☐ Also, it will be the best advice for their children.

두 번째 이유는, 부모들은 실패 극복의 산 증거이기 때문에, 이 교훈은 아주 믿을 만합니다.

☐ The second reason is that this lesson is very reliable because the parents are living proof of overcoming failures.

그래서, 저는 부모가 그들의 자식들에게 가르쳐야 할 가장 중요한 교훈은 실패를 극복하는 법이라고 생각합니다.

☐ Therefore, I think the most important lesson for parents to teach their children is how to overcome a failure.

VOCA **lesson** 교훈 **overcome** 극복하다 **failure** 실패 **real** 진짜의, 현실적인 **advice** 조언, 충고 **reliable** 믿을 수 있는, 신뢰할 수 있는 **proof** 증거

다음 주어진 질문에 대해 자신의 생각을 조리 있게 영어로 말하세요. 바로 영어로 말하는 것이 어렵다면 다음 페이지의 답변 마법사를 활용해 보세요.

⏱ 준비 시간 15초 + 답변 시간 60초　🎧 MP3 15-06

유형: 선택

> Q　Do you think confidence is the most important factor for a successful job interview? Why or why not?
> Give specific reasons and examples to support your opinion.

준비 시간에 해야 할 일

❶ 주제를 파악하고 자신의 의견 결정
❷ 그에 대한 근거와 이유를 브레인스토밍

도입　질문에 대한 답변

본론

이유 ❶

근거

이유 ❷

마무리　도입 반복 또는 도입 paraphrasing

아래 구성에 맞추어 영어 어순을 그대로 반영한 우리말 답변을 영어로
바꾸어 말해 보세요.

Q Do you think confidence is the most important factor for a
successful job interview? Why or why not?
Give specific reasons and examples to support your opinion.

당신은 자신감이 성공적인 취업 면접의 가장 중요한 요소라고 생각하나요? 왜 그렇거나 그렇지 않습니까?
당신의 의견을 뒷받침할 구체적인 이유와 예시를 들어 답변하세요.

A **의견 나열 답변**

저는 생각하지 않습니다/ 자신감이 가장 중요한 요소라고/ 성공적인 취업 면접의.

 **I don't think ~**

본론 만들기

이유 ❶: 첫 번째 이유는/ 저는 믿기 때문입니다/ 더 중요한 요소들이 있다고.

The first reason is that 주어＋동사

근거: 예를 들어,/ 관련 경력./ 언어 기술/ 그리고 좋은 학업 배경 또한/ 중요한 요소들입니다/ 직업을 얻는 데.

For example, ~

이유 ❷: 두 번째 이유는/ 사람은/ 너무 큰 자신감을 가진/ 잘못된 인상을 줄 수도 있기 때문입니다/ 면접관들에게.

💬 The second reason is that 주어+동사

마무리

이런 이유들 때문에/ 저는 생각하지 않습니다/ 자신감이 가장 중요한 요소라고/ 성공적인 취업 면접의.

💬 For these reasons, ~

완성 답변은 STEP 3 스피킹 체화하기에서 확인하세요!

이번에는 완성 답변이 저절로 입에서 흘러나올 때까지 훈련 횟수를 기록하면서 낭독 훈련해 보세요. 🎧 MP3 22-17(전체) **22-18**(문장)

저는 자신감이 성공적인 취업 면접의 가장 중요한 요소라고 생각하지 않습니다

☐ **I don't think** confidence is the most important factor for a successful job interview.

그리고 거기에는 몇 가지 이유가 있습니다.

☐ **And there are a few reasons.**

첫 번째 이유는, 저는 더 중요한 요소들이 있다고 믿기 때문입니다.

☐ **The first reason is that** I believe that there are more important factors.

예를 들어, 관련 경력, 언어 기술, 그리고 좋은 학업 배경 또한 직업을 얻는 데 중요한 요소들입니다.

☐ **For example,** related work experience, language skills and sound academic background are also important factors to get a job.

두 번째 이유는, 너무 큰 자신감을 가진 사람은 면접관들에게 잘못된 인상을 줄 수도 있기 때문입니다.

☐ **The second reason is that** a person with too much confidence might give a wrong impression to interviewers.

이런 이유들 때문에, 저는 자신감이 성공적인 취업 면접의 가장 중요한 요소라고 생각하지 않습니다.

☐ **For these reasons,** I don't think that confidence is the most important factor for a successful job interview.

VOCA **confidence** 자신감, 확신　**important factor** 중요한 요소　**successful** 성공적인　**job interview** 취업 면접　**related** 관련된　**work experience** 업무 경험, 경력　**background** 배경　**wrong** 잘못된　**impression** 인상　**interviewer** 면접관

다음 주어진 질문에 대해 자신의 생각을 조리 있게 영어로 말하세요. 바로 영어로 말하는 것이 어렵다면 다음 페이지의 답변 마법사를 활용해 보세요.

⏱ 준비 시간 15초 + 답변 시간 60초　🎧 MP3 16-06

유형: 찬성/반대

> **Q** Do you agree or disagree with the following statement?
> *Nowadays, young people are influenced by movies more than they were before.*
> Give specific reasons and examples to support your opinion.

준비 시간에 해야 할 일

❶ 수제를 파악하고 자신의 찬성 또는 반대 입장 결정
❷ 그에 대한 근거와 이유를 브레인스토밍

도입　질문에 대한 답변

본론

이유 ❶

근거

이유 ❷

마무리　도입 반복 또는 도입 paraphrasing

아래 구성에 맞추어 영어 어순을 그대로 반영한 우리말 답변을 영어로 바꾸어 말해 보세요.

Q Do you agree or disagree with the following statement?
Nowadays, young people are influenced by movies more than they were before.
Give specific reasons and examples to support your opinion.

당신은 다음 의견에 동의합니까, 반대합니까?

요즘에는 젊은 사람들이 예전보다 더 영화에 의해 영향을 받는다.

당신의 의견을 뒷받침할 구체적인 이유와 예시를 들어 답변하세요.

A **찬반 답변**

저는 반대합니다/ 생각에/ 요즘에는./ 젊은 사람들이/ 영향을 받는다는/ 영화에 의해/ 예전보다 더.

 I disagree with the idea that ~

본론 만들기

이유 ❶: 첫 번째 이유는/ 젊은 사람들은/ 지금/ 영향을 받기 때문입니다/ 다른 매체에 의해.

 The first reason is that 주어＋동사

근거: 최근 뉴스 기사에 따르면,/ 요즘에는,/ 젊은 사람들이/ 영향을 받습니다/ 아주 많이/ 그들이 보는 것에 의해/ 인터넷이나 SNS에서.

 According to a recent news article, 주어＋동사

이유 ❷: 두 번째 이유는/ 요즘에는 젊은 사람들이/ 더 영리합니다/ 예전보다./ 그래서/ 그들은 쉽게 결정할 수 있습니다/ 무엇을 믿어야 할지/ 영화와 다른 매체에서(로부터).

💬 The second reason is that 주어＋동사

마무리

그래서./ 저는 반대합니다/ 이 의견에.

💬 Therefore, ~

완성 답변은 STEP 3 스피킹 체화하기에서 확인하세요!

이번에는 완성 답변이 저절로 입에서 흘러나올 때까지 훈련 횟수를 기록하면서 낭독 훈련해 보세요.　🎧 MP3 22-19(전체) 22-20(문장)

저는 "요즘에는 젊은 사람들이 예전보나 너 영화에 영향을 받는다."는 생각에 반대합니다.

☐ I disagree with the idea that "Nowadays, young people are influenced by movies more than they were before."

그리고 거기에는 몇 가지 이유가 있습니다.

☐ And there are a few reasons.

첫 번째 이유는, 젊은 사람들은 지금 다른 매체에 의해 영향을 받기 때문입니다.

☐ The first reason is that young people are now influenced by different media.

최근 뉴스 기사에 따르면, 요즘에는 젊은 사람들이 인터넷과 SNS에서 보는 것에 아주 많은 영향을 받습니다.

☐ According to a recent news article, nowadays, young people are very much influenced by what they see from the Internet and SNS.

두 번째 이유는, 요즘에는 젊은 사람들이 예전보다 더 영리합니다.

☐ The second reason is that young people these days are smarter than they were before.

그래서 그들은 영화와 다른 매체에서 무엇을 믿어야 할지를 쉽게 결정할 수 있습니다.

☐ So, they can easily decide what to believe from movies and other media.

그래서, 저는 이 의견에 반대합니다.

☐ Therefore, I disagree with this statement.

VOCA influence 영향을 주다　movie 영화　young people 젊은 사람들　different 다른　media 매체, 미디어　recent 최근의 article 기사　smart 똑똑한, 영리한　easily 쉽게, 수월하게　decide 결정하다